KB187156

조선총독부 편찬

초등학교 〈歷史〉교과서 번역(下)

A Korean Translation of Elementary School History Textbooks
Compiled by Chosun Government-General (Volume 2)

김순전 · 박경수 · 사희영 譯

제이앤씨
Publishing Company

1944년 『초등국사』 제5학년

1944년 『초등국사』 제6학년

初等國史　第五學年
朝鮮總督府

初等國史　第六學年
朝鮮總督府

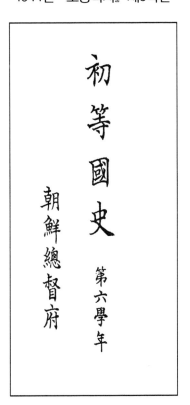

≪총목차≫

1944년 『초등국사』 제5학년

만세일계(萬世一系) 황실계보도(皇室御系圖)

삽화와 지도

1944년 『초등국사』 제6학년

만세일계(萬世一系) 황실계보도(皇室御系圖)

<序 文>

1. 조선총독부 편찬 초등학교 <歷史>교과서 번역서 발간의 의의

　본서는 일제강점기 조선총독부에 의해 편찬된 관공립 초등학교용 <歷史>교과서 『普通學校國史』卷一・二(1932-33, 2권), 『初等國史』第五・六學年(1944, 2권) 등 총 4권에 대한 번역서이다.

　교과서는 국민교육의 정수(精髓)로, 한 나라의 역사진행과 불가분의 관계성을 지니고 있기에 그 시대 교과서 입안자의 의도는 물론이려니와 그 교과서로 교육받은 세대(世代)가 어떠한 비전을 가지고 새 역사를 만들어가려 하였는지를 알아낼 수 있다.

　주지하다시피 한국의 근대는 일제강점을 전후한 시기와 중첩되어 있었는데, 그 관계가 '국가 對 국가'이기보다는 '식민자 對 피식민자'라는 일종의 수직적 관계였기에 정치, 경제, 사회, 문화, 교육에 이르기까지 일제의 영향을 배제하고는 생각하기 어렵다.

　이는 교육부문에서 두드러진 현상으로 나타난다. 근대교육의 여명기에서부터 일본의 간섭이 시작되었던 탓에 한국의 근대교육은 채 뿌리를 내리기도 전에 일본의 교육시스템을 받아들이게 되었고, 이후 해방을 맞기까지 모든 교육정책과 공교육을 위한 교과서까지도 일제가 주도한 교육법령에 의해 강제 시행되게 되었다. 그런 까닭에 일제강점기 공교육의 기반이 되었던 교과서를 일일이 찾아내어 새로이 원문을 구축하고 이를 출판하는 작업은 '敎育은 百年之

大系'라는 생각으로 공교육을 계획하는 국가 교육적 측면에서도 매우 중차대한 일이라 여겨진다. 이야말로 근대 초등교과과정의 진행과 일제의 식민지교육정책에 대한 실체를 가장 적확하게 파악할 수 있는 기반이 될 뿐만 아니라, 현 시점에서 보다 나은 시각으로 역사관을 구명할 수 있는 기초자료가 될 수 있기 때문이다.

지금까지 우리는 "일본이 조선에서 어떻게 했다"는 개괄적인 것은 수없이 들어왔으나, "일본이 조선에서 이렇게 했다"는 실례(實例)를 보여준 적은 지극히 드물었다. 이는 '먼 곳에 서서 숲만 보여주었을 뿐, 정작 보아야 할 숲의 실체는 보여주지 못했다.'는 비유와도 상통한다. 때문에 본 집필진은 이미 수년전부터 한국역사상 교육적 식민지 기간이었던 일제강점기 초등교과서의 발굴과 이의 복원 정리 및 연구에 진력해 왔다. 가장 먼저 한일 〈修身〉교과서 58권(J:30권, K:28권) 전권에 대한 원문서와 번역서를 출간하였고, 〈國語(일본어)〉교과서 72권 전권에 대한 원문서의 출간을 마무리하였으며, 일부는 번역서까지 출간한 바 있다. 또한 〈唱歌〉교과서의 경우 19권 전권을 원문과 번역문을 함께 살펴볼 수 있도록 대조번역서로 출간하였으며, 〈歷史〉와 〈地理〉교과서도 얼마 전에 원문서가 출간되었으며, 이에 대한 집중연구의 결과는 이미 연구서로 출간된 상태이다.

일제강점기 조선의 초등학교에서 사용되었던 〈歷史〉교과서 번역서 발간은 이러한 작업의 일환에서 진행된 또 하나의 성과라 하겠다.

한국이 일본에 강제 병합된 지 어언 100년이 지나버린 오늘날, 그 시대를 살아온 선인들이 유명을 달리하게 됨에 따라 과거 민족의 뼈 아팠던 기억은 갈수록 희미해져 가고 있다. 국가의 밝은 미래를 그려보기 위해서는 힘들고 어려웠던 지난날의 고빗길을 하나하나 되짚어보는 작업이 선행되어야 하지만, 현실은 급변하는 세계정세를 따르는데 급급하여 이러한 작업은 부차적인 문제로 취급되고 있는 실정이다. 과거를 부정하는 미래를 생각할 수 없기에 이러한 작업이 무엇보다도 우선시되어야 할 필연성을 절감하지 않을 수 없는 것이다.

최근 일본 정치권에서는 제국시절 만연했던 국가주의를 애국심으로 환원하여 갖가지 전략을 구사하고 있다. 물론 과거의 침략전쟁에 대한 비판의 목소리도 있긴 하지만, 현 일본 정치권의 이같은 자세에 대해 더더욱 실증적인 자료 제시의 필요성을 느낀다.

이에 본 집필진은 일제강점기 조선인 학습자에게 시행되었던 <歷史>교과서 중 가장 특징적인 <歷史>교과서 4冊을 번역 출간함으로써, 당시 <歷史>교육의 실상을 살펴볼 수 있도록 하였으며, 아울러 한국인 연구자들에게 언어의 장벽을 넘어서서 관련연구의 실증적 자료를 제시하고자 하였다.

2. 일제강점기 지리교육의 전개와 <歷史>교과서

1) 식민지 역사교육의 전개

한국 근대교육의 교과목에 공식적으로 <地理>와 함께 <歷史>가 편제된 것은 1906년 8월 공포된 <普通學校令> 제6조의 "普通學校 教科目은 修身, 國語 및 漢文, 日語, 算術, 地理, 歷史, 理科, 圖畵, 體操로 한다. 여자에게는 手藝를 가한다."(勅令 제44호)는 조항에 의한다. 그러나 <普通學校規則> 제9조 7항을 보면 "地理歷史는 特別훈時間을定치아니ᄒ고國語讀本及日語讀本에所載한바로敎授ᄒ느니故로讀本中此等敎授敎材에關교ᄒ야는特히反復丁寧히設明ᄒ야學徒의記憶을明確히홈을務홈이라." 규정되어있는 것으로 보아, 당시는 별도의 시수 배정이나 교과서 편찬은 하지 않고 國語(일본어) 과목에 포함시켜 교육하고 있었음을 알 수 있다.

이러한 시스템은 강점이후로 그대로 이어졌다. 한국을 강제 병합한 일본은 한반도를 일본제국의 한 지역으로 인식시키기 위하여 '大韓帝國'을 '朝鮮'으로 개칭(改稱)하였다. 그리고 제국주의 식민지정책 기관으로 '朝鮮總督府'를 설치한 후, 초대총독으로 데라우치 마사타케(寺內正毅, 이하 데라우치)를 임명하여 원활한 식민지경영을 위한 조선인의 교화에 착수하였다. 이를 위하여 무엇보다도 역점을 둔 정책은 식민지 초등교육이었다. 1911년 8월 공포된 〈朝鮮教育令〉 全文 三十條는 데라우치의 조선인교육에 관한 근본방침이 그대로 담고 있는데, 그 요지는 '일본인 자제에게는 학술, 기예의 교육을 받게 하여 국가융성의 주체가 되게 하고, 조선인 자제에게는 덕성의 함양과 근검을 훈육하여 충량한 국민으로 양성해 나가는 것'이었다. 교과서의 편찬도 이의 취지에 따라 시도되었다.

그러나 강점초기 〈歷史〉 및 〈地理〉과목은 이전과는 달리 교과목 편제조차 하지 않았다. 당시 4년제였던 보통학교의 학제와 관련지어 5, 6학년에 배정되어 있는 과목을 설치할 수 없다는 표면적인 이유도 있었지만, 그보다는 강점초기 데라우치가 목적했던 조선인 교육방침, 즉 "덕성의 함양과 근검을 훈육하여 충량한 국민으로 양성"해 가는데 있어 〈歷史〉과목의 중요성이 부각되지 않았던 까닭으로 보인다. 때문에 강점 초기에는 〈歷史〉에 관련된 일반적인 내용이나 국시에 따른 개괄적인 사항은 일본어교과서인 『國語讀本』에 부과하여 학습하도록 하였던 듯하다.

일제강점기 초등교육과정에서 독립된 교과목과 교과서에 의한 본격적인 역사교육은 〈3·1운동〉 이후 문화정치로 선회하면서부터 시작되었다. 보통학교 학제를 내지(일본)와 동일하게 6년제로 적용하게 되면서 비로소 5, 6학년과정에 주당 2시간씩 배정 시행되게 된 것이다. 이러한 사항은 1922년 <제2차 교육령> 공포에 의하여 법적 근거가 마련되게 되었다. 이후의 <歷史>교육은 식민지교육정책 변화에 따른 교육법령의 개정과 함께 <歷史>과 교수요지도 변화하게 된다. 그 변화 사항을 <표 1>로 정리해보았다.

<표 1> 교육령 시기별 <歷史>과 교수요지

시기	법적근거	내용
2차 교육령 (1922. 2. 4)	보통학교규정 13조 조선총독부령 제8호 (동년 2.20)	- 日本歷史는 國體의 대요를 알도록 하며, 그와 함께 국민으로서의 지조를 기르는 것을 요지로 한다. - 日本歷史는 我國의 初期부터 現在에 이르기까지 중요한 事歷을 가르치며, 朝鮮의 變遷에 관한 중요한 史蹟의 대요도 알도록 해야 한다. - 日本歷史를 가르칠 때는 될 수 있는 대로 그림, 지도, 표본 등을 보여주어서 아동이 당시의 실상을 상상하기 쉽도록 한다. 특히 「修身」의 교수사항과 서로 연계되도록 해야 한다.
3차 교육령 (1938. 3. 3)	소학교규정 20조 조선총독부령 제24호 (동년 3.15)	- 國史는 肇國의 유래와 國運進就의 대요를 가르쳐서 國體가 존엄한 까닭을 알도록 하며, 황국신민으로서의 정신을 함양하는 것을 요지로 한다. - 심상소학교에서는 조국의 체제, 황통의 무궁함, 역대 천황의 성업, 국민의 충성, 현재의 사적, 문화의 진전, 외국과의 관계 등을 가르침으로써 國初부터 現在에 이르기까지 國史를 일관하는 국민정신에 대한 사실을 알도록 해야 한다. - 고등소학교에서는 전 항의 趣旨를 넓혀서 특히 근세사에 중점을 두어 이를 가르치고, 세계 속에서 我國의 지위를 알도록 해야 한다. - 舊史를 가르칠 때는 헛되이 사실의 나열에 흐르는 것 없이 항상 그 정신을 중시해야 한다. 또한 가능한 한 그림, 지도, 표본 등을 제시하고 위인들의 언행 등을 인용하여 아동이 깊은 감명을 받도록 하며, 특히 「修身」의 교수사항과 서로 연계되도록 해야 한다.
국민학교령 (1941. 3) 4차 교육령 (1943. 3. 8)	초등학교규정 6조 조선총독부령 제90호	- 國民科의 國史는 我國의 역사에 대해 그 대요를 이해시키도록 하며, 국체가 존엄한 바를 體認하도록 하고, 황국의 역사적 사명감을 자각시키는 것으로 한다. - 초등과는 조국의 宏遠, 황통의 無窮, 역대 천황의 성덕, 국민의 충성, 거국봉공의 史實 등에 대해서 황국발전의 발자취를 알도록 하며, 국운의 隆昌, 문화의 발전이 조국의 정신을 구현하는 바를 이해시키도록 해야 한다. 또한 여러 외국과의 역사적 관계를 분명하게 하고 동아시아 및 세계에 있어서 황국의 사명을 자각하도록 해야 한다. - 고등과는 그 정도를 높여서 이를 부과해야 한다. - 헛되이 사실의 나열에 치우치지 말고 國史의 시대적 양상에 유의하여 일관된 조국의 정신을 구체적으로 感得·파악하도록 해야 한다. - 內鮮一體에서 유래하는 史實은 특히 유의하여 이를 가르쳐야 한다. - 연표, 지도, 표본, 회화, 영화 등은 힘써 이를 이용하여 구체적·직관적으로 습득할 수 있도록 해야 한다.

위의 교육령 시기별 〈歷史〉과 교수요지의 중점사항을 살펴보면, 〈2차 교육령〉 시기는 역사교육 본연의 목적인 "일본의 事歷과 朝鮮의 變遷에 관한 중요한 史蹟의 대요"와 함께 "국세의 대요 이해"에, 〈3차 교육령〉 시기에는 이에 더하여 "肇國의 유래와 國運進就의 대요로서 國體의 존엄성과, 황국신민으로서의 정신을 함양"에 중점을 두었다. 그리고 공히 「修身」과목과의 연계성을 강조하였다. 한편 태평양전쟁을 앞두고 전시체제를 정비하기 위해 〈국민학교령〉을 공포 이후부터는 〈修身〉 〈國語〉 〈地理〉과목과 함께 「國民科」에 포함되어 "조국의 宏遠, 황통의 無窮, 역대 천황의 성덕 등 황국의 발자취에 대한 이해", "황국의 역사적 사명감의 자각"에 역점을 두었으며, "內鮮一體에서 유래하는 史實에 대해서는 특히 유의할 것"이라는 사항이 부과되어 〈4차 교육령〉 시기까지 이어졌다.

2) 일제강점기 〈歷史〉교과서와 교수 시수

식민지 초등학교에서의 본격적인 〈歷史〉교육은 1920년대부터 시행되었다. 그러나 당시는 교과서가 준비되지 않았기에, 일본 문부성에서 발간한 교재와 2권의 보충교재로 교육되었다. 다음은 일제강점기 〈歷史〉교과서 발간사항이다.

〈표 2〉 일제강점기 조선총독부 〈歷史〉교과서 편찬 사항

순서	교 과 서 명	발행년도	분 량	사용시기	비 고
①	尋常小學國史補充教材 卷一	1920	38 (各王朝歷代表 8, 年表 4)	1920~1922 (1차 교육령기)	문부성 교재에 더하여 조선 관련사항을 이 보충교재로서 사용함.
②	尋常小學國史補充教材 卷二	1921	42 (李氏朝鮮歷代表 2, 年表 8)		
③	普通學校國史 兒童	1921	179 (御歷代表4, 本文171, 年表4)	1931~1936	문부성 교재와 절충

	用上 普通學校國史 兒童用 下	1922	175 (御歷代表4, 本文163, 年表8)	(2차 교육령기)	하여 새로 발간
④	普通學校國史 卷一	1932	169 (御歷代表4, 本文 161, 年表4)		1927년 개정된 <보통학교규정> 반영
	普通學校國史 卷二	1933	148 (御歷代表4, 本文 136, 年表8)		
⑤	初等國史 卷一	1937	187 (御歷代表4, 삽화1, 本文178, 年表 4)	1937~1939 (과도기)	부분개정
	初等國史 卷二	1938	228 (御歷代表 4, 本文 208, 年表16)		
⑥	初等國史 第五學年	1940	227 (萬世一系(皇室御系圖)6, 삽화1, 本文 204, み代のすがた 16)	1940~1941 (3차 교육령 반영)	전면개편
	初等國史 第六學年	1941	254 (萬世一系(皇室御系圖)6, 삽화4, 本文 228, み代のすがた 16)		
⑦	初等國史 第五學年	1944	251 (萬世一系(皇室御系圖)6, 삽화3, 本文 226, み代のすがた 16)	1944~1945 (4차 교육령 반영)	부분개정
	初等國史 第六學年	1944	318 (萬世一系(皇室御系圖)6, 삽화4, 本文 288, み代のすがた 20)		

<표 2>에서 보듯 처음 <歷史>교과서인 ①, ②는 조선부분만 다룬 보충교재이며, ③은 문부성 편찬 『尋常小學國史』上・下에 ①, ②가 삽입된, 즉 일본역사를 주축으로 동 시대의 조선역사를 삽입하는 한일 대비방식이다. ④는 이후 <보통학교규정>(1927)을 반영하여 소폭 개정한 것이며, ⑤는 여기에 1930년대 중반 급변하는 시세를 반영하여 부분 개정된 교과서이다. 뒤이어 발간된 ⑥은 조선인의 황민화교육에 중점을 두고 <3차 교육령>을 반영한 전면 개편된 것이며, ⑦은 여기에 <국민학교령>과 <4차 교육령> 취지가 더하여 소폭 개정된 교과서이다.

이의 변화 과정을 구체적으로 살펴보면 구성면에서나 내용면에서 보더라도 전 조선인의 황민화를 위한 식민지교육정책의 일대 전환점이었던 <3차 조선교육령>의 공포(1938)를 기점으로 2시기로 대별된다. 이를 <歷史>교과서의 전면개편 차원에서 보면 ③에서 ⑤까지와, ⑥에서 ⑦까지로 구분할 수 있다. 전자를 전반기, 후자를 후반기로 하여, 먼저 전반기 교과서의 구성과 분량의 변화를 살펴보겠다.

　　전반기교과서는 각권 공히 첫 면에 역대표(御歷代表), 후면에 연표(年表)를 수록하고 있으며, 본분의 구성은 일본사에 조선사 삽입방식이라는 큰 틀을 유지하는 가운데, 개정 시기에 따라 단원의 이합, 단원명의 변화, 내용의 증감 등을 살펴볼 수 있다. 가장 주목되는 것은, ③에서는 각 단원 안에 포함되어 있던 조선사부분이 ④에서는 별도의 단원으로 책정되어 있는 점이다. 또 ③이 문부성 발간 교과서의 연대에 맞추어 특정 조선사를 삽입한 것에 비해, ④는 쇼와초기 개정된 〈보통학교규정〉(1927)을 반영하는 이면의 유화제스처로 볼 수도 있겠다. 그러나 그것도 ⑤에 이르면 일본역사로만 일관하게 되며, 조선사는 그 안에서 한일관계사 정도로만 언급될 뿐이다.

　　분량에 있어서는 주로 고대사에서 중세사까지를 다룬 5학년용은 그리 큰 변화는 없지만, 6학년용의 경우 증감의 폭이 상당하다. ③이 163면인 것에 비하여 ④가 136면이었던 것은 쇼와기 역사 7면을 추가하였음에도 불구하고, 전체적인 내용이 축소되었음을 말해준다. 그러나 ⑤에 이르면 208면으로 대폭 증가하게 되는데, 이는 일본근대사에 해당되는 단원「메이지(明治)천황」과「쇼와(昭和)천황」의 분량이 현저하게 증가한 까닭이다. 이러한 현상은 각권 후면에 배치된 연표(年表)에서도 동일하게 나타난다. 연표의 분량은 하권 기준으로 ③이 8면, ④가 조금 더 많은 8면, ⑤에 이르면 15면으로 대폭 증가된 면을 드러낸다. 메이지천황의 치적이 재조명되고, 다이쇼천황에 이어 쇼와천황의 치적이 대폭 늘어난 까닭이라 하겠다.

　　다음은 후반기 교과서의 구성과 분량 변화이다. 〈국민학교령〉[1]

---

1) 급변하는 세계정세의 흐름에 대처하기 위한 방안으로 교육체제를 전면개편하기 위한 법령이다. 이에 따라 기존의 '小學校'를 전쟁에 참여할 국민양성을 목적한 '國民學校'로 개칭하였고, 교과목 체제도 합본적 성격의「國民科」,「理數科」,「體鍊科」,「藝能科」,「實業科」등 5개과로 전면 개편되었다. 〈修身〉〈國語〉〈國史〉와 함께 〈歷史〉과목이 속해 있는「國民科」의 경우 "교육칙어의 취지를 받들어 皇國

(1941.3) 공포에 앞서 이전부터 시행된 전체적으로 개편된 교과서인 만큼 ⑥과 ⑦은 그 구성부터가 이전과는 현격한 차이를 드러낸다.

이전에 비해 가장 큰 변화는 단원명이다. ③ ④ ⑤가, 1과─만세일계 시조신인 「天照大神」, 2과─초대천황인 「神武天皇」… 이었던 것이, ⑥ ⑦에서는 1과─「國がら」, 2과─「まつりごと」…로 이어지고 있으며, 또 각권의 목차 다음 면에 이전의 '역대표' 대신 '만세일계 천황가의 계보도'를, 후면에는 이전의 '연표(年表)'를 'み代のすがた'로 교체하여 역대천황의 치적을 보다 상세하게 열기하는 등 이전에 비해 획기적인 변화를 드러내고 있다.

⑥에서 ⑦로의 변화 또한 간과할 수 없다. ⑥에 없던 소단원이 ⑦에 등장한 것과, 교과서 분량이 ⑥이 432면인 것에 비해 ⑦이 514면으로 대폭 증가한 점이다. 이는 앞서 ③이 334면, ④가 216면, ⑤가 386면이었던 것과 비교해도 주목되는 부분이지만, 특히 ⑦의 발간 시기가 일본역사상 세계를 상대로 벌인 <태평양전쟁>에 조선아동의 동원을 위해 수업시수 감소와, 용지절약을 이유로 교과내용이 전체적으로 축소되던 시기임을 고려한다면, 실로 파격적인 현상이 아닐 수 없다.

이어서 본 과목의 주당 교수시수이다.

의 道를 수련(修練)하게 하고 國體에 대한 信念을 깊게 함"(국민학교령시행규칙 제1조)은 물론 "國體의 精華를 분명히 하여 國民精神을 함양하고, 皇國의 使命을 자각하게 하는 것"(동 규칙 제2조)을 요지로 하고 있으며, 이의 수업목표는 동 규칙 제3조에 "國民科는 我國의 도덕, 언어, 역사, 국사, 국토, 國勢 등을 습득하도록 하며, 특히 國體의 淨化를 明白하게 하고 國民精神을 涵養하여 皇國의 使命을 自覺하도록 하여 忠君愛國의 志氣를 養成하는 것을 요지로 한다. 皇國에 태어남 것을 기쁘게 느끼고 敬神, 奉公의 眞意를 체득시키도록 할 것. 我國의 歷史, 國土가 우수한 국민성을 육성시키는 理致임을 알게 하고 我國文化의 特質을 明白하게 하여 그것의 創造와 發展에 힘쓰는 정신을 양성할 것. 타 교과와 서로 연결하여 정치, 경제, 국방, 해양 등에 관한 사항의 敎授에 유의 할 것."이라 명시하였다.

<표 3> 각 교육령 시기별 주당 교수시수

시기 과목＼학년	제2차 조선교육령		제3차 조선교육령		국민학교령과 제4차 조선교육령		
	5학년	6학년	6학년	6학년	4학년	5학년	6학년
지리	2	2	2	2	1	2	2
역사	2	2	2	2	1	2	2

앞서 언급하였듯이 식민지초등교육과정에서 〈歷史〉과목은 〈地理〉과와 더불어 1920년대 이후 공히 2시간씩 배정 시행되었다. 여기서 〈4차 교육령〉시기 4학년 과정에 별도의 교과서도 없이 〈歷史〉 〈地理〉 공히 수업시수가 1시간씩 배정되어 있음을 주목할 필요가 있을 것이다. 이는 당시 조선총독 고이소 구니아키(小磯國昭)의 교육령 개정의 중점이 "人才의 國家的 急需에 응하기 위한 受業年限 단축"[2]에 있었기 때문일 것이다. 그것이 〈교육에 관한 전시비상조치령〉(1943) 이후 각종 요강 및 규칙[3]을 연달아 발포하여 초등학생의 결전태세를 강화하는 조치로 이어졌으며, 마침내 학교 수업을 1년간 정지시키고 학도대에 편입시키기는 등의 현상으로도 나타났다. 4학년 과정에 〈歷史〉과의 수업시수를 배정하여 필수적 사항만을 습득하게 한 것은 이러한 까닭으로 여겨진다.

---

2) 朝鮮總督府(1943)「官報」제4852호(1943.4.7)
3) 〈전시학도 체육훈련 실시요강〉(1943.4), 〈학도전시동원체제확립요강〉(1943.6), 〈해군특별지원병령〉(1943.7), 〈교육에 관한 전시비상조치방책〉(1943.10), 〈학도군사교육요강 및 학도동원 비상조치요강〉(1944.3), 〈학도동원체제정비에 관한 훈령〉(1944.4), 〈학도동원본부규정〉(1944.4), 〈학도근로령〉(1944.8), 〈학도근로령시행규칙〉(1944.10), 〈긴급학도근로동원방책요강〉(1945.1), 〈학도군사교육강화요강〉(1945.2), 〈결전비상조치요강에 근거한 학도동원실시요강〉(1945.3), 〈결전교육조치요강〉(1945.3) 등

3. 본서의 편제 및 특징

일제강점기 조선아동을 위한 <歷史>교과목은 1920년대 초 학제 개편 이후부터 개설된 이래, 시세에 따른 교육법령과 이의 시행규칙에 따라 <歷史>교과서가 '부분개정' 혹은 '전면개편'되었음은 앞서 <표 2>에서 살핀바와 같다. 그 중 ④『普通學校國史』卷一·二 (1932~33, 2권), ⑦『初等國史』第五·六學年(1944, 2권) 4冊을 번역한 까닭은 ④가 식민지 조선아동의 <歷史>교육의 정착단계의 교과서였다는 점에서, ⑦은 태평양전쟁 시기에 발호된 <국민학교령>과 <4차교육령>이 전면 반영된 교과서이자 식민지 역사교육의 마지막 교과서였다는 점에 의미를 둔 까닭이다.

<표 4> 조선총독부 편찬『초등학교 <歷史>교과서 번역』의 편제

No	교과서명	권(학년)	간행년	출판서명
④	普通學校國史	卷一 (5학년용)	1932	조선총독부 편찬
		卷二 (6학년용)	1933	초등학교 <歷史>교과서 번역(上)
⑦	初等國史	第五學年	1944	조선총독부 편찬
		第六學年	1944	초등학교 <歷史>교과서 번역(下)

끝으로 본서 발간의 의미와 특징을 간략하게 정리해 본다.

(1) 본서의 발간은 그동안 한국근대사 및 한국근대교육사에서 배제되어 온 일제강점기 초등학교 교과서 복원작업의 일환에서 진행된 또 하나의 성과이다.

(2) 일제강점기 식민지 아동용 <歷史>교과서를 일일이 발굴하여, 가장 특징적 의미를 지닌 <歷史>교과서를 번역 출간함으로써, 언어 장벽을 넘어서서 누구나 쉽게 일제에 의한 한

국 〈歷史〉교육의 실상을 이해할 수 있게 하였다.

(3) 본서는 〈歷史〉교과서에 배치된 삽화 등 이미지자료의 복원에도 심혈을 기울였다. 오래되어 변별이 어려운 수많은 이미지자료를 세심히 관찰하여 최대한 알아보기 쉽게 복원하였을 뿐만 아니라, 세로쓰기인 원문을 좌로 90°로 회전한 가로쓰기 편제이므로 내용에 맞게 최대한 삽화의 배치에도 심혈을 기울였다.

(4) 본서는 일제강점기 식민지 〈歷史〉교과서의 흐름과 변용 과정을 파악함으로써, 일제에 의해 기획되고 추진되었던 근대한국 공교육의 실태와 지배국 중심적 논리에 대한 실증적인 자료로 제시할 수 있다.

(5) 본서는 〈歷史〉교과서에 수록된 내용을 통하여 한국 근대초기 교육의 실상은 물론, 단절과 왜곡을 거듭하였던 한국근대사의 일부를 재정립할 수 있는 계기를 마련하고, 관련연구에 대한 이정표를 제시함으로써 다각적인 학제적 접근을 용이하게 하였다.

(6) 본서는 그간 한국사회가 지녀왔던 문화적 한계의 극복과, 나아가 한국학 연구의 지평을 넓히는데 일조할 것이며, 일제강점기 한국 초등교육의 거세된 정체성을 재건하는데 기여할 수 있을 것이다.

본서는 개화기 통감부기 일제강점기로 이어지는 한국역사의 흐름 속에서 한국 근대교육의 실체는 물론이려니와, 일제에 의해 왜곡된 갖가지 논리에 대응하는 실증적인 자료를 번역 출간함으로써 모든 한국인이 일제강점기 왜곡된 교육의 실체를 파악할 수 있음은 물론, 관련연구자들에게는 연구의 기반을 구축하였다고 자부하는 바이다.

　이로써 그간 단절과 왜곡을 거듭하였던 한국근대사의 일부를 복원·재정립할 수 있는 논증적 자료로서의 가치창출과, 일제에 의해 강제된 근대 한국 초등학교 <歷史>교육에 대한 실상을 재조명할 수 있음은 물론, 한국학의 지평을 확장하는데 크게 기여할 수 있으리라고 본다.

2018년 8월
전남대학교 일어일문학과 교수 김순전

〈凡 例〉

1. 원본은 세로쓰기이나 편의상 좌로 90도 회전하여 가로쓰기로 한다.

2. 일본어 독음을 한국어로 표기하고 ( )안에 원문을 표기한다.

3. 지명이 두 개인 경우나 두 줄로 표기된 경우는 한 줄에 병기하여 기재하였다.

4. 원문은 각 과가 연결되어 편집되어 있으나, 역서는 알아보기 쉽게 각 과별로 나누어 편집하였다.

5. ( )안의 지명의 원문병기의 필요가 있을 경우 다음과 같이 표기한다.
   예) 관폐대사(官弊大社), 조선신궁(朝鮮神宮)

6. 원문의 년도 표시가 일본력(和曆)으로만 표기되어 있어, 서력(西曆)을 병기하였다.

조선총독부 편찬(1944)

『초등국사』

(제5학년)

初等國史 第五學年

朝鮮總督府

목차(目次)

삽화와 지도

豊葦原の千五百秋の瑞穂の國は、是れ吾が子孫の王たるべき地なり。よろしく、爾皇孫、就きて治せ。さきくませ。寶祚の隆えまさんこと、まさに天壌と窮りなかるべし。

(풍요로운 갈대밭에 가을이 되면 벼이삭이 많이 열리는 나라는 나의 자손이 통치해야 할 땅이라. 모름지기 그대 황손(皇孫)이 가서 이제부터 행복하도록 다스리라. 왕위가 더욱 번창하고 반드시 천지와 함께 영원무궁할 것이로다.)

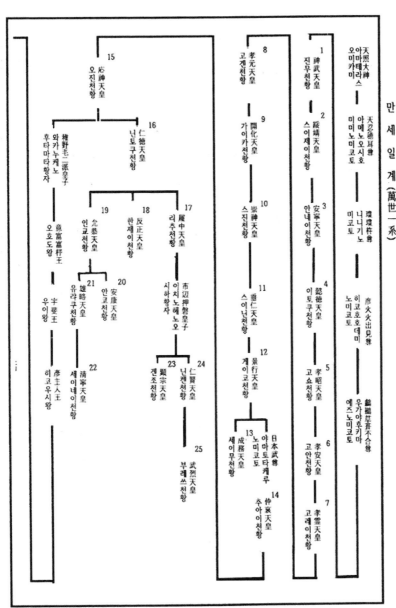

만 세 일 계 (萬世一系)

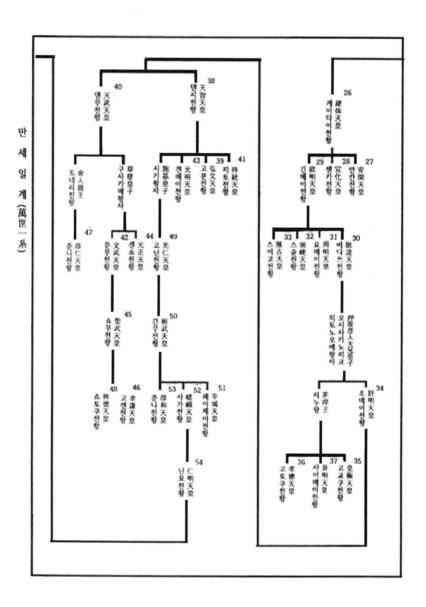

만 세 일 계 (萬世一系)

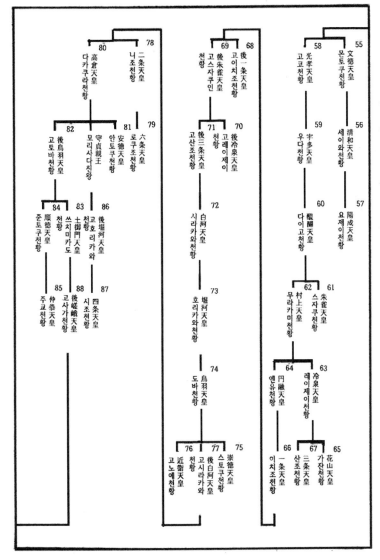

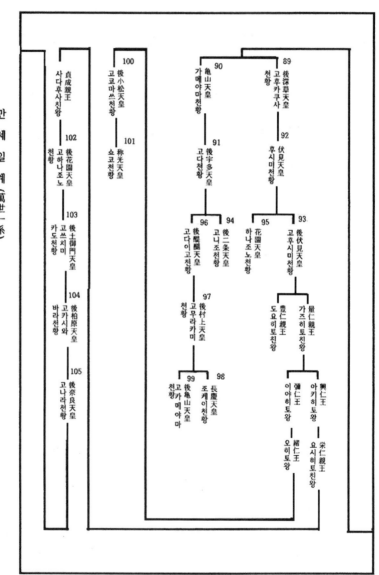

만세일계(萬世一系)

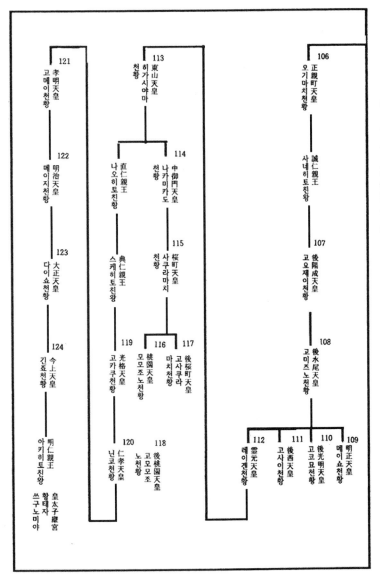

만세일계(萬世一系)

제1 국체(國體)

대동아전쟁(大東亞戰爭, 태평양전쟁) 쇼와(昭和) 16년(서기 1941) 12월 8일, 미국과 영국에 대한 선전포고의 칙령이 내려졌습니다. 이날 새벽 동틀 무렵, 동쪽은 하와이에서 서쪽으로는 말레이에 걸친 태평양 각지에서 전쟁의 포문을 여는 '대동아전쟁(태평양전쟁)'이 시작되었습니다.

미국이나 영국 등은 세계를 자기네 것으로 하려는 생각에서 동아시아 사람들을 계속 괴롭히고 있었습니다. 우리 일본은 이런 나쁜 계략을 단숨에 쳐부수고 동아시아의 재앙을 뿌리 뽑기 위해 용감하게도 분개하여 일어선 것입니다.

육지와 바다 그리고 하늘에 눈부신 전투가 펼쳐져, 영국과 미국과 네덜란드가 오랜 세월에 걸쳐 동아시아를 교란하고 있던 본거지는 차례로 무너졌습니다.

적은 죽음의 미치광이가 되어 남쪽과 북쪽에서 다시 공격해 왔습니다. 치열한 전투가 밤낮없이 계속되었습니다. 그러나 이 전쟁이 한창일 때 새롭게 대동아가 힘차게 태어난 것입니다.

세계일가(世界一家)의 친밀감 대동아의 사람들은 전쟁의 불꽃이 붙자 일장기 아래 재빨리 참여해, 우리 일본을 부모로 따르거나 형으로 의지하며, 함께 싸우고 더불어 활약하고 있습니다. 우리 일본이 세계는 한 가족이라는 친밀감을 목표로 싸우고 있음을 잘 알기 때문입니다.

우리 일본은 건국 시초부터 세계 사람들이 모두 한 가족처럼 서로 친밀하고 행복하게 사는 것을 지향해 왔습니다.

우리들의 더할 나위 없는 자랑입니다.

훌륭한 국체 '대동아전쟁'은 세계 역사에 유례 없는 큰 전쟁으로 국체에 근거해 분연히 일어선 늠름한 국력의 발현입니다.

천황폐하는 국민을 친자식같이 여기시고 어린아이를 양육하듯이 매우 사랑해주십니다. 국민은 천황폐하를 부모님처럼 흠모하여, 깨끗하고 밝고 정직한 마음으로 섬기며, 각자의 일에 힘쓰고 있습니다. 그리고 거국적으로 하나가 되어, 오로지 한 길로, 국가가 목표로 하는 곳에 힘차게 전진합니다. 실로 훌륭한 국체입니다.

우리의 임무 우리의 선조는 천황의 위광아래, 대대로 조상의 마음을 이어받아 세계는 한가족이라는 빛나는 미래를 목표로 어떤 괴로움도 이겨내며, 때로는 피를 흘리고 목숨을 바쳐 책무를 완수해왔습니다. 그 결과 세계에 전례 없는 국체가 완성된 것입니다.

우리는 앞으로 일본사(國史)를 배워서 우리 일본의 국체가 매우 훌륭한 것을 분별하여 선조의 뜻을 확고히 몸에 익히고 훌륭한 마음가짐을 함양함으로써 목숨을 걸고 천황을 위해 나라를 위해 일합시다.

제2 국가의 기원

국가 탄생 그 옛날 신대(神代)에, 다카마노하라(高天原)에 이자나기노미코토(伊弉諾尊)와 이자나미노미코토(伊弉冉尊)라는 신이 계셨습니다. 소중한 두 신께서 일본(大八洲國)을 탄생시켰습니다. 이것이 우리 일본 국토의 토대가 된 섬들입니다. 이 두 신은 이어서 바다와 강, 산이나 나무 그리고 풀도 만드셨습니다. 그리고 아마테라스 오미카미(天照大神)라는 존귀한 신을 탄생시키고, 천하의 주인으로 삼으셨습니다.

국가의 기원(니니기노미코토(瓊瓊杵尊)의 천손강림)

아마테라스 오미카미는 천황폐하의 선조로 다카마노하라(高天原)에 계셨습니다. 덕이 매우 높으시고 그 위광이 빛나시어 태양처럼 다카마노하라에서 세상의 구석구석까지 두루 비추시었습니다. 그래서 '태양신'이라고 합니다.

이처럼 우리나라의 토대는 신들이 창조하셨습니다.

천양무궁(天壤無窮)의 신칙(神勅) 아마테라스 오미카미는 천하의 사람들이 모두 편안하게 살게 하고 싶다고 생각하셨습니다. 그래서 손자인 니니기노미코토(瓊瓊杵尊)를 우리 일본에 보내주셨습니다. 그때 아마테라스 오미카미가 말씀하시기를,

> 豊葦原の千五百秋の瑞穂の國は、是れ吾が子孫の王たるべき地なり。よろしく、爾皇孫、就きて治せ。さきくませ。寶祚の隆えまさんこと、まさに天壤と窮りなかるべし。
> (풍요로운 갈대밭에서 가을이 되면 벼이삭이 많이 열리는 나라는 나의 자손이 통치해야 할 땅이라. 모름지기 그대 황손(皇孫)이 가서 이제부터 행복하도록 다스리라. 왕위가 더욱 번창하고 반드시 천지와 함께 영원무궁할 것이로다.)

라고 하셨습니다. 이것을 천양무궁한 신의 칙령이라고 합니다.

이러한 신의 칙령(神勅)이 우리의 국체(國體)로 정해져 대대로 변함없이 신민들은 모두 만세일계의 천황을 섬기며 충의를 다하고 있습니다. 그리하여 이러한 국체가 훌륭한 국가의 근본이 되었습니다.

삼종신기(三種神器) 아마테라스 오미카미는 니니기노미코토에게 신의 거울(八咫鏡)과 곡옥(八坂瓊曲玉) 그리고 검(天叢雲劒)

을 내려 주셨습니다. 이 세 가지의 보물을 '삼종신기(三種神器)'
라 하여 황위의 징표가 되었습니다.

　삼종신기에는 모두 존귀한 내력이 있습니다. 아마테라스 오미
카미에게는 스사노오노미코토(素戔嗚尊)라는 남동생이 계셨습
니다. 때때로 매우 난폭한 행동을 하셔서 아마테라스 오미카미
는 결국 하늘동굴(天岩屋)로 들어가 버렸습니다. 이때 신들이
모여 의논하시고, 거울(八咫鏡)과 곡옥(八坂瓊曲玉)을 만들어 비
쭈기나무 가지에 걸어 하늘동굴 앞에 세워두시고 가구라(神樂,
무악)를 개최하여 아마테라스 오미카미가 나오시게 하였습니다.

　이윽고 스사노오노미코토는 다카마노하라에서 지금의 조선지
방으로 내려오셨습니다만, 이후 이즈모(出雲, 시마네현)로 건너
오셔서 야마타노오로치(八岐大蛇)를 진압하셨습니다. 그때 오로
치의 꼬리에서 검(天叢雲劒)이 나왔기 때문에 그것을 아마테라
스 오미카미에게 바쳤습니다.

　유니와(齋庭)의 벼이삭(稻穗)　또한 아마테라스 오미카미는
자신이 손수 만드신 벼이삭(稻穗)을 니니기노미코토에게 하사
하셨습니다. 그리고

> 吾が高天原にきこしめす齋庭の稻穗を以て、また吾がみ兒にま
> かせまつる。
> (짐이 다카마노하라에서 관장하고 있는 신에게 바칠 벼를 키
> 우는 유니와(신을 제사지내기 위한 신성한 장소)의 벼이삭을
> 다시 나의 자식에게 맡기노라.)

는 신칙(神勅)을 내리셨습니다. 다카마노하라에서 우수한 벼이삭
을 우리 일본에 확산시켜, 참으로 도요아시하라(豊葦原, 일본의

미칭)의 세세연년(千五百秋) 동안 알찬 미즈호노쿠니(瑞穗の國, 일본의 미칭)로서 자비를 베푸시려는 생각이셨던 것입니다.

이 은혜에 힘입어 우리 일본의 농업이 번영하고, 또한 여러 가지 산업도 일어나서 세상이 개화되었습니다.

니니기노미코토(瓊瓊杵尊)의 강림　니니기노미코토는 아마테라스 오미카미의 말씀을 받들어 삼종신기를 받아 아메노코야네노미코토(天兒屋命)와 후토다마노미코토(太玉命)를 비롯한 많은 신들을 거느리고 다카마노하라에서 쓰쿠시(九州) 휴가(日向)의 다카치호(高天原)에 있는 구지후루(くじふる)봉우리에 강림하셨습니다. 이 영광스러운 날, 하늘에 길게 드리운 구름도 그 위광에 아름답게 빛나며 갈라져, 엄숙하게 강림하시는 존엄한 모습이 한층 더 성스럽게 우러러보였습니다.

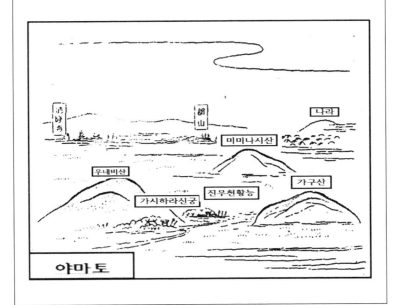

이윽고 니니기노미코토는 아침 일출이 아름답고 저녁 석양빛도 밝은 형세 좋은 지형을 선택하시고, 하늘바위까지 닿는 궁전 기둥은 굵게, 하늘로 솟은 궁전지붕의 용마루 끝을 높이는 훌륭한 거처를 짓게 하시어, 아마테라스 오미카미의 뜻을 널리 알리는 토대를 펼치셨습니다.

가시하라(橿原)의 도읍 제1대 진무(神武)천황은 니니기노미코토로부터 제4대에 해당됩니다. 천황은 아마테라스 오미카미나 니니기노미코토의 뜻을 더욱 더 널리 알리고 싶다고 생각하셨습니다. 그래서 나라(國)의 중심부를 향하여 휴가(日向)에서 야마토(大和, 奈良縣)로 옮기셨습니다.

야마토(大和)는 일본국(大八洲國)의 정 중앙으로, 산이나 강의 경치가 좋고 봄가을의 풍경도 아름다웠기 때문에 천황의 마음에 꼭 들었습니다. 천황은 우네비산(畝傍山)의 동남쪽에 해당하는 가시하라(橿原)에 도읍을 정하셨습니다.

천황은 이때 조서로,

八紘をおほひて宇とせむ。
(전 세계를 하나의 집으로 하겠다)

고 분부하셨습니다. 천하의 사람들이 모두 황국의 은혜를 받들고 서로 친하게 한 가족처럼 사이좋게 살 수 있도록 만들고 싶다는 깊은 뜻에서 비롯된 말씀입니다. 우리 일본은 이 말씀을 올곧게 이어받아 세계일가의 친밀감을 지향하며 나아가고 있습니다.

지금 이 도읍의 유적으로는 천황을 모시는 가시하라(橿原)신궁이 있습니다.

천황의 즉위 이윽고 진무천황은 가시하라 도읍에서 처음으로 천황의 보위에 오르셨습니다. 이 해가 우리 일본의 기원 원년으로, 세계만방에 유례없고 영원무궁토록 변함없는 천황가의 근간이 여기에서 정해졌습니다.

현재의 천황은 진무천황으로부터 124대째에 해당합니다. 그래서 기원절(紀元節)은 진무천황의 즉위를 기념하고 축하함과 더불어 건국의 그 옛날 풍속을 기리는 경사스런 날입니다.

가시하라(橿原)신궁

제3 정벌

오쿠니누시노카미(大國主神)의 진심　아마테라스 오미카미가 니니기노미코토를 지상에 내려 보내기 전에는 많은 신들이 일본 각지를 제각각 다스리고 있었습니다. 그중에서도 이즈모(出雲)지방에 계신 오쿠니누시노카미는 세력이 매우 왕성하였습니다. 스사노오노미코토의 자손이십니다. 측은지심이 깊어서 사람들이 매우 잘 따랐습니다.

아마테라스 오미카미는 사자 신으로서 다케미카즈치노카미(武甕槌神)와 후쓰누시노카미(經津主神)를 내려 보내시어 각지의 신들을 복종하게 하였습니다. 사자신은 먼저 오쿠니누시노카미에게 아마테라스 오미카미가 그 자손을 강림시키려 하신다는 뜻을 전하였습니다. 그러자 오쿠니누시노카미는 다스리고 있던 지방을 아마테라스 오미카미에게 바치고 진심으로 섬길 것을 맹세하셨습니다. 사자신은 또한 복종하지 않는 자를 평정하고 돌아갔습니다. 아마테라스 오미카미는 오쿠니누시노카미의 진심을 칭찬하시고 훌륭한 궁전을 짓게 해 주셨습니다. 이즈모(出雲)대신사의 유래입니다. 또한 사자 신들은 가시마(鹿島)신궁과 가토리(香取)신궁에 모셔져 무용(武勇)의 신으로 추앙되고 있습니다.

진무천황(神武天皇)의 야마토(大和) 정벌　진무천황이 야마토로 옮겨가실 때 몸소 군사를 이끄시고 진군하셨고, 따르는 자들에게 은혜를 베풀었으며, 대항하는 자들은 공격해 물리치시고 야마토로 들어가셔서 악인을 완전히 평정하고 이 지방을 진압하셨습니다.

이즈모(出雲)대신사

그 즈음, 야마토에서는 나가스네히코(長髓彦)의 세력이 가장 강하여 다카마노하라에서 내려온 니기하야히노미코토(饒速日命)를 받아들여 끝까지 황군에게 맞서려고 하였습니다. 그러나 니기하야히노미코토는 천황이 아마테라스 오미카미의 자손인 것을 알고는 나가스네히코를 평정하고 용서를 청하며 진심을 다해 천황에게 봉사할 것을 아뢰었습니다.

이렇게 정벌하게 되기까지는 황공하게도 천황의 형님인 이쓰세노미코토(五瀬命)가 전투에서 입은 상처로 인해 사망할 정도로 황군은 때때로 고전에 빠지기도 하였습니다. 천황은 언제나 필승의 신념을 품게 하였고, 천황이 지어주신 군가도 용맹스럽게 병사를 격려하며 전투를 치렀습니다. 우리들은 지금 그때 지으신 그대로 "무찔러 멸망시키자"는 뜻을 받들어 대동아전쟁에서 끝까지 싸워 이길 각오를 다지고 있습니다.

천황의 위광 진무천황에 이어 대를 이은 천황은 계속하여 정벌하셨으므로 천황의 위광은 빛났고, 그 은혜가 널리 퍼져나갔습니다. 천황이 몸소 군사를 이끌고 나간 적도, 황자를 비롯해 황족들이 어려움을 참고 나간 적도 자주 있었습니다.

그중에서도 제12대 게이코(景行)천황 치세에, 황자 야마토타케루노미코토(日本武尊)는 서쪽으로는 구마소(熊襲)를 공격해 평정하고, 동쪽으로는 에조(蝦夷)를 공격해 복종시키는 빛나는 공훈을 세웠습니다. 황송하게도 에조정벌에서 돌아오던 길에 병으로 돌아가셨습니다.

대동아(大東亞) 정벌 천황의 의지는 어느 천황의 치세에도 변함없어서, 쇼와의 치세 때가 되자 천황폐하는 널리 동아시아 각지를 정벌하시어, 그 은혜에 따라 대동아공영권(大東亞共榮圈)이 점차 구축되어졌습니다.

대본영(중일전쟁)

앞서 쇼와 12년(서기1937) 7월에 중일전쟁이 발발하고부터 미국이나 영국이 끊임없이 동아시아를 어지럽혔기 때문에 쇼와 16년(서기1941) 12월이 되어 결국에 대동아전쟁이 벌어졌습니다. 중일전쟁이 시작한 때부터 황공하게도 천황폐하는 궁중의 대본영(大本營)에서 밤낮으로 직접 군대를 지휘하셨습니다. 황족들은 연이어 전쟁에 나가셨고, 그 중에는 전사하신분도, 전쟁에서 부상당하신 분들도 계십니다. 천황의 군대는 오로지 동아시아를 평정하여 평화를 수립하기 위해 진력하고 있습니다.

제4 정사(政事)

신의 거울과 정사(政事) 아마테라스 오미카미는 신의 거울 야타노카가미(八咫鏡)를 니니기노미코토에게 내려주실 때,

> これの鏡は、專ら我がみ魂として、吾がみ前を拜くがごといつ きまつれ。
>
> (이 거울은 나 아마테라스 오미카미의 혼으로서, 나를 배알하 듯이 삼가 우러러 소중히 모셔라)

라고 분부하셨습니다.

이것은 아마테라스 오미카미의 자손이 우리 일본을 다스릴 때 이 거울을 아마테라스 오미카미로 모시고, 그 자손이 완전히 위대한 신이 되게 하신 분부로, 은혜를 널리 펼칠 수 있도록 깨우쳐 밝히신 것입니다. 후세, 조칙으로 "현인신으로 일본국(大八洲國)을 다스리시는 천황" 혹은 "현인신으로 천하를 다스리는 천황"이라고 말씀하셨던 것처럼 천황은 항상 신으로서 우리 일본을 다스리고 계십니다.

또한 니니기노미코토를 모시고 강림한 신들이 다카마노하라의 신들을 섬겼듯이 천황을 받들게 하여, 우리 일본을 통치하는 전지전능한 힘이 되도록 정하신 것은 천황을 섬기는 사람에게 계승되었습니다.

이처럼 아마테라스 오미카미의 뜻을 널리 알리기에는 신을 모시는 것이 토대가 되어 있습니다. 그래서 이것을 정사(政事)라고 합니다.

정사의 모습 진무천황은 신들을 제사지낼 때는 인베가문(齋部氏)의 선조와 나카토미가문(中臣氏)의 선조들을, 전투 지휘나 거처를 지키실 때는 모노노베가문(物部氏)의 선조와 오토모가문(大伴氏)의 선조들을 발탁하여 정사를 담당하게 하셨습니다. 또한 정사가 전국 곳곳에 미칠 수 있도록 각지에서 세력이 있는 자를 관리로 기용하여 그 지방을 다스리게 하셨습니다. 모두 다 자손대대로 같은 역할을 계승하게 하셨습니다.

위로는 천황이 몸소 정사를 돌보시고, 아래로는 천황을 섬기는 사람이 천황의 명을 받들어 정사를 담당하여, 나라 안의 사람들이 모두 정사대로 받들어 모시고 각자의 역할에 힘쓰는 것이 정사의 바른 모습인 것입니다.

역대 천황은 세상이 개화됨에 따라 여러 가지 새로운 규칙을 세우셨기 때문에 정사를 담당하는 역할도 점차 바뀌어갔습니다. 따라서 정사 모습에도 변화가 있었습니다.

황실의 은혜 진무천황으로부터 게이코(景行)천황의 치세까지 도읍은 계속 야마토에 있었습니다. 그래서 대대의 천황은 새롭게 천황의 위광이 미치는 지방에 계속하여 황족들을 파견하였고, 자손대대로 이어받아 그 지방을 통치하게 하셨습니다. 또한 제방을 쌓게 하고 저수지와 도랑을 만들게 하거나 논밭을 개간하게 하여 농업을 장려하였기 때문에, 곡물이 많이 수확되어 국민의 생활이 점점 윤택해지게 되었고 세상이 개화되어 갔습니다.

게이코천황 치세에 도읍을 왕래하기 편리한 비와호(琵琶湖) 근처에 정하셨습니다. 다음으로 제13대 세이무(成務)천황은 정사가 더욱 구석구석까지 잘 미치게 하려고, 나라 안의 산과 강의 모습을 조사하여 각 지방의 경계를 정하셨습니다. 이렇게 하여 황실의 은혜가 동쪽으로는 지금의 후쿠시마현(福島縣) 근처에서부터 서쪽으로는 규슈(九州)까지 널리 펼쳐져 나라 안이 잘 다스려졌습니다.

현재의 정사 지금은 천황폐하가 등용하신 대신을 비롯해 많은 관리들이 담당한 업무대로 정사를 행하고 있습니다. 각 지방에도 각각 천황폐하의 명령을 받은 관리가 있습니다. 일억의 국민은 모두 마음을 합하여 충의를 다하고 있습니다. 북쪽의 사할린(樺太)에서부터 남쪽으로는 타이완(臺灣)과 남양군도(南洋群島), 서쪽으로는 조선까지 황실의 은혜가 펼쳐지고 있습니다.

게다가 대동아전쟁에 의해 말레이반도와 동인도의 섬들까지도 황실의 은혜로 윤택해지고, 또 북쪽으로는 만주로부터 몽골과 중국, 남쪽으로는 타이와 버마로부터 필리핀을 비롯한 동아시아 각지에 천황의 위광이 넓게 펼쳐져 점차 한 가족처럼 친숙해져 가고 있습니다.

제5 신(神)의 수호

진무천황과 신(神)의 수호　진무천황이 야마토를 정벌하시게 되었을 때 여러 가지로 신들의 수호를 받으셨습니다. 구마노(熊野)의 산 속에서 번민하실 때는 아마테라스 오미카미의 분부에 따라 다케미카즈치노카미(武甕槌神)가 양날의 영검을 내려 보냈고, 험한 산길에서는 아마테라스 오미카미가 내려 보내신 팔색조(八咫烏)가 길을 안내해드렸습니다. 또한 황군이 나가스네히코(長髓彦)의 군대와 격렬한 전투를 하고 있을 때, 하늘이 갑자기 흐려지고 우박마저 떨어지는가 싶더니 곧바로 금빛 솔개가 나타나서 천황의 화살 끝에 앉았습니다.

천황폐하의 공물(관폐대사 조선신궁의 제사)

번개 같은 날카로운 빛이 강하게 번쩍였습니다. 악의 무리들은 눈이 부셔서 싸울 수 없게 되어 무참하게 패하고 말았습니다. 이 금빛 솔개는 공훈을 세운 군인에게 내려주시는 금치훈장(金鵄勳章)의 징표가 되었습니다.

천황은 즉위하시고 나서 도미산(鳥見山, 奈良縣) 산중에서 선조신들을 제사하시며 수호해주신 덕분에 나라 안이 평안해진 것을 고하였습니다.

신사(神社)의 규칙　제10대 스진(崇神)천황은 즉위 초기에 매우 나쁜 병이 유행하였기 때문에, 신사의 규칙을 정하여 신들에게 제사지냈습니다. 그러자 신들의 수호에 힘입어 나쁜 병이 멈추어 정사가 고루 미치게 되었습니다.

현재 천황폐하가 관폐사(官幣社)와 국폐사(國幣社)의 제사에 사자를 보내시어 여러 가지 공물을 바치는 것은 신들의 수호에 의해 나라가 평안히 다스려져 우리 일본 국민이 은혜를 받고 있기 때문입니다.

아마테라스 오미카미의 제사　스진(崇神)천황의 치세까지 대대의 천황은 삼종신기를 궁중에 모셔놓고, 신의 거울을 아마테라스 오미카미의 혼령으로서 친히 봉공하도록 하였습니다.

스진천황은 별도로 신궁을 건립하여 여기에 신의 거울과 검을 옮겨 놓고, 아마테라스 오미카미를 제사모실 황녀 한분에게 분부하셔서 항상 봉사하게 하였습니다. 이윽고 제11대 스이닌(垂仁)천황은 이세(伊勢, 三重縣)의 가미지산(神路山)의 산기슭 이스즈강(五十鈴川)의 맑은 강물근처에 장엄한 신궁을 건립하시어 다시 옮기시고, 황녀 야마토히메노미코토(倭姫命)에게 모시도록 하였습니다. 이것이 고다이(皇大)신궁의 시작입니다.

스진천황은 또한 신의 거울과 검을 옮길 곳을 마련하게 하시고 곡옥과 함께 궁중에 모셨습니다. 역대 천황은 즉위하실 때 이것을 이어받아 수호의 징표로 삼으셨습니다. 현재의 궁성인 가시코도코로(賢所, 신전(神殿) 및 고레이덴(皇靈殿, 종묘전)과 함께 궁중의 삼전(三殿)중의 하나)에는 이 신의 거울을 모시고 있습니다.

아쓰타(熱田)신궁 처음에는 신검 아메노무라쿠모노쓰루기(天叢雲劒)도 고다이신궁에 모셔져 있었지만, 지금은 아쓰타신궁에 모셔져 있습니다.

신(神)의 수호(구사나기노쓰루기)

야마토타케루노미코토(日本武尊)가 에조(蝦夷)정벌을 위해 출정하실 때, 고다이신궁을 우러러 고모인 야마토히메노미코토(倭姬命, 제11대 스이닌천황의 4번째 황녀로 이세신궁에 봉사한 사이구(齋宮)의 기원)에게 부적으로서 이 검을 받았습니다. 야마토노타케루노미코토는 지금의 시즈오카현(靜岡縣)에서 위태롭게도 적이 붙인 들불에 둘러싸였습니다만, 검으로 풀을 내리쳐 쓰러뜨리고 맞불을 놓아 피할 수 있었습니다. 그리고 난 후 이 검을 구사나기노쓰루기(草薙劍)라고 하였습니다. 야마토타케루노미코토가 돌아올 때 이 검을 아쓰타(熱田, 名古屋市)에 남겨두었기 때문에 아쓰타신궁이 지어졌습니다.

고다이(皇大)신궁　고다이신궁은 신의 거울을 신위로 하여 아마테라스 오미카미를 모신 신궁으로, 우지야마다(宇治山田)시에 있습니다.

역대 천황은 매년 중요한 제사에는 칙사를 보내어 여러 가지 공물(供物)을 올리고, 황실이나 국가에 중요한 일이 있을 때에는 반드시 이 사실을 고하시고 그 수호에 예를 올리셨습니다. 또 20년마다 건물을 옛날 그대로의 모습으로 새롭게 단장하도록 정해져 있습니다.

천황폐하는 쇼와 3년(서기1928)에 친히 행차하시어 즉위하신 취지를 고하시고, 이듬해 정해진 규칙에 따라 건축물을 새로 단장하였습니다. 또한 쇼와 17년(서기1942) 12월에는 직접 행차하시어 대동아전쟁의 빛나는 전과(戰果)를 고하셨습니다.

고다이(皇大)신궁 행차(쇼와17년, 서기1942년)

국민들도 옛날부터 깊이 고다이신궁을 숭상하고 있어 다이마 (大麻, 이세신궁이나 그 밖의 신사에서 주는 부적)를 받아 각자 의 집에 모셔두고 있습니다.

제6 세상의 진보

진구(神功)황후의 정벌 진구황후의 정벌로 천황의 위광이 바다를 건너 조선지방까지 빛나게 되었습니다.

진구황후는 제14대 주아이(仲哀)천황의 황후이십니다. 천황과 함께 규슈에 출정하셔서 구마소(熊襲)를 정벌하실 때, 아마테라스 오미카미의 뜻을 전하는 스미요시(住吉)신의 계시를 받았습니다. "신들께 제사지내면 전투를 치를 것도 없이 신라국(新羅國)이 반드시 복속해 올 것이다."라는 계시였습니다. 신라는 조선의 남부에 있던 나라입니다.

진구(神功)황후의 정벌

주아이천황이 돌아가시자 진구황후는 몸소 군대를 이끌고 뱃머리에 스미요시신의 혼령을 제사지내고, 지금의 가라쓰(唐津, 佐賀縣) 근처에서 출범하여 신라를 향해 나아갔습니다. 배가 도착하자 신의 계시대로 신라왕은 바로 공손히 황후를 맞이하며, 매년 조공을 바칠 것을 굳게 맹세하였습니다. 그래서 황후는 스미요시신을 신라의 수호신으로 정하여, 그 나라의 도읍에서 제사지내고 군대를 철수시켰습니다.

뒤이어 신라의 이웃나라인 백제나 고구려도 조공을 바치게 되었습니다. 고구려와 백제 그리고 신라를 '삼한(三韓)'이라고 합니다. 제15대 오진(應神)천황이나 제16대 닌토쿠(仁德)천황은 해외와의 왕래가 편리하도록 지금의 오사카시(大阪市)로 도읍을 옮기셔서 삼한을 보살펴 주었습니다.

오진(應神)천황의 의지　이즈음 조선지방에는 중국에서 진보된 학문이나 산업이 전해지고 있었습니다. 오진천황은 이것을 우리 일본에도 도입하려고 생각하셨습니다.

천황은 조선에서 학자를 불러와서 중국의 학문을 전하게 하거나, 중국이나 조선에서 베 짜는 사람이나 대장장이 등 장인들을 부르기도 하였습니다. 조선이나 중국에서 건너온 사람들은 차별없이 천황의 은혜를 받으며 일에 매진하였습니다. 그중에도 천황의 부르심을 받고 백제에서 건너온 왕인(王仁)은 공자의 가르침을 전한 것으로 유명합니다.

계속해 역대의 천황은 오진천황의 뜻을 이어받아서 아시아 각지에서 융성한 산업이나 학문 그리고 가르침을 받아들여 세상이 발전해 가는 토대를 마련하셨습니다.

닌토쿠(仁德)천황의 은혜

닌토쿠(仁德)천황은 덕이 높으셔서 세상에서 성군으로 불립니다. 어느 날, 이곳저곳 민가의 아궁이 굴뚝에서 연기가 피어오르지 않는 것을 보시고, 백성의 가난함을 불쌍히 여겨 바로 명령하시어 3년 동안 백성을 불러 사용하거나, 공물을 거둬들이는 것을 중지하게 하였습니다. 그 때문에 황송하게도 천황의 거처마저 황폐해져서 천장에서 비가 샐 정도로 어려워졌습니다만, 천황은 조금도 괘념치 않았습니다.

닌토쿠(仁德)천황(아궁이 굴뚝 연기)

이렇게 3년을 지내시고 연기가 온 나라에 가득 찰 정도가 된 것을 보시자, 어심이 편안해져서 "짐은 이미 부자로다"라고 말씀하셨습니다. 더욱이 3년 만에 처음으로 황거를 보수하게 하셨으므로, 백성들은 기꺼이 달려와 밤낮으로 그 일에 매진하였습니다.

천황은 이후로부터 둑을 쌓고 연못이나 도랑을 만들어 농업을 장려하였고, 또 다리를 놓고 길을 만들어 왕래의 편의를 꾀하셨습니다. 천황의 자애에 의해 세상이 매우 발전하게 되었습니다.

불교의 전래 제29대 긴메이(欽明)천황의 치세가 되자 백제에서 불교가 전해졌습니다. 이 가르침은 2400년쯤 전에 인도에서 석가가 시작하였습니다. 중국으로 전해지고, 다시금 고구려와 백제 그리고 신라에도 퍼져갔습니다. 부처를 숭배하면 나라가 번영해진다 하여 백제왕은 불상이나 경전 등을 조정에 바쳤습니다. 지금으로부터 대략 1400년쯤 전의 일입니다.

천황은 부처를 숭배할 것인지 아닌지를 조정의 주요 관리들과 의논하셨습니다. 행정을 담당한 모노노베가문(物部氏)은 부처를 숭배하면 신들의 분노를 살 것이라고 생각했고, 대신(大臣)인 소가가문(蘇我氏)은 이웃나라들을 본받아 숭배하는 것이 좋다고 생각하였습니다. 이후 모노노베가문과 소가가문은 불교를 받아들이는 문제로 다툼이 일어났습니다.

그러는 동안 결국 모노노베가문은 소가가문에게 멸망당하였습니다. 또 소가가문이 천황의 허락을 받아 불교를 숭배했기 때문에 불교는 점점 퍼져갔습니다.

제7 개신(改新)의 토대

스이코(推古)천황과 쇼토쿠(聖德)태자　　제33대 스이코(推古)천황의 치세가 되었습니다. 천황은 긴메이(欽明)천황의 손자이신 쇼토쿠(聖德)태자를 황태자로 하여 정사를 맡기셨습니다.

쇼토쿠(聖德)태자

태자는 천성적으로 현명한데다 폭넓은 중국의 학문을 배워서 매우 진보된 생각을 가지고 계셨습니다. 중국의 학문이나 법령 등 우수한 점을 받아들여 세상의 발전에 필적할만한 새로운 법령을 만들어 전 일본에 정사를 고루 펼치도록 해야겠다고 생각하셨습니다.

개신(改新)의 선구 스이코천황은 쇼토쿠태자의 생각을 받아들여 새로운 법령을 만들었습니다. 이것이 개신정치의 선구가 되었습니다.

우선 새로운 관직 12계급을 정하셔서, 뛰어난 사람들을 조정에 등용하는 길을 여셨습니다.

또 세력이 강한 자가 제멋대로 행동하거나, 정사를 담당하는 대신이나 행정관이 세력을 다투는 나쁜 풍습을 개선하기 위해 태자가 직접 <17조(十七條) 헌법>의 법령을 제정하여 조정에 봉사하는 자의 마음가짐을 제시하였습니다.

그중에서도 "천황의 명령을 받으면 반드시 삼가 받들 것"을 분부하여 황명을 중요하게 생각해야 하는 이유를 가르치시고, 확실하게 군신(君臣)의 역할을 분별하게 하여 "온화함을 가지고 고귀하게 여길 것"이라고 말씀하시어, 방자함을 경계하고 서로 사이좋게 각각의 역할에 힘쓰도록 깨우치셨습니다.

우리들이 매월 대조봉대일(大詔奉戴日)에 예식을 올리고 오로지 천황의 선전(宣戰) 조칙의 취지에 부합하는 각오를 새로이 하는데 있어서도 쇼토쿠태자의 의지를 떠올립니다. 또 화(和)라는 것은, 마음으로 서로 연결되어 서로 마음을 터놓는 토대가 되는 것으로 세계가 한 가족이 되는 친숙함을 목표로 함께 번영하고 함께 즐거워 할 평화를 수립하기 위해서는 한시도 잊을 수 없습니다.

불교의 권장 스이코천황은 불심이 매우 깊어서 조칙(詔勅)으로 불교를 널리 확산시키셨고, 쇼토쿠태자에게 분부하여 경전을 풀이하게 해서 듣기도 하셨으며, 또한 절이나 불상을 만들게 하기도 하셨습니다.

특히 태자는 열심히 불교를 연구하여서 우리 일본 국체에 합당하게 해석하셨습니다. 헌법 중에도 "독실하게 세 가지 보물(三寶)을 공경하라"고 분부하셔서, 부처의 가르침을 믿고 마음을 정직하게 하도록 본보기를 보이셨습니다.

호류사(法隆寺)의 불상(佛像)

세상에 유명한 나라현(奈良縣)의 호류사(法隆寺)는 천황이 태자와 함께 제31대 요메이(用明)천황의 뜻을 이어받아 건립하신 절입니다. 본존(本尊)의 불상이나, 태자가 돌아가신 뒤 얼마 안되어 야마시로노오에(山背大兄)왕이 태자를 제사지내기 위해 만들게 한 불상 등은 지금도 당시 사람들의 훌륭한 기량을 전해주고 있습니다.

중국과의 교류 스이코천황은 또한 처음으로 우리 일본과 중국의 교류를 시작하셨습니다. 사람들을 파견하여 학문을 배우게 하거나 정치제도를 조사하게 하기 위해서였습니다. 지금으로부터 1330여 년 전의 일로, 중국에서는 수(隋)나라가 번영하던 시기였습니다.

신의 정사와 국사(國史) 스이코천황은 이처럼 불교를 장려하고, 중국의 학문이나 제도를 받아들이는 일에 힘썼습니다만, 그 때문에 정사의 근본을 잊어서는 안 된다고 생각하시어, 특별히 명하여 신께 지내는 제사를 게을리 하지 않도록 훈계하셨습니다. 쇼토쿠태자는 곧바로 조정에 출사한 사람을 이끌고, 신께 올리는 제사를 엄숙히 행하셨습니다.

태자는 또한 내리신 분부에 따라 일본역사책을 저술하게 하셔서, 우리 일본은 신의 자손인 천황이 다스리는 것을 역사에 의해 나타내게 하셨습니다.

개신(改新)의 토대 스이코천황이 이처럼 어심을 표명했음에도 불구하고 쇼토쿠태자가 돌아가시자 소가가문(蘇我氏)이 독단적으로 세력을 휘두르며 방자함이 심해졌습니다. 제34대 조메이(舒明)천황에서 제35대 고교쿠(皇極)천황의 치세가 되자, 대신(大臣)인 소가노에미시(蘇我蝦夷)와 그 아들 이루카(入鹿)는 결국 군신(君臣)의 본분마저 돌아보지 않고, 자신의 집을 황실로 그 아들을 황자로 부르게 하였고, 조정의 관리를 하인처럼 부렸습니다.

그즈음 나카토미가문(中臣氏)에 가마타리(鎌足)라는 사람이 있었습니다. 소가가문의 행동거지에 심히 분개하여 정사를 바른 상태로 되돌려, 국체의 존엄함을 명확하게 하지 않으면 안 되겠다고 생각하였습니다. 그래서 조메이천황의 황자인 나카노오에(中大兄)황자를 모시고 같은 마음을 가진 사람들을 모아 먼저 소가가문을 타도하기 위한 준비를 진행하였습니다.

나카노오에황자는 결국 결심을 굳히고 의식이 행해지는 날에 가마타리 무리를 이끌고 궁중으로 와서 몸소 검을 휘둘러 이루카를 베었습니다. 그리고 천황 앞에 나아가 조심스럽게 소가가문의 불충한 행동거지를 아뢰었습니다. 또한 즉시 사람을 보내어 에미시를 공격하게 하였습니다.

오랫동안 개신에 방해가 되었던 소가가문이 제거된 다음날, 천황은 황위를 동생인 제36대 고토쿠(孝德)천황에게 양위하였습니다. 새로운 치세가 찬란하게 밝아오자 고교쿠천황을 상황으로, 나카노에황자는 황태자로 세우시고, 대신이나 행정관의 결정을 중지시키고, 가마타리 등을 중용하셨습니다. 이렇게 해서 개신의 토대가 다져지게 되었습니다.

제8 개신(改新)의 정치

개신(改新)의 맹세 고토쿠(孝德)천황은 즉위하시자 바로 스이코(推古)천황의 뜻을 이어 받아 개신의 정사를 시작하였습니다.

천황은 먼저 조정의 관리들을 궁중의 큰 느티나무 아래로 불러 모으시고 고교쿠상황과 황태자 두 분과 함께 그곳에 나오셔서 신들께 제사지냈습니다. 그리고 군신의 본분을 어지럽힌 악인이 신의 수호에 의해 제거된 것을 고하시고 정사를 바른 모습으로 되돌릴 것을 굳게 맹세하셨습니다.

개신(改新)의 맹세

이어서 천황은 이 경사스런 해를 다이카원년(大化元年, 서기 645)으로 정하셨습니다. 대략 1300년 전의 일로 다이카(大化)는 우리 일본의 첫 연호입니다. 개신의 정사는 이 연호를 기념하여 '다이카개신(大化の改新)'이라 일컬어지고 있습니다.

개신의 조칙 고토쿠천황은 다이카원년 말엽에 도읍을 나니와(難波, 大阪市)로 옮겼습니다. 해가 바뀌어 새해를 축하하는 예식이 끝나자 바로 개신의 조칙을 하달하여 확실하게 새로운 법령의 요지를 표명하셨습니다.

그중에서도 지금까지 신분이 높은 사람이나 세력이 강한 사람이 자신의 소유로 생각하고 있던 논과 밭도, 하인처럼 부리던 사람들도 모두 조정(朝廷)에 반납하게 하셨습니다. 그래서 국민은 모두 천황의 신민(臣民)으로서 똑같이 토지를 분할 받아 그것을 경작하여 생활의 기반으로 삼아 편안히 각각의 일에 열중할 수 있게 되었습니다.

이것은 오랫동안의 나쁜 풍습을 개선하게 하고 우리 일본 국체에 적합한 법령을 세운 것입니다. 이때 황태자는,

> 天に雙日なく、國に二王なし。この故に、天の下を兼ねあはせて、萬民を使ふたまうべきはただ天皇のみ。
> (하늘에 두 해가 없듯이, 나라에 두 왕은 없다. 때문에 천하를 모두 다 섭렵하여 만민을 사용할 이는 오직 천황뿐이다.)

고 말씀하시며, 친히 가장 먼저 토지와 백성을 천황에게 바치고, 강력하게 모범을 보였습니다.

개신의 정비 고토쿠천황은 불과 5년여 만에 대부분의 개신의 법령을 정비하였습니다. 정사를 담당할 핫쇼햣칸(八省百官, 율령

제(律令制)의 관제기구 전반)이 세워지고, 지방에는 구니(國, 옛날 일본의 행정구획을 일컫는 말로 지방(地方)을 의미함)라는 지방행정구획과 고을이 정해져 조정의 통치가 구석구석까지 미치게 되었으며, 위계가 정비되어 관직에 뛰어난 인물이 등용되게 되었고, 나라의 비용에 충당하는 조세나 공물에 관해서도 새로운 법령이 정해졌습니다.

이때부터의 법령은 중국의 여러 제도를 받아들인 것이었습니다. 스이코천황의 치세에 중국으로 건너갔던 사람들이 많이 중용되어 그 때 조사해온 것을 토대로 고안해 냈기 때문입니다.

덴지(天智)천황 고토쿠천황 다음으로 상황이신 고쿄쿠천황이 즉위하셔서 제37대 사이메이(齊明)천황으로 되셨으며, 나카노오에황자(中大兄皇子)는 계속해서 황태자로서 정사를 도우시다가, 이윽고 황위를 이어받아 제38대 덴지천황으로 불리게 되었습니다.

천황은 도읍을 비와호(琵琶湖) 근처 왕래가 편리한 오쓰(大津, 大津市)로 정하시고, 오랜 풍습을 감안하여 개신의 규칙을 더욱 정비하게 되었습니다. 그리고 나카토미노가마타리(中臣鎌足)에게 명하여 제도를 정리한 책을 저술하게 하시어, 언제까지나 변치 않을 규칙을 남기게 되었습니다.

가마타리는 일찍이 개신의 정사에 일신을 바쳐, 특히 전후 30년에 걸쳐 그림자가 형체를 따라다니듯 진심을 담아 천황을 섬겼습니다. 가마타리가 중한 병에 걸려 이제 더 이상 가망 없다고 생각되었을 때, 천황은 황송하게도 친히 병문안을 가셔서 가장 높은 직위와 후지와라(藤原)라는 성씨를 하사하시어, 그 공을 치하하였습니다.

지금은 오쓰시의 오미(近江)신궁에서는 덴지천황을 모시고 있으며, 나라현(奈良縣)의 단잔(談山)신사에서는 가마타리를 모시고 있습니다.

다이호율령(大寶律令) 얼마 되지 않아 제40대 덴무(天武)천황은 도읍을 야마토로 바꾸었습니다만, 형님이신 덴지(天智)천황의 뜻을 이어받아 더욱 더 법령을 정비하였고, 제41대 지토(持統)천황은 이것을 이어받았습니다. 제42대 몬무(文武)천황의 치세에는 제도의 기초가 훌륭하게 완성되었는데, 연호를 기념하여 '다이호율령(大寶律令)'이라고 합니다. 이것으로 바른 정사 형태의 토대가 확실하게 되어, 개신의 정사는 다이카(大化)개신 이래 60년 만에 경사스런 결실을 맺었습니다.

다이호율령은 대략 1200년 동안, 제122대 메이지(明治)천황 치세의 초기까지 정사의 근본이 되어 있었을 뿐만 아니라 오늘날의 제도에도 그 흔적이 전해지고 있습니다.

율령의 규정 율령의 규정으로는 조정에서 신의 제사를 관장하는 신기관(神祇官)과, 그 외의 정사를 시행하는 태정관(太政官, 다이호율령으로 정해진 국정 최고 기관)이 있습니다. 태정관에는 태정대신(太政大臣), 좌대신(左大臣), 우대신(右大臣) 등이 있어서, 8성(八省, 다이호율령에 의하여 태정관(太政官)의 관할 하에 둔 中務, 式部, 民部, 治部, 兵部, 刑部, 大藏, 宮內 등 여덟 개의 중앙행정관청) 등을 총괄하고 있었습니다. 지금의 내각제도로 각 성(省)이 정사를 담당하는 구조와 유사합니다.

그리고 지방은 대략 60개의 지역으로 구분지어 도읍을 중심으로 왕래하는 길에 따라 지방 경계가 나뉘어져 있습니다. 도읍

주변의 지방들은 기나이((畿內, 행정구역의 안)라고 하며, 동쪽으로 도카이(東海)와 도잔(東山), 북쪽으로 호쿠리쿠(北陸), 서쪽으로 산인(山陰)과 산요(山陽) 그리고 사이카이(西海), 남쪽으로 난카이(南海) 등의 7도(七道)가 있습니다. 지방에는 조정으로부터 고쿠시(國司, 구니노쓰카사라고도 함)가 임명되어 지방의 정사를 돌보고, 매년 도읍에 올라와서 지방의 상황을 보고하도록 정하고 있습니다. 나아가 지방은 군(郡)으로 나뉘어졌고 그 지방 사람들이 관리로 임명되어졌습니다.

지방은 지금의 부(府)나 현(縣)에 해당하는 지역이나 군의 명칭이 지금의 지명에도 남아있으며, 7도의 이름도 지금의 지방 별칭이나 철도명 등에 그 흔적이 남아있습니다.

제9 도읍의 번영(1)

도읍의 구조 개신의 정사가 정비됨에 따라 황실의 은혜가 오
야시마구니(大八洲國, 일본의 미칭) 전체에 고루 미치어 그 중
심이 된 도읍은 해가 거듭할수록 번영해갔습니다.

헤이조쿄
(平城京)

　　고토쿠(孝德)천황의 나니와(難波) 도읍이나 덴지(天智)천황의
오쓰(大津) 도읍이 번영하여 점차 도읍의 구조가 커지게 되었습
니다. 덴무(天武)천황과 지토(持統)천황은 후지와라쿄(藤原京, 奈
良縣)를 만드시고 그 구조를 훌륭하게 하셔서, 몬무(文武)천황도
여기에 계셨습니다. 이어서 제43대 겐메이(元明)천황은 지금까지
대개의 도읍이 있었던 야마토(大和)평야의 남부를 벗어나 나라
안에서 왕래하기 편리한 야마토평야 북부, 지금의 나라시(奈良
市)의 서쪽으로 도읍을 옮기시고, 완전히 도읍의 구조를 정비하
게 되었습니다.

도읍의 번영(헤이조쿄)

헤이조쿄(平城京, 나라의 도읍)　겐메이(元明)천황이 정하신 도
읍은 헤이조쿄(平城京)라고 불립니다. 동쪽과 북쪽으로 산을 바

라보고, 남쪽으로는 평야를 끼고 있으며, 넓이는 동서로 대략 4.5킬로미터, 남북으로 대략 5킬로미터나 되는데, 반듯한 길이 종횡으로 몇 갈래나 통하고 있습니다. 먼저 궁전이나 관청 건물이 훌륭하게 완성되었고, 사찰 등도 점차 건립되었습니다.

제44대 겐쇼(元正)천황의 치세를 지나 제45대 쇼무(聖武)천황의 치세가 되어, 정사는 점점 더 구석구석까지 미치어 나라 안이 평안하게 다스려져서, 헤이조쿄가 지어지고 난 후 30년 사이에 도읍은 더없이 번창하였습니다. 지금으로부터 1200년 정도 전의 일입니다.

그 무렵은 민가에도 기와지붕(瓦屋根)이 허락되어 하얀 벽에 붉은 기둥의 집들이 즐비하게 세워졌고, 길을 지나가는 사람들의 옷차림도 화사해졌습니다.

> あをによし　奈良の京は、咲く花の　にほふがごとく、今さかりなり。
> (번화한 도읍 나라(奈良)는 피어난 꽃이 향기 나는 것처럼 지금이 한창 때이로다)

라 노래하였던 헤이조쿄의 번창함이야말로,

> み民われ 生けるしるしあり 天地の 榮ゆる時に あへらく思へば。
> (천황의 백성인 우리 살아있는 보람이 있네 천지 번성한 때에 태어나 만났으니)

라고 칭송하던 천황치세 번영의 징표입니다.

고다이(皇大)신궁

국가의 모습 덴무(天武)천황은 국민이 국가의 모습을 잘 알고, 정사의 토대를 분별하여, 국민으로서 긍지를 가지고, 한마음으로 천황을 섬길 수 있도록 몸소 인도해주시려고 생각하셨습니다.

천황은 아마테라스 오미카미의 제사를 구별해 놓고, 평상시에도 거행하게 했을 뿐만 아니라, 게다가 고다이(皇大)신궁의 건물을 20년마다 새롭게 단장하는 규칙도 세우셨습니다. 다음으로 지토(持統)천황의 치세부터 시작되어 근래 쇼와 24년(서기1949, 원문 오기)에는 제59회의 쇼센궁(正遷宮, 신전을 고쳐 지을 때 임시전에서 본전으로 옮기는 일) 의식이 행해지게 되었습니다.

이렇게 해서 어느 대까지나 옛날 그대로의 엄숙한 신사의 황거 모습을 배견할 수 있게 되었습니다.

천황은 또한 정당한 역사를 명백히 하기 위해 몸소 각 집에서 구전되는 전설을 조사하게 하셔서서 기억력이 좋은 히에다노아레(稗田阿禮)에게 들려주게 하시어, 읽어 익히게 하시고, 한층 더 국사책 만드는 재료를 모으셨습니다.

후에 겐메이(元明)천황은 오노야스마로(太安萬侶)에게 명하셔서 히에다노아레가 외워 전하던 것을 쓰게 하여 『고지키(古事記)』를 칙찬하셨습니다. 천지(天地)의 시작부터 스이코(推古)천황까지의 일본역사로, 황위가 한줄기(一系)로 이어져 천황의 은혜가 두루 미친 내력을 확실히 알 수 있습니다.

겐메이천황은 또 각 지방으로부터 그 지방의 역사나 지리를 기록한 후도키(風土記)를 모아 더욱 훌륭한 역사서를 만들고자 하였습니다. 이윽고 겐쇼(元正)천황의 치세에는 신대(神代)로부터 지토(持統)천황까지의 국가 번영의 모습을 전하는 일본역사가 훌륭히 완성되어 『니혼기(日本紀)』라고 이름 지어졌습니다. 도네리(舍人)친왕이 오노야스마로(太安萬侶)와 함께 칙명을 받들어 저술한 것으로, 훗날 『니혼쇼키(日本書紀)』라고 불리고 있습니다.

이렇게 해서 황국의 모습이 명확해졌고, 국가기원의 존엄한 전언이 확실히 후세에 남겨지게 되었습니다.

국풍(國風)의 긍지 세상이 진보함에 따라 말을 한자로 기록하는 것이 널리 퍼져, 오늘날의 가나(仮名)의 기초가 되었습니다. 그래서 사람들의 마음을 담은 시가(歌) 등이 문자로 기록되어 오늘날까지 그대로 남아 국풍의 긍지를 전하고 있습니다.

　지토(持統)천황의 치세로부터 헤이조쿄(平城京)의 초기에 걸쳐 가키모토노히토마로(柿本人麻呂), 야마노우에노오쿠라(山上憶良), 야마베노아카히토(山部赤人) 등이 잇달아 나와 훌륭한 노래를 만들었습니다. 국체(國體)의 존엄함을 노래하여 신의 뜻이 담긴 정신을 표현하거나, 번영해가는 천황의 치세를 칭송하는 노래가 국가의 모습을 잘 보여주고 있습니다.

　이윽고 오토모노야카모치(大伴家持) 등이 지금까지 천황이 지으신 시가(詩歌)나 황족의 시가를 시작으로, 널리 국민의 시가를 모아서 『만요슈(萬葉集)』를 편찬하였습니다. 이 책에는 조정의 대신들이 천황에게 봉사하는 길을 기술한 것, 아즈마쿠니(東國, 도쿄를 중심으로 한 간토(關東) 지방)의 시골에서 부름받아 나라를 지키는 데 몸을 바친 대장부가 병사의 긍지를 노래한 것도 있으며, 또한 야마토(大和)의 윤택한 산과 강, 봄가을의 풍경을 노래한 것, 각 지역의 명소를 노래한 것도 있습니다. 게다가 우라시마 타로(浦島太郎)가 용궁에 놀러간 전설을 아름답게 노래한 유명한 노래도 있으며, 후지산(富士山) 높은 봉우리의 신령한 모습을 칭송하며,

　　日の本の　やまとの國の　鎭めとも、います神かも、寶とも、なれるやまかも。
　　(해 뜨는 나라 야마토를 진호(鎭護)하시는 신이 계신 곳도, 국가의 보물이라 할 수 있는 후지산)

이라고 힘차게 노래한 것도 있습니다.

　실로 천하가 평안하게 다스려진 역대의 모습이 눈앞에 떠오르는 듯한 생각이 듭니다.

불교의 번영 고토쿠(孝德)천황을 비롯하여 역대 천황은 부처님을 숭배하고 불경을 읽는 것을 권장하였습니다. 당시 부처는 나라를 수호하고, 세상을 평안하게 한다고 주창되었기 때문입니다. 그래서 개신의 정사에 수반하여 불교가 확산되고 사찰이 건립되었습니다.

호류사(法隆寺)의 구조

불교도 점차 국풍에 융화되어 절을 건축하는 방법에도 궁리가 더해져서 호류사(法隆寺)와 같이 훌륭한 구조도, 야쿠시사(藥師寺)의 탑과 같은 아름다운 건축물도 완성되어 오늘날까지 남아있습니다.

야쿠시사(藥師寺)의 탑

　쇼무(聖武)천황은 평상시 불교를 깊게 믿으셨고, 고묘(光明)
황후도 부처님을 열렬히 숭배하셨습니다. 천황은 불교를 확산
시켜 백성을 행복하게 하고 싶다는 생각으로 각 지방마다 국분
사(國分寺, 나라(奈良)시대에 평화를 기원하여 각처에 세워진
관립의 절)를 건립하게 하였습니다.

　이로부터 각지에 훌륭한 절이 세워지고 불교는 크게 번영하
였습니다. 그중에서도 천황은 헤이조쿄에 도다이사(東大寺)를
건립하게 하고, 본존으로서 높이 16미터 남짓의 금동 대불을 만
들게 하셨습니다. 대불전(大佛殿)은 높이 45미터도 넘는 큰 건
축물입니다. 실로 천황의 위광의 상징이자 국력의 발현입니다.

불교의 번영(도다이사의 대불)

우사(宇佐)의 신교(神敎) 쇼무(聖武)천황은 승려를 중용하셨기 때문에, 교기(行基)처럼 세상을 위해 노력한 훌륭한 승려도 나타났지만, 대신과 세력을 다투어 정사를 어지럽힌 승려도 있었습니다. 결국 제48대 쇼토쿠(稱德)천황의 치세에는 승려 도쿄(道鏡)가 대신보다도 높은 법황(法皇)의 자리에 앉아서 세력을 휘두르고, 제멋대로 정사를 행하게 되었습니다.

그러자 이 모습을 보고 도쿄의 마음을 얻으려는 자가 하치만신(八幡神)의 계시라고 속이고, 천황에게 도쿄를 즉위시키게 되면 천하가 편안하게 다스려진다고 고하였습니다. 천황은 와케노키요마로(和氣淸麻呂)에게 명령하여 우사(宇佐, 大分縣)에 보내어 다시 한 번 신의 뜻을 묻게 하였습니다. 와케노키요마로는 우사에 도착하여 바로 신의 계시를 받았습니다.

우사(宇佐)에서의 신의 계시(와케노키요마로)

わが國家は、開闢以來、君臣定まれり。臣を以て君となすこと
は、未だこれあらざるなり。天つ日嗣は、必ず皇緒を立てよ。
無道の人は、よろしく早く掃除すべし。

(우리 일본은 개벽 이래 군신이 정해져있다. 신하로서 천황이
되는 일은 지금까지 없다. 아마테라스 오미카미를 잇는 황위(皇
位)를 계승하는 것은 반드시 천황의 후사로 세워야한다. 도리에
어긋난 사람은 적절히 빨리 제거하는 것이 마땅하다)

이것이 신의 계시였습니다.

기요마로(淸麻呂)는 서둘러 도읍으로 돌아와서 도쿄(道鏡)의
세력을 아랑곳하지 않고 신의 계시를 그대로 천황께 아뢰었습
니다.

이윽고 제49대 고닌(光仁)천황이 천황에 즉위하시자 도쿄를
지금의 도치기현(栃木縣)으로 쫓아내고, 기요마로를 차츰 중용
하셨습니다. 그래서 천황은 승려가 마음대로 휘두르는 것을 억
누르시고 율령의 규정을 토대로 정사를 정비하게 되었습니다.

제121대 고메이(孝明)천황은 기요마로가 우리 일본 국체의 숭
고함을 명확하게 하여 천황의 보위를 지킨 공훈을 칭찬하시고, 고
오다이묘진(護王大明神)이라는 칭호를 하사하시어, 신으로 모시
게 하였습니다. 이것이 교토시(京都市)에 있는 고오(護王)신사입
니다.

제10 도읍의 번영(2)

간무(桓武)천황의 의지　제50대 간무(桓武)천황은 고닌(光仁)천황의 뜻을 이어받아 더욱더 정사를 정비하셨습니다.

먼저 헤이조쿄(平城京)의 번영에 따라 생긴 나쁜 풍습을 개선하고 민심을 다잡기 위해 도읍을 옮기실 계획을 세우셨습니다. 그래서 나라 안에서 왕래에 편리한 곳을 고르시고, 더욱이 멀리 천황의 위광을 빛내시어 통치가 지방의 구석구석까지 잘 미치게 하고 싶다는 뜻이셨습니다.

헤이안쿄(平安京)　간무(桓武)천황은 일찍부터 지금의 교토부(京都府)의 중부에 주목하셨습니다. 이 지방은 주변이 산으로 둘러싸여 있어서 자연적인 성의 모양을 하고 있고, 비와호(琵琶湖)와 요도강(淀川)를 끼고 있어 나라(奈良)보다도 훨씬 왕래가 편리하였습니다.

간무(桓武)천황

　　천황은 마침내 와케노키요마로(和氣淸麻呂)의 의견을 수렴하여 지금의 교토(京都)시 부근을 도읍으로 할 것을 결정하셨습니다. 동쪽은 물결이 아름다운 가모강(賀茂川)을 마주한 히가시산(東山)의 모습이 아름답고, 서쪽은 요도강 지류인 가쓰라강(桂川)이 가까이 있어 경치가 좋아, 실로 도읍에 어울리는 지형입니다.

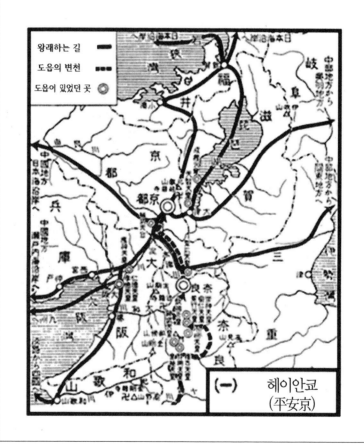

(一) 헤이안쿄
(平安京)

　천황은 헤이조쿄의 구조를 본떠 이곳에 도읍을 조성하셔서, 헤이안쿄(平安京)로 명명하시고 도읍을 옮기셨습니다. 지금으로부터 대략 1150년 전의 일입니다. 이로서 뜻하신 대로 민심이 일신되었고, 게다가 지방의 정사까지 정비했기 때문에 도읍은 점차 번성해졌습니다. 이로부터 150년 가까이 동안은 도읍의 이름에 어울리는 태평하고 평안한 성대가 이어지면서 천황의 은혜가 널리 퍼졌습니다.

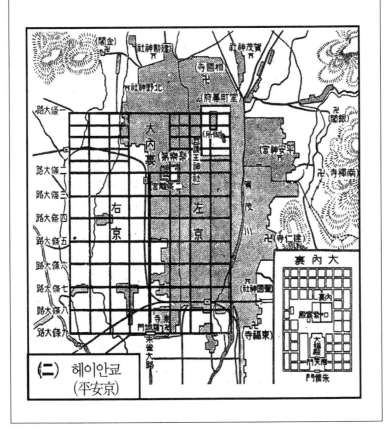

(二) 헤이안쿄
(平安京)

 그렇게 메이지(明治)천황이 황궁을 도쿄(東京)로 옮기실 때까지 천년 남짓 동안 역대 천황은 대개 헤이안쿄에 계셨습니다. 그래서 메이지천황의 뜻으로 교토의 명성이 그대로 전해지고 있을 뿐만 아니라, 천황치세 시작의 가장 중요한 의식인 즉위식과 대상제(大嘗祭)도 반드시 이곳에서 거행하도록 정해져 있습니다.

 오늘날 히가시산 기슭 인근의 헤이안(平安)신궁에는 기둥 되시는 두 분 천황 간무(桓武)천황과 고메이(孝明)천황을 제사지내고 있습니다. 신궁 건축물은 옛날 정전(大極殿, 천황이 정무를 보는 곳)을 모방하였습니다.

 호국 불교 간무(桓武)천황은 사찰이나 승려의 단속을 엄격히 하신 데다 참으로 나라를 위해 불교를 널리 보급하려고 생각하셨습니다.

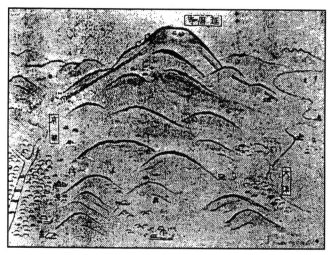

히에이산(比叡山)

전교대사(傳教大師, 最澄)와 홍법대사(弘法大師, 空海)는 천황의 분부를 받아 어심을 받들어 중국으로 건너가서 열심히 불교를 배우고 돌아와, 각각 천태종의 가르침을 전하고 진언종의 법도를 펼쳤으며, 둘 다 깊숙한 산위에 사찰을 지어 제자들과 함께 수행에 전념하였습니다.

그래서 오로지 국가수호를 취지로 국체에 부합하도록 불교를 설파하였고, 또 각지를 돌아다니며 세상을 위해 진력하였습니다.

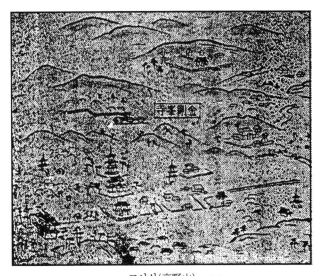

고야산(高野山)

제52대 사가(嵯峨)천황의 치세에는 전교대사가 히에이산(比叡山, 京都府)에 세운 사찰에 엔랴쿠사(延曆寺)라는 이름을 하사받았고, 홍법대사가 고야산(高野山, 和歌山縣)에 곤고부사(金剛峯

寺)를 세우는 것을 허락받았으며, 또한 도읍의 도사(東寺)를 홍법대사에게 내리시어 '교오고코쿠사(敎王護國寺)'로 칭하게 하셨습니다. 이들 사찰은 우리 일본 불교의 중심이 되어 나중에는 여기에서 공부한 승려 중에서 국체에 부합하는 가르침을 설법하는 이가 나와서 오늘날처럼 불교가 널리 퍼지는 토대를 구축하였습니다.

후지와라가문의 번영　후지와라노가마타리(藤原鎌足)의 자손에는 뛰어난 인물이 많이 나와서 대신에 임명되었습니다. 쇼무(聖武)천황의 어머니나 고묘(光明)황후가 후지와라 집안에서 나왔고, 간무(桓武)천황 이후의 대대의 황후는 대체적으로 이 집안에서 나왔기 때문에 후지와라가문은 점차 번창하였습니다.

제55대 몬토쿠(文德)천황의 치세에는 후지와라노요시후사(藤原良房)가 그때까지 황족이 아니면 될 수 없었던 태정대신(太政大臣)에 임명되어, 드디어 어리신 세이와(淸和)천황이 56대 천황에 즉위하시자 섭정(攝政)으로서 정사를 도와 드렸습니다. 요시후사가 사망하자 아들인 모토쓰네(基經)가 섭정이 되었고, 이어서 태정대신에 오르자, 제58대 고코(光孝)천황은 모든 정사를 먼저 모토쓰네와 의논한 뒤에 고하도록 명령하셔서 결국 관백(關白)이라는 중요한 직책이 만들어졌습니다.

우다(宇多)천황의 의지　섭정이나 관백이 생기고 후지와라가문의 세력이 왕성하게 되자, 정사의 근본이 잊혀져갔습니다. 제59대 우다천황은 후지와라노모토쓰네가 사망한 후 바른 정사의 모습으로 되돌리려고 친히 정사를 총괄하셔서 후지와라가문의 세력을 억누르려고 하였습니다.

그래서 학문이 깊고 덕망이 높은 스가와라노미치자네(菅原道眞)를 중용하여 정사를 맡도록 하였습니다.

스가와라노미치자네의 성심 이윽고 제60대 다이고(醍醐)천황이 즉위하시어 스가와라노미치자네를 우대신(右大臣)으로 승진시키고, 후지와라노모토쓰네의 아들 도키히라(時平)를 좌대신(左大臣)으로 하여 정사에 전념하였습니다. 미치자네는 성심으로 천황을 도왔습니다. 그러나 천황의 신임이 두터웠으므로 오히려 후지와라가문의 질투를 받아 조정에서 물러나게 되어 다자이후(大宰府)의 관리로서 규슈(九州)에 유배되었습니다.

미치자네는 다자이후로 가서도 항상 몸을 근신하였고, 멀리 도읍 쪽의 하늘을 바라보며 천황을 그리워하였습니다만, 얼마 되지 않아 사망하였습니다. 후에 천황은 미치자네의 청렴한 마음을 인정하시고 원래의 우대신으로 되돌리셨고, 정이품(正二位)의 관직을 하사하셨습니다.

미치자네는 시가(詩歌)나 한시(漢詩)를 짓는 것을 잘하였기 때문에 문학의 신으로서 모셔지게 되어 교토의 기타노(北野)에 사당이 세워졌습니다. 지금의 기타노(北野)신사입니다. 또한 온 나라 곳곳에 천신으로 숭상되어 덴만궁(天滿宮)으로서 모셔지고 있습니다.

다이고(醍醐)천황의 치세 스가와라노미치자네가 유배되고 난 후, 이제 후지와라가문은 조정에서 그 누구도 거리낄 사람이 없어졌습니다. 그러나 다이고천황은 친히 정사를 총괄하시어 율령에 기초한 법령을 정비하셨습니다. 나라 안이 평안하게 다스려졌으므로 엔기(延喜) 성군의 성대로 우러러져, 훗날 세상의 모범이 되었습니다.

이즈음 가나(仮名)가 만들어져 일본문학이 발전하였고, 와카 (和歌)가 그 시작이 되어 형식이 정해졌습니다. 기노쓰라유키 (紀貫之) 등이 칙명을 받들어 『고킨와카슈(古今和歌集)』를 편찬 하였습니다.

『고킨와카슈』에는 『만요슈(萬葉集)』처럼 거국적인 씩씩함은 보이지 않지만, 헤이안쿄의 번영과 함께 궁중생활이 토대가 되 어 나타난 우아하고 아름다운 시대의 특색을 볼 수 있습니다. 「기미가요(君が代)」의 기초가 된 와카도 이 책에 있습니다.

제11 무가의 부흥(1)

정사의 문란 제61대 스자쿠(朱雀)천황의 치세가 되자 우다(宇多)천황과 다이고(醍醐)천황의 뜻은 허망하게 되어, 다시 후지와라가문이 섭정이 되고, 이윽고 관백이 되었습니다.

뒤이어 제62대 무라카미(村上)천황은 친히 정사를 총괄했습니다만, 다시 제63대 레이제이(冷泉)천황 치세부터는 후지와라가문이 차례로 섭정과 관백이 되어 조정의 중요한 관직은 후지와라가문의 사람이 독차지하게 되었습니다. 그리하여 제70대 고레이제이(後冷泉)천황의 치세까지 100년 남짓한 사이에 후지와라가문이 제멋대로 세력을 휘둘렀습니다.

뵤도인(平等院)의 봉황당(鳳凰堂)

그중에서도 제66대 이치조(一條)천황 때부터 제68대 고이치조 (後一條)천황 때까지 출사했던 후지와라노미치나가(藤原道長)나, 그 뒤를 이은 고레이제이(後冷泉)천황 때까지 출사한 요리미치 (賴通)는 세력을 믿고 더없이 교만하였습니다.

후지와라노미치나가 때에 궁중에 출사한 무라사키 시키부(紫 式部)가 지은 『겐지모노가타리(源氏物語)』에서는 당시 궁중의 모습이나 후지와라가문의 생활이 회상되며, 요리미치가 우지 (宇治, 京都府)에 세운 뵤도인(平等院)의 봉황당(鳳凰堂)은 지금 도 그 건물이나 불상이 남아있어 후지와라가문의 화려한 생활 을 전하고 있습니다.

이처럼 정사의 모습이 무너졌기 때문에 지방에서는 황실의 은혜를 받지 못하여 온 세상이 시끄러워졌습니다.

무사의 발흥 지방의 정사가 해이해지자 산에서는 산적이 나오 고, 바다에서는 해적이 출몰하는 상황이 되었습니다. 그래서 각 지방의 세력을 가진 자는 고통받는 사람을 도와주며 자신을 따 르게 하여 많은 가신을 만들었고, 넓은 논밭을 개간하여 풍족하 게 되었습니다. 게다가 가신들에게 칼이나 활과 화살을 지니게 하고 또 말을 사육하게 하여 도둑을 막기도 하고, 서로 세력을 다투기도 하였습니다. 이렇게 하여 무사가 발흥하였습니다.

무사가 많아짐에 따라 개간한 토지를 자신의 것으로 취하거 나, 마음대로 주인과 가신의 관계를 맺는 풍조가 퍼지는 등 정 사의 방해가 되었습니다.

고산조(後三條)천황의 의지 제71대 고산조(後三條)천황은 특 히 열심히 학문에 전념하시어 느슨해진 정사를 다잡으려고 생 각하셨습니다. 친히 정사를 관장하시며 후지와라 가문의 횡포를 훈계하시고, 뛰어난 사람을 등용하여 여러 가지 새로운 법령을 만들었습니다.

이때부터 후지와라가문은 예전 같은 세력이 사라졌습니다. 그러나 지방에서는 무사의 세력이 점점 더 커져갔습니다.

황국의 방비 율령 중에는 징병령이 있어서 각지의 군단(軍團)에서 군사훈련을 시행하였고, 도읍에 상경하여 황거를 수비하거나, 규슈에 가서 나라의 수비를 굳건히 하게 하였습니다.

그러나 간무(桓武)천황 때부터 이 법령이 없어졌고, 이윽고 무사가 발흥하고부터는 지방이 문란해지면 조정에서는 무사에게 명하여 진압하도록 하게 되었습니다.

미나모토가문(源氏)과 다이라가문(平氏) 지방을 평정하고 세력이 왕성하게 된 무사 가운데 유명한 가문은 미나모토가문과 다이라가문입니다. 양쪽 다 선조는 황족으로, 천황으로부터 성씨를 받아 가문을 일으켰습니다. 집안이 훌륭했기 때문에 매우 존경받았으며, 가신이 된 자가 많아져서 세력이 강해졌습니다.

미나모토가문은 간토(關東)나 도호쿠(東北)지방에서 일어난 난(亂)을 번번히 진압하여, 그 지방의 무사를 복종시켰습니다. 미나모토노요리요시(源賴義)나 그의 아들 요시이에(義家)는 매우 인정이 많아 항상 가신들을 애지중지하였습니다. 가신들은 잘 따랐으며 언제 목숨을 잃어도 좋다는 각오로 주인을 섬겼습니다. 이렇게 해서 점차 무사의 마음가짐을 키워갔습니다. 다이라가문은 세토나이카이(瀨戸內海)의 해적을 진압하거나, 주고쿠(中國)나 규슈(九州)의 난을 평정하여 이 지방에서 세력을 떨쳤습니다.

미나모토가문이나 다이라가문처럼 무사의 우두머리가 되는 것을 무가(武家)라고 합니다.

겐페이전쟁(源平の争ひ)　미나모토가문이나 다이라가문도 점차 도읍으로 상경하여 관리로 임명되어 조정을 수비하거나 도성을 단속하였습니다만, 결국에는 서로 세력을 다투어 세상을 어지럽혔습니다.

다이라노기요모리(平淸盛)는 제77대 고시라카와(後白河)천황의 치세로부터 점차 중요한 직위에 임용되었습니다. 미나모토 집안을 타파하고, 세력이 매우 왕성해져서 짧은 시간에 태정대신(太政大臣)에 올랐으며, 일족도 모두 중직에 임용되었습니다.

그런데 기요모리는 세력을 믿고 교만한 행동을 점점 더해갔습니다. 그래서 지방으로 쫓겨나 있던 미나모토가문 일족은 다이라가문을 타도하려고 각지에서 거병을 하였습니다.

미나모토노요리토모(源賴朝)는 지금의 시즈오카현(靜岡縣)에서 군사를 일으켰습니다. 그리고 얼마 되지 않아 지금의 가마쿠라시(鎌倉市)에 저택을 마련하여 점차 세력이 왕성해졌습니다.

가마쿠라는 남쪽이 바다이고 다른 세 방면은 산으로 둘러싸여 있어 방비하기에 좋았고, 또한 간토(關東) 각지와의 교통도 편리했습니다. 게다가 미나모토노요리요시(源賴義)가 도호쿠지방의 난을 평정했을 때 수호신(氏神)인 하치만(八幡)에게 기원하여 보호받고, 훗날 답례로 세운 하치만궁(八幡宮)도 있어서 미나모토 가문(源氏)과는 매우 인연이 깊은 곳입니다.

가마쿠라(鎌倉)의 하치만궁(八幡宮)

이윽고 요리토모(賴朝)는 동생 노리요리(範賴)와 요시쓰네(義經)에게 명하여 다이라가문을 토벌하게 하였습니다. 다이라 가문은 그즈음 기요모리(淸盛)가 죽고 자녀들의 시대였습니다. 현재의 고베(神戶)에 가까운 이치노타니(一谷)에 성을 구축하여 미나모토가문의 군사를 맞아 싸웠습니다. 그러나 금세 공격당하고 패배하여 잇달아 선조 때부터 인연이 깊은 세토나이카이를 따라 각지로 도망쳤습니다만, 결국 단노우라(壇浦, 山口縣)에서 공격받고 완전히 멸망했습니다.

제12 무가의 부흥(2)

세상의 불안 미나모토가문과 다이라가문이 세력을 다투고 있을 무렵 도성에 큰 화재가 있었고, 사나운 바람과 지진이 일어나 기근이 이어지자 세상이 뒤숭숭해져서 국민은 불안에 휩싸였습니다. 이것에 편승하여 사이비불교가 퍼져 이제 말세가 가까워졌다고 여기며 두려워하는 사람마저 있었습니다.

이러한 때에 우리 일본 국체를 자각한 승려들은 세상을 불안에서 구하려고 불교연구에 전념하였습니다. 결국 명조대사(明照大師, 法蓮)의 정토종(淨土宗)이나 견진대사(見眞大師, 親鸞)의 진종(眞宗), 입정대사(立正大師, 日蓮)의 법화종(法華宗) 등의 종파가 생겼습니다.

미나모토노요리토모(源賴朝)

치안의 방비 미나모토노요리토모(源賴朝)는 무가(武家)의 힘으로 세상을 평정하고 싶다고 생각하여 다이라가문이 멸망한 뒤 조정의 허락을 받아 자기 가신들을 슈고(守護)나 지토(地頭)로 임명하여 도읍의 경비나 지방 단속을 담당하게 하였습니다. 그래서 점차 나라 안의 치안이 확고해져갔습니다.

정이대장군(征夷大將軍) 조정에서는 미나모토노요리토모의 공적을 치하하여 곤다이나곤(權大納言) 겸 우근위대장(右近衛大將)에 봉하였습니다. 요리토모는 얼마 되지 않아 이 관직을 그만두었습니다. 그러나 제82대 고토바(後鳥羽)천황은 정이대장군(征夷大將軍)직을 하사하였습니다. 무사를 단속하게 하여 나라를 진정시키고 싶다는 생각에서였으며, 지금으로부터 750년 정도 전의 일입니다.

후지(富士)의 몰이사냥

정이대장군은 원래 에조(蝦夷)를 정벌하는 관리의 명칭이었는데, 이때부터는 무사의 우두머리로서 치안을 굳건히 하는 직책이 되었고, 그 저택은 막부(幕府)로 불리게 되었습니다.

무사의 마음가짐　미나모토노요리토모는 가신에게 명하여 나라 단속을 더욱더 엄격하게 함과 동시에 무사의 마음가짐을 연마하는 일에 힘썼습니다.

궁술(弓術)과 마술(馬術) 무예 겨루기

요리토모는 무슨 일을 하든지 황실을 공경하는 것을 잊지 않았고, 우리 일본은 신국(神國)이라는 굳은 신념으로 신을 숭상하였으며, 부처를 섬기며 언제나 검약하고 검소한 생활을 하여 가신들에게 모범을 보였습니다. 또한 후지산의 산기슭에서 몰이

사냥을 하거나, 말을 타고 과녁을 맞히거나, 말 위에서 삿갓을 쏘거나, 개를 쏘아 맞히는 대회 등을 개최하여 궁술(弓術)이나 마술(馬術)을 겨루게 하는 등 무예(武藝)에 힘썼습니다.

본래 무사는 목숨을 걸고 성심을 다하는 일을 귀중히 여겼습니다. 주인과 가신 사이는 부모자식에 못지않을 정도로, 만일의 경우에는 신명을 바쳐 주인을 위해 진력하는 것을 명예로 여깁니다. 요리토모의 지도로 더욱더 가마쿠라무사의 이름에 걸맞는 훌륭한 마음가짐이 완성되었습니다.

그래서 세상의 모습도 무사가 중심이 되어 크게 변하였습니다. 멋진 갑옷과 투구가 만들어지고, 혼이 깃든 일본도(日本刀)가 단조되어 강력한 시대의 상징이 되었으며, 사람들의 마음도 점차 굳건해져 갔습니다. 또 이 무렵 중국에서 전해진 선종(禪宗)은 무사의 마음가짐에 적합하여 점차 확산되었습니다.

미나모토노사네토모(源實朝)의 성심　제83대 쓰치미카도(土御門)천황 치세에 미나모토노요리토모가 사망하여 아들 요리이에(賴家)와 사네토모(實朝)가 차례로 정이대장군직을 받았습니다. 사네토모는 아버지의 뜻을 이어 성실하게 무사를 이끌었고, 또 와카를 좋아하여 『만요슈(萬葉集)』를 공부하여 일본 국체를 분별하고, 훌륭한 와카(和歌)를 지었습니다.

> 山はさけ、海はあせなん 世なりとも、君にふた心、わがあらめやも。
> (산이 갈라지고 바다가 말라붙는 세상이 된다 해도 천황에 대한 두 마음이 있으랴)

이것은 사네토모가 천황을 섬기는 성심을 읊은 유명한 와카입니다.

조정에서는 사네토모의 마음가짐을 크게 칭찬하며 높은 관직을 하사하였습니다. 그러나 제84대 준토쿠(順德)천황의 치세에 사네토모는 향년 28세로, 우대신(右大臣)에 올랐을 때 불행하게도 사망하여 후계자가 없었습니다.

정사의 혼란 미나모토노사네토모가 사망할 무렵에는 숙부인 호조 요시토키(北條義時)의 세력이 매우 강해져 있었습니다. 요시토키는 미나모토가문의 친척들을 불러들여 조정에 청원하게 하여 정이대장군직을 하사받았고, 스스로가 싯켄(執權)으로 칭하며 장군가(將軍家)의 실권을 장악했습니다.

그런 까닭에 요시토키는 마음대로 무사들을 지휘하며 조정의 규정을 무시하고 돌아보지 않았기 때문에, 정사가 국민에게 미치지 못하게 되었습니다.

고토바(後鳥羽)천황

고토바(後鳥羽)천황의 의지 고토바(後鳥羽)천황은 앞서 황위를 양위하고 나서도, 언제나 올바른 정사모습으로 되돌려서 천황의 은혜가 온나라에 널리 펼쳐질 수 있게 하려고 생각하셨습니다. 그래서 몸소 학문에 전념하고 무예를 연마하여, 조정에 출사한 이들에게 모범을 보이셨습니다.

제85대 주쿄(仲恭)천황 치세에 호조 요시토키의 행실을 보시고 결국 어심을 굳히시고 이를 타파하려고 하셨습니다. 그러나 요시토키는 그 아들 야스토키(泰時)에게 명하여 많은 군사를 이끌고 상경하게 하였고, 황송하게도 이 계획에 연루된 자들을 처벌하여 천황의 의지는 허망하게 되고 말았습니다.

그후 야스토키는 법령을 제정하여 무가가 지배할 것을 확실히 하였고, 그 손자인 도키요리(時賴)는 제87대 고후카쿠사(後深草)천황의 치세에 황족 정이대장군을 가마쿠라로 불러들여 호조가문의 세력을 확고히 하였습니다. 지방에서는 슈고(守護)나 지토(地頭)의 세력이 커지게 되어 무가의 위광이 국민 사이에 널리 퍼져갔습니다.

제13 신위의 발현

가메야마(龜山)천황

몽고(蒙古)의 국서(國書) 제90대 가메야마(龜山)천황의 치세에 몽고에서 국서가 왔습니다. 몽고는 그즈음 아시아에서 유럽에 걸쳐 세력을 떨치고 있던 나라입니다. 황제 쿠빌라이는 세계를 자신의 손아귀에 넣어 이름을 떨치려고 생각하였습니다. 백부나 형의 시대 때부터 때때로 침공하였지만 복종하지 않았던 고려왕을 교묘하게 회유하여 신하로 삼아버렸기 때문에 조선도 이미 몽고가 뜻한 바 대로 따르게 되었습니다. 그래서 고려에 명하여 사자(使者)로서 안내하게 하여 우리 일본에 국서를 보내온 것입니다.

몽고의 사신이 다자이후에 도착하자 호조가문(北條氏)은 나라의 대사(大事)이므로 조정에 아뢰어 지시를 바랬습니다.

몽고의 국서는 "세계에서 몽고 세력에 복종하지 않는 나라는 없다. 나아가 사자를 보내니, 공손하게 친분을 맺는 것과 병사를 사용해 공격해 복종하게 하는 것 중 어느 쪽이 좋은가"라고 위협하여 우리 일본을 복종하게 하려고 한 것입니다. 그 태도가 너무나 무례했기 때문에 회답하지 않기로 정하였습니다.

조정에서는 언젠가는 몽고가 쳐들어 올 것이 틀림없다고 생각하여 서둘러 고다이신궁에 칙사를 보내어 이 일을 고하였고, 또 신사나 사찰에도 수호를 기원하게 하셨습니다.

호조 도키무네(北條時宗)의 결심　나라의 방비는 무가의 가장 중요한 직무입니다. 그즈음 가마쿠라에서는 호조 도키무네(北條時宗)가 장군을 보좌하는 싯켄(執權)직에 있었습니다. 호조 도키요리의 아들로, 나이 18세의 대담하고 용기있는 훌륭한 무장이었습니다.

드디어 이듬해 다시 몽고의 사신이 왔습니다. 조정에서는 우리 일본의 태도를 확실히 하기 위해 답변하기로 하였습니다. 그래서 그 초고를 가마쿠라에 교시하였습니다.

"아무 연관도 없는 우리 일본을 느닷없이 훼손하러 오려는 것이 웬 말인가. 우리 일본에는 아마테라스 오미카미(天照大神)가 천황가의 후손을 후계자로 정하신 후로 오늘날까지 천황의 위광이 미치는 곳에 따르지 않는 자가 없었고, 신들의 수호로 잘 다스려지고 있다. 그러므로 천황의 나라는 신국(神國)이라 불리며, 계략으로 경쟁하거나 힘을 겨룰 수 없는 고귀한 나라이다."라는 의미의 훌륭한 문장이었습니다.

그러나 도키무네는 이미 무가로서 굳게 결심을 가다듬고 있었습니다. 조정에 아뢰어 몽고의 사자를 쫓아 돌려보내고, 사이고쿠(西國, 규슈지방)의 무사들에게 명하여 만일에 대비할 것을 준비시켰습니다.

몽고의 내습 이윽고 제91대 고우다(後宇多)천황이 황위를 이어받아 즉위하였습니다. 그해 10월에 몽고는 900척의 함선을 거느리고, 고려 병사를 합친 2만 5천이 넘는 군사를 내어 우리 일본을 습격해왔습니다. 지금으로부터 670년쯤 전의 일입니다.

몽고의 내습(장수들의 분전)

먼저 쓰시마(對馬, 長崎縣)가 적에게 침범 당하였습니다. 슈고다이(守護代, 슈고가 임지에 부임하기 전에 대신 사무를 보는

사람) 소스케쿠니(宗助國)는 얼마 안되는 병사를 이끌고 방어
전에 임했습니다만, 칼은 부러지고 화살은 다 떨어져 모두 전
사하였습니다. 이어서 이키(壹岐, 長崎縣)의 슈고다이도 마찬가
지로 전사를 하였습니다. 게다가 적은 현재의 사가(佐賀)현 해
안을 침범하여 이윽고 하카다만(博多灣)으로 육박해왔습니다.
다음날은 이 기세에 힘입어 상륙하기 시작했습니다.

적은 전투에 익숙했습니다. 정연하게 대오(隊伍)를 짜서 대
장의 북소리에 맞춰 능숙하게 병사를 진퇴시켰고, 독화살을 쏘
아대며 철포를 날려 왔습니다. 그즈음 우리 일본에서는 이름을
걸고 공명을 다투는 일대일의 승부가 일반적이었습니다. 우리
일본 병사들은 안타깝게도 여러 번 고전에 빠졌습니다.

몽고의 내습(적진의 방비)

건국 이래 국토를 외적에 침범당한 적이 없었던 것은 신국의 궁지입니다. 예전부터 각오를 굳히고 있던 쇼니(少貳), 오토모(大友), 기쿠치(菊地) 등의 장수는 조금도 굴하지 않고 힘닿는 데까지 분전(奮戰)을 계속하였습니다. 성심은 신에게 전해져 그 날 밤, 하카다(博多) 앞바다에 풍파가 거세어졌습니다. 적의 함선은 차례차례로 전복되고 말았습니다.

이 전쟁은 신의 수호에 의해 적이 쓰시마를 습격한지 16일만에 끝이 났고, 연호를 따라 '분에이전쟁(文永の役, 제1차 몽고내습)'이라 불립니다.

이 이듬해 적국에서 사자가 왔습니다. 호조 도키무네(北條時宗)는 그 사자를 가마쿠라로 불러서 즉각 이 사람을 베어 나라 안에 굳은 결심을 표명하였고, 사이코쿠(西國)의 장수들을 격려하며 적의 재침범(再擧)에 대비하게 했습니다. 그 가운데서도 하카타만과 시모노세키(下關)해협의 방비에 힘을 쏟아 하카타만의 해안에는 석축지(石築地)를 구축하게 하였습니다.

도키무네(時宗)는 또 자진하여 바다를 압박하고 건너가서 적지로 공격해갈 계획을 세웠습니다. 장수는 늙은이도 젊은이도 기뻐하며 용감하게 출정(出征)할 것을 청원하였습니다.

적국 항복의 기원 그즈음 적 몽고는 송(宋)나라를 공격해 멸망시키고 중국을 평정하였고, 동아시아 각국에서 몽고에 복종하지 않는 나라는 우리 일본뿐이었습니다. 몽고는 고려왕과 이전 송나라의 여러 장수들까지 소집하여 작전을 짜고 있었습니다. 준비는 완전히 갖춰져 조선과 중부중국 양방면에서 대군을 계속투입하기로 결정되었습니다.

제1차 몽고내습(文永の役)으로부터 8년째 되던 해, 적은 다시 우리 일본에 쳐들어 왔습니다. 조선에서 출발한 동로군(東路軍)은 고려와 북중국 병사를 더하여 4만에, 함선 9백척이나 되었습니다. 5월 초순에 먼저 쓰시마(對馬)를 건너와서, 이키(壹岐)를 공격하여 지금의 사가현(佐賀縣) 해안을 침범했고, 6월초에는 하카타만(博多灣) 입구 시가섬(志賀島) 근처로 밀어 닥쳤습니다.

우리 일본 장수는 기다리고 기다리던 적을 맞아 용감하게 출진하여 하카타만 해안을 방비하였고, 또 나아가 적을 공격해서 무너뜨리는 등 8일간에 걸쳐 격렬한 전투가 반복되었습니다. 구사노쓰네나가(草野經永)는 어둠을 틈타 적함을 불시에 습격하였고, 고노 미치아리(河野通有)나 다케자키 스에나가(竹崎季長) 등도 서로 앞 다투어 공격하기 시작했습니다.

적의 함선은 쟁기나 괭이 등 농기구까지도 많이 쌓여 있었습니다. 상륙에 성공할거라고 생각한 것을 알 수 있습니다. 그러나 우리 일본의 방비가 굳건하여 목적을 달성하지 못한 사이에 중부중국에서 온 강남군(江南軍)과 합류하기로 약속한 날이 되었으므로 먼저 이키를 향해 퇴각하였습니다.

적함이 내습했다는 통지가 도읍에 도착하자 그즈음 상황이었던 가메야마(龜山)천황은 먼저 신사와 사찰에 명령하여 적국의 항복을 기원하게 하셨습니다. 이어서 이와시미즈하치만궁(岩淸水八幡宮, 京都府)을 비롯한 주요 신사에 납시어서 친히 기도하셨습니다.

더욱이 천황은 고다이신궁에 신하를 보내어 친히 "이 일본을 무너지게 하시려면 이 목숨을 거두어 가소서"라 쓰신 글을 황조(皇祖) 앞에 바쳤습니다. 일편단심으로 적국의 항복을 기도하신 어심이 진심으로 황송하기 짝이 없습니다.

우리들은 오늘날 천황의 마음 그대로 국난을 위해 목숨을 바칠 각오를 확고히 하지 않으면 안 됩니다.

이와시미즈(石淸水)의 기도

이즈음 호조 도키무네도 가마쿠라의 하치만궁이나 가시마(鹿島), 가토리(香取)의 신들에게 적국의 항복을 기도하였고, 또 혈서(血書)로 경전을 필사하며 전승을 다짐하였습니다.

기원 증표인 신풍(神風) 앞서 이키로 퇴각한 몽고의 동로군(東路軍)은 6월말에 우리 일본장수가 대규모로 일어나 추격하자 격전을 주고 받았습니다. 이 일을 전후하여 약속한 때보다 늦어진 몽고 강남군(江南軍)이 계속해서 몰려와서, 지금의 나가사키현(長崎縣)의 히라도섬(平戶島)이나 다카섬(鷹島) 근처는 적함으로 가득하였습니다.

병사는 10만을 넘었고 함선은 3천 5백 척으로, 대부분 원래 송나라 해군들이었습니다. 7월말에는 동로군도 여기에 참가하여 재차 노리고 있던 하카타만으로 쳐들어오려고 하였습니다.

마침 그 때, 7월 30일 밤부터 큰 폭풍우가 몰아쳤습니다. 바람은 점차 강해져서 아침이 되어도 멈추지 않았습니다. 소용돌이 치는 파도는 군집해 있는 적함끼리 서로 세차게 부딪히게 하여 파손시키기 시작하였습니다. 뿔뿔이 부서져 흩어진 함선, 뒤집힌 함선, 거기서 떨어진 병사 등 그토록 대단한 대군도 한쪽 끝에서부터 파도에 휩쓸려 사라져 갔습니다. 그 어마어마한 모습은 신위의 발현이라고 생각할 수밖에 없었습니다.

기원 징표의 신풍(神風)으로(제2차 몽고내습)

이로써 몽고군의 대부분은 아직 교전을 벌이기도 전에 바다 속 해초처럼 사라져갔습니다. 적군의 사망자는 대략 11만이라고 하며,

적함 2백 척이 간신히 도망쳐 돌아갔습니다. 우리 일본의 장수는 신의 수호에 힘입어 용감하게 일어나 앞다투어 다카섬(鷹島)으로 추격하여 남은 적을 모두 죽이고 전쟁의 막을 내렸습니다. 5월부터 7월에 걸친 3개월의 긴 시간, 호조 도키무네의 명령에 따라 대적을 앞에 두고 가마쿠라 무사로서의 훌륭한 마음가짐을 드러내며 밤낮을 가리지 않고 긴장하여 싸운 노고가 여기서 보상된 것입니다.

　신풍(神風)이 불기 시작해서 적함이 전멸했다는 소식은 바로 다자이후에서 교토로, 다시 가마쿠라로 전해졌습니다. 먼저 칙사로서 고다이신궁에 기도를 올린 후지와라 다메우지는 너무 기쁜 나머지,

　　勅として 祈るしるしの 神風に、　よせくる浪は　かつくだけつつ。
　　(칙명을 받들어 이세신궁에 기원한 그 징표로 신풍이 불어, 밀려
　　오는 파도는 적함을 차례로 부셔뜨리네.)

라고 노래하였습니다.

　조정에서는 서둘러 사자(使者)들을 보내어 신들에게 적국항복의 예를 올리고, 거국적으로 신위(神威)의 존엄함에 감격하여 눈물을 흘리며 신의 나라에 태어난 행복감으로 서로 기뻐하였습니다.

　이 전쟁을 연호(年號)에 따라 '고안전쟁(弘安の役, 제2차 몽고내습)'이라고 부르며, 분에이전쟁(文永の役, 제1차 몽고내습)과 함께 '원구(元寇)'라고 합니다. 몽고의 국명(國名)이 원(元)이었기 때문입니다.

　원구는 전후 20여 년의 장기전으로, 실로 우리 일본이 건국한

이래 전례가 없는 큰 국난이었습니다. 우리 일본 선조들은 자신을 버리고 가정을 잊고서 계속 싸웠습니다. 결국 성심이 통하는 곳에 신의 위력이 나타나 온 나라가 평안하게 된 것입니다.

제14 통일의 정사

고다이고(後醍醐)천황의 의지　제2차 몽고내습(弘安の役)으로부터 대략 40년이 지나, 제96대 고다이고(後醍醐)천황의 치세가 되었습니다. 천황은 고우다(後宇多)천황의 아들로, 다이고(醍醐)천황의 엔기(延喜) 치세를 그리워하여 정사를 옛날 바른 모습으로 되돌려놓으려고 생각하셨습니다.

고다이고(御醍醐)천황

천황은 어심을 정사에 두시고, 가문과 상관없이 뛰어난 인물을 등용하셨고, 또 새로 중국에서 전해온 주자학(朱子學)을 조정 대신들에게 배우게 하셨습니다. 주자학은 주희(朱熹)라는 학자가 공자(孔子)의 가르침의 근본을 밝히고 싶다는 마음에서 펼친 학문으로, 대의명분(大義名分)을 중시하는 점이 어심에 적합했기 때문입니다.

그즈음 가마쿠라에서는 호조 다카토키(北條高時)가 싯켄(執權)이었습니다. 다카토키는 세력을 믿고 제멋대로 행동하는 일이 많아, 어쨌든 정사에 방해가 되었습니다. 천황의 지도로 대의를 분별하게 된 조정 대신들은 호조가문을 멸망시키고, 천황의 위광아래 천하를 통일하려고 결심하게 되었습니다.

통일의 토대　고다이고(後醍醐)천황은 결국 조정의 대신들과 의논하여 호조가문을 칠 계획을 세우고, 각지의 무사들도 불러들였습니다. 그러자 이것을 안 호조가문은 황송하게도 천황의 의논에 관련된 사람들을 벌하였습니다. 천황은 더욱더 어심을 굳히시고 준비를 진행하였습니다. 호조가문은 결국 대의를 잊고 군사를 움직이기에 이르렀습니다.

천황은 일단 난을 피하여 가사기산(笠置山, 京都府)의 절에 행차하시어, 충성의 마음을 가진 신하들을 불러 모았습니다. 그때 구스노키 마사시게(楠木正成)는 지금의 오사카부(大阪府)에서 거병하여 가장 먼저 가사기산으로 달려와 필승의 결의를 표하며, 목숨이 붙어 있는 한 어떤 대적이라도 계책을 내어 쳐부수어 어심을 편안하게 해드릴 것을 맹세하였습니다.

그 후 호조가문은 대군을 이끌고 공격해 왔습니다. 가사기산의 수비는 무너지고, 천황은 황송하게도 멀리 오키(隱岐, 島根縣)로 행차하셨습니다. 황자(皇子)인 모리나가(護良)친왕은 요시노산(吉野山, 奈良縣)에 웅거하며 널리 근왕(勤王)의 무사들을 불러 모았습니다. 마사시게는 곤고산(金剛山, 大阪府)에 지하야성(千劒破城)을 구축하고 굳게 버티었습니다. 반란군(賊軍)은 총공격으로 이곳을 공략하였습니다만, 마사시게의 교묘한 계략에 걸려 도저히 함락시킬 수 없었습니다. 그 사이에 각지에서 근왕의 장수들이 거병하였습니다.

그중에서도 지금의 돗토리(鳥取)현에서는 나와 나가토시(名和長年)가 오키(隱岐)를 나오신 천황을 센조산(船上山)으로 맞아들였고, 교토에서는 아시카가 다카우지(足利尊氏)가 반란군의 세력을 무찔렀으며, 간토(關東)에서는 닛타 요시사다(新田義貞)가 반란군의 본거지인 가마쿠라를 공격해 함락시키고 천하통일의 토대를 만들었습니다.

통일의 정사 이윽고 고다이고천황은 도성으로 돌아왔고, 나라 안은 안정되었습니다. 천황은 섭정, 관백을 중지하시고 친히 정사를 관장하셨습니다. 율령에 근거하여 무사의 지휘까지도 더하였던 엔기 성군의 치세를 모범으로 하여 통일된 정사에 걸맞은 새로운 법령을 만들었습니다.

그래서 통일의 토대를 세우기 위해 공적을 세운 사람들을 중용하게 되었고, 또 무사도 지금까지 조정에 봉사한 가문의 사람들과 마찬가지로 조정 대신으로 등용하게 되었습니다.

또한 간토(關東)와 도호쿠(東北)지방은 무가(武家)와 인연이 깊었으므로 특별히 나리나가(成良)친왕이 아시카가 다다요시(足利直義)를 이끌고 가마쿠라로, 노리나가(義良)친왕이 기타바타케 아키이에(北畠顯家)를 거느리고 지금의 센다이(仙臺) 근처에 와서 이 지방을 진압하였습니다.

이렇게 해서 통일의 정사가 정비되어 갔습니다. 지금으로부터 약 600여 년 전의 일로, 그 다음해가 겐무원년(建武元年, 서기1334)이었으므로, '겐무의 중흥(建武の中興)'이라고 합니다.

그러나 아시카가 다카우지(足利尊氏)는 오래전부터 무사의 우두머리가 되기를 희망하고 있었습니다. 이윽고 호조 다카토키

(北條高時)의 아들이 난을 일으키자 이를 진압한다는 구실로 조정의 허락을 기다리지 않고 가마쿠라로 내려갔습니다. 난이 평정되자 마음대로 정이대장군(征夷大將軍)이라 칭하며 무가의 세상을 희망하는 무분별한 무사를 거느리며 천황의 부름이 있었음에도 그대로 가마쿠라에 웅거하고 있었습니다.

천황이 황송하게도 수많은 고난을 극복하시고 세우신 통일의 정사는 불과 3년이 채 안 되어 다카우지(尊氏)로 인해 무너지고 말았습니다.

조정에서는 다카우지의 관직을 삭탈하고, 닛타 요시사다(新田義貞)를 파견하여 반란군을 물리치게 하였습니다. 그러자 반란군은 요시사다를 물리치고 도읍으로 공격해 왔습니다. 요시사다는 구스노키 마사시게(楠木正成)와 함께 이들을 맞아 싸워 규슈지방(西國)으로 쫓아냈습니다.

미나토가와전투(湊川の戰) 　그 후 얼마 되지 않아 반란군은 주코쿠(中國), 규슈(九州)의 신참병력을 선발하고 세력을 만회하여, 바다와 육지 양쪽으로 나누어 공격해 왔습니다. 조정에서는 닛타 요시사다(新田義貞)를 파견하였고, 이어서 구스노키 마사시게에게도 출정 명령을 내렸습니다.

마사시게는 이번에야말로 살아서는 돌아오지 않겠다는 최후의 결전이라는 각오를 정하고 도읍을 나섰습니다. 도중에 사쿠라이(櫻井, 大阪府)역참에서 아들 마사쓰라(正行)를 고향으로 돌려보내며 자신의 뜻을 잇게 하고, 이제는 미련없이 효고(兵庫, 神戶市)를 향해 진군하였습니다.

이윽고 효고에서 반란군을 맞는 날이 왔습니다. 여름이 한창인 5월 25일, 마사시게는 불과 7백의 병사를 이끌고 미나토강을 앞에 둔 야마테(山手)를 지키고, 요시사다(義貞)는 1만의 군사를 이끌고 해안에 진을 쳤습니다.

반란군은 대규모로 공격해 왔습니다. 요시사다는 얼마 되지 않아 바다에서 온 반란군을 피해서 군사를 돌렸습니다. 마사시게는 반란군의 주력을 목표로 용감하게 돌격하였습니다. 이윽고 반란군은 총공격으로 마사시게를 에워쌌습니다. 정예군 7백명은 힘이 다할 때까지 분전하며 반란군과 열여섯번이나 교전하였는데, 대낮의 염천을 뚫고 6시간이 넘는 격전을 이어갔습니다. 결국 남은 것은 73기의 말, 마사시게도 몸에 깊은 상처를 입었습니다.

마사시게는 여러 겹의 포위 속을 천천히 나아가 동쪽 미나토강(湊川)의 둑에 올라, 멀리 닛타(新田) 세력의 모습을 바라보았습니다. 요시사다의 깃발은 이미 안전한 지대로 옮겨져, 석양빛에 빛나고 있었습니다. 마사시게가 목표한 오늘의 사명은 달성되었습니다. 요시사다는 도읍으로 상경하여 천황의 수비를 담당할 수 있었습니다.

거기서 마사시게는 둑을 내려가 민가로 들어가서 갑옷을 벗었습니다. 상처는 열한 곳이나 되었습니다. 마사시게는 동생 마사스에(正季)와,

> 七生まで、ただ同じ 人間に生まれて、朝敵を 滅ぼさばや。
> (일곱 번을 환생한다 하더라도 역시 같은 사람으로 태어나, 조정의 적을 멸하리라.)

라고 굳게 맹세하고, 서로를 찌르고 죽었습니다. 일족은 말할 것도 없고 죽 늘어앉아 있던 사람들은 모두 이 형제를 본받아 장렬한 최후를 마쳤습니다.

미나토가와전투

마사시게가 전사한 곳에는 지금 미나토가와(湊川)신사가 있어서 그 영혼을 모시고 있습니다.

구스노키 마사시게(楠木正成)의 성심 구스노키 마사시게는 전사(戰死)에 임하여 단 하나의 소원을 남겼습니다. 또 다시 태어난다 하더라도, 이 인간 세상에 태어나서 천황을 섬기고, 반란군을 멸하여 어심을 편안하게 해드린다는 것입니다.

마사시게에 있어서는 괴로움도 즐거움도 문제가 안 되었습니

다. 가사기산(笠置山)에서는 살아서 필승을 맹세하였고, 미나토
가와전투에서는 일곱 번 태어나도 목숨을 바칠 것을 기약하여
충신의 귀감이 되었습니다.

마사시게의 성심은 우리 일본국민에게 전해져, 비상시에는
항상 발휘되어 신국(神國) 수호의 귀감이 되고 있습니다. 고메
이(孝明)천황의 치세에 미국의 압박을 받고 도쿠가와가문이 외
교를 잘못했을 때에 요시다 노리카타(吉田矩方, 松陰)는,

> 七たびも、生きかへりつつ、えみしらを、攘はん心、われ忘れ
> めや。
> (일곱 번을 다시 환생한다 하여도 오랑캐를 쫓으려는 마음 내
> 가 잊을쏘냐.)

라고 읊었습니다. 또 메이지(明治)천황의 치세에 러시아와 전투
에 임하여 뤼순(旅順)항 밖에 몸을 던진 히로세 다케오(廣瀬武
夫)중령도, 현 천황시대가 되어 대동아전쟁을 시작으로 진주만
근처에서 산화한 특별공격대(特別攻擊隊)의 용사들도, 애투섬
(アッツ島)에서 총탄에 부서진 야마자키 야스요(山崎保代)중장
도 모두 마사시게의 마음가짐 그대로 살아 돌아오지 않으리라
는 각오를 가다듬고 출정하여 결국 '칠생보국(七生保國)'을 맹
세하며 호국의 신이 된 것입니다.

요시노(吉野)의 행궁(行宮)　　미나토가와전투 후에 반란군은
도읍으로 공격해왔습니다. 그래서 고다이고(後醍醐)천황은 황송
하게도 이를 피해 요시노로 행차하시고 여기에 행궁을 정하셨
습니다.

천황은 황태자 쓰네나가(恆良)친왕을 비롯해 황태자들을 차례차례로 각지에 내려 보내 근왕의 뜻을 가진 무사들을 불러 모아 반란군을 물리치게 하셨습니다. 그러나 쓰네나가친왕은 전투 중에 돌아가시고, 나와 나가토시(名和長年), 기타바타케 아키이에(北畠顯家), 닛타 요시사다(新田義貞) 등도 연이어 전사하였습니다. 이처럼 반란군 때문에 온 나라가 다시 어지러워져서 황송하게도 천황의 의지는 허망하게 되었습니다.

지금 요시노 행궁이 있던 근처에 고다이고천황을 모신 요시노(吉野)신궁이 있습니다.

제15 세상의 혼란

고무라카미(後村上)천황의 의지   고다이고(後醍醐)천황은 도읍을 떠나 4년 되던 해에 병으로 인해 황송하게도 요시노 행궁에서 돌아가셨습니다. 칙명을 남기시어, 어디까지나 대의를 중히 여기고 어심을 받들어 반란군을 평정하여 도읍을 원래대로 되돌려 통일의 정사를 다시 세우도록 깨우치셨습니다.

우선 도호쿠(東北)지방에서 돌아온 노리나가(義良)친왕이 황위를 이으셨습니다. 제97대 고무라카미(後村上)천황이십니다. 천황은 하루라도 빨리 온 나라를 평정하여 선대 천황의 뜻대로 세상을 만들려고 생각하였습니다.

『진노쇼토키(神皇正統記)』(기타바타케 지카후사의 성심)

기타바타케 지카후사(北畠親房)의 성심　기타바타케 지카후사는 천황을 위한 충성심이 두터운 집안에서 태어난 모리나가(護良) 친왕의 사촌에 해당되는, 특히 대의에 밝은 사람이었습니다. 고다이고천황을 받들어 통일의 정사를 도왔고, 반란군이 일어나자 열심히 황군을 격려하며 아들 아키이에(顯家) 등과 함께 각지로 나아가 싸웠습니다.

고무라카미(後村上)천황의 즉위 즈음에는 마침 지금의 이바라키현(茨城縣)에 있었습니다. 전투가 계속되어 뒤숭숭한 가운데서도 『진노쇼토키(神皇正統記)』를 저술하여 황통의 내력과 국체가 존엄한 이유를 기술하고, 정사 모습의 변천을 밝히어 이것을 천황에게 바쳤습니다. 그리고 얼마되지 않아 요시노로 돌아와서 더욱더 충의를 다하였습니다.

구스노키 마사쓰라(楠木正行)의 충효　앞서 구스노키 마사쓰라는 사쿠라이(櫻井)역참에서 아버지 마사시게와 헤어져 고향으로 돌아왔습니다. 11세 때였습니다. "구스노키가문 일족이 한사람이라도 살아남아있는 동안은 곤고산(金剛山) 근처에 웅거하여 목숨을 걸고 충의를 다하는 것이야말로 제일의 효행이다"는 것이 마사시게의 최후의 말이었습니다.

이윽고 미나토가와전투가 끝나고, 마사시게의 목이 보내져 왔습니다. 처참하게 변해버린 아버지의 모습에 마사쓰라는 생각다 못해 아버지의 충고도 잊어버리고, 유품으로 받은 기쿠스이(菊水)의 칼을 들고, 바로 아버지의 뒤를 따르려 하였습니다. 마사쓰라의 어머니는 뛰어와 그 손을 잡고 정성껏 타이르고, 오로지 일편단심으로 아버지 마사시게의 뜻을 잇도록 가르쳤습니다.

최후의 유언(사쿠라이의 이별)

그 후 10여 년이 지나자 마사쓰라는 훌륭한 무장이 되었고, 부모의 가르침을 지켜 몇 번이나 전투에서 반란군을 무찔렀습니다. 점차 구스노키가문이 세력을 회복한 것을 보고, 반란군은 대군을 내어 공격해 왔습니다.

그래서 마사쓰라는 요시노에 가서 고무라카미천황에게 작별을 아뢰고, 특히 "짐은 너를 나의 수족같은 신하로 믿는다"는 고마운 말씀을 듣고 감격하여 출정하였습니다. 곧 요도강(淀川)을 따라 밀려온 반란군을 시조나와테(四條畷, 大阪府)에서 맞아 용감하게 싸웠습니다. 그리하여 23세를 일기로 눈부시게 전사하여 충효의 도리를 완수하였습니다. 지금 그 영혼은 전사했던 곳에 세워진 시조나와테(四條畷)신사에 모셔져 있습니다.

세상의 혼란 반란군의 세력에 복종한 무사들은 각 지방에서 계속 마음대로 행동을 하고 있었기 때문에, 황실의 은혜가 널리 미치지 못하고 세상이 완전히 문란해졌습니다. 구스노키 마사쓰라가 전사한 후 얼마 안되어 기타바타케 지카후사(北畠親房)가 사망하자, 대의의 빛은 점차 엷어졌습니다. 국민의 괴로움은 날로 더해갔습니다.

다만 도고쿠(東國)에서는 닛타(新田)가문이 정이대장군(征夷大將軍) 무네나가(宗良)친왕을 받들어 모셨고, 규슈에서는 기쿠치(菊池)가문이 정이대장군 가네나가(懷良)친왕을 받들어 잠시 동안 반란군을 버텨내고 있었습니다. 그러나 반란군의 세력은 머지 않아 회복되었습니다.

이렇게 되어 고무라카미(後村上)천황의 의지도 헛되게 되었고, 제98대 조케이(長慶)천황의 대를 지나, 제99대 고카메야마(後龜山)천황이 황위를 이었습니다. 요시노의 행궁도 이미 50년이 지났습니다.

고카메야마(後龜山)천황의 의지　고카메야마(後龜山)천황은 세상이 혼란해진 모습을 보시고, 어심을 매우 괴로워하였습니다. 아시카가 다카우지(足利尊氏)의 손자 요시미쓰(義滿)는 천황을 교토로 맞아들여 나라 안을 진정시키려고 생각하여 천황께 이 일을 청원하였습니다.

천황은 백성을 안심시키려는 생각에 이 말을 들으시고 도읍으로 돌아왔습니다. 지금으로부터 550년 정도 전의 일입니다.

아시카가가문의 권력　고카메야마(後龜山)천황은 황위를 제100대 고코마쓰(後小松)천황에게 양위하셨습니다. 아시카가 요시미쓰(足利義滿)는 대신으로서 조정의 정사에 참여하였고, 또 정이대장군직을 하사받았습니다. 이윽고 요시미쓰는 태정대신(太政大臣)에 올랐고, 아들 요시모치(義持)가 정이대장군이 되었습니다. 아시카가가문은 문무의 권력을 통합하여 조정 정사를 마음대로 휘두르게 되었습니다.

요시미쓰는 태정대신을 그만두고 나서도 정사에 관여하여 세력을 휘둘렀으며, 사치스런 생활을 하여 교토의 무로마치 저택은 하나고쇼(花御所)로 불릴 정도였습니다. 기타야마(北山, 京都市)의 금각(金閣)은 요시미쓰의 별장의 일부로, 지금도 신분을 망각한 그때의 생활 모습이 전해지고 있습니다.

금각(金閣)

아시카가가문은 교토 무로마치의 막부에 무사를 단속하는 직책을 두었고, 각 지방에는 그 지방에서 세력이 강한 무장을 슈고(守護, 지방을 지키는 관리)로 임명하였습니다. 이로써 한때는 온 나라가 안정되는 듯 보였지만, 얼마 되지 않아 슈고의 힘이 강해졌으므로, 아시카가가문에 대적하는 자가 나와서 고카메야마천황의 고마운 의지도 다시 헛되게 되었고, 세상의 혼란은 더욱 계속되었습니다.

고하나조노(後花園)천황의 의지　　제102대 고하나조노(後花園) 천황의 치세에 아시카가 요시마사(足利義政)가 정이대장군직을 받았고, 또 좌대신(左大臣)에 올랐습니다. 그러나 아시카가가문의 위령은 점차 지방에 미치지 않게 되었습니다. 게다가 큰 폭풍우와 홍수가 있어서 곡식이 열매 맺지 못하고 나쁜 병까지 유행하여 국민은 괴로워하였습니다.

오닌의 난(應仁の亂)

천황은 어심을 매우 아파하시며 친히 경문(經文)을 필사하거나, 또 불사(佛事)를 행하시며 재앙이 수습되기를 기도하셨습니다.

그즈음 요시마사(義政)는 무로마치 저택을 개축하기 시작하였기에, 사람들의 괴로움을 돌아보지 않았습니다. 천황은 너무 심한 처사에 시가(詩歌)를 하사하여, 정사에 전념하도록 훈계하셨습니다. 요시마사도 어심에 감복하여 공사를 중지하고 잠시나마 행동거지를 삼가 하였습니다만, 얼마 되지 않아 다시 화려한 생활로 되돌아갔습니다.

오닌의 난(應仁の亂) 이윽고 제103대 고쓰치미카도(後土御門) 천황의 치세가 되었습니다. 아시카가 요시마사(足利義政)의 상속다툼 때문에 가신이 두 패로 나뉘어 전쟁이 일어나, 지방 슈고(守護)도 병사를 이끌고 여기에 가담하게 되자, 도읍이 전란의 싸움터가 되었습니다. 지금으로부터 480년 정도 전의 일로, 연호(年號)에 따라 '오닌의 난(應仁の亂)'이라고 불립니다. 끝내 전후로 11년에 걸친 대전쟁이 되고 말았습니다. 그 때문에 도읍의 마을들은 전투로 타버려 몹시 황폐해졌고, 조정의 신하들 중에는 지방의 무장을 의지해 난을 피하는 자도 적지 않았습니다.

전란이 한창일 때 아시카가 요시히사(足利義尙)가 가문을 이어 정이대장군직을 하사받았습니다. 아시카가 요시마사는 국민에게 무거운 세금을 부과하여 히가시야마(東山)에 별장을 마련하였고, 요시미쓰의 금각(金閣)을 흉내 내어 은각(銀閣)을 건축하고 다실(茶室)을 만들어 차 모임을 즐겼습니다.

이미 아시카가가문의 명령을 듣는 사람은 거의 없어졌고, 지방에서 올라왔던 군사들이 도읍에서 철수함에 따라 전란은 지방으로 확산되었습니다. 그래서 대략 100년간은 약육강식의 세력 다툼으로 나라 안에 전쟁이 끊임이 없었고, 세상의 혼란스러움은 극에 달했습니다.

제16 근왕의 성심

다이묘(大名)의 발흥 아시카가가문이 성심을 다하지 않았기 때문에 정이대장군의 위령이 쇠약해짐에 따라 조정의 정사도 고루 미치지 못하고, 지방의 수비를 맡았던 슈고(守護)가 그 지방의 영주(領主)가 되어 마음대로 토지나 백성을 지배하게 되었습니다. 이렇게 해서 다이묘가 생겨났으며, 율령이나 지방 및 고을 규정은 완전히 소용없게 되었습니다.

그래서 종국에는 다이묘가 영지를 서로 빼앗으려고 세력을 다투었고, 전란이 이어져 대의가 잊혀졌으며, 황실의 영지나 조정 대신이 소유했던 토지 등도 점차 어지럽혀졌습니다. 게다가 무사의 주종관계도 옛날과 달라져서 가신이 힘을 믿고 주인으로 바뀌는 경우도 드물지 않을 정도가 되었습니다.

고나라(後奈良)천황의 자애 세상의 혼란이 심해지자 황송하게도 고다이(皇大)신궁의 건물을 다시 단장하는 일이나, 조정의 의식 등도 규정대로 시행되지 않은 경우도 자주 있었습니다. 또 황거를 보수하는 일도 세세하게 미치지 못했고, 영지의 연공납부 등도 소홀해졌습니다.

그러나 대대의 천황은 빨리 나라 안을 평정하여 정사를 바른 모습으로 되돌리고 싶다고 생각하시어, 항상 어심을 백성들에게 두셨습니다.

제105대 고나라(後奈良)천황의 치세는 특히 부자유스러운 시절이었지만, 천황은 조금도 꺼려하지 않고 매일 새벽에 고다이신궁을 요배하시어 천하가 평안하게 통치되도록 기도하셨습니다.

백성의 어버이로서(고나라천황)

어느 해, 여러 지방에 홍수가 나고 기후가 불순하여 곡식이 열리지 않게 되자, 이듬해는 기근이 되었고 나쁜 병까지 유행하여, 700년 이래 큰 재앙이라고 일컬어졌습니다. 천황은 친히 경문을 필사하시며 전염병이 잠잠해질 수 있도록 기도하였습니다. 이 경문의 말미에는,

> 今茲、天下大いに疫し、萬民多く死亡にのぞむ。朕、民の父母
> として德覆ふことあたはず。甚だ自ら痛む。
> (올해의 천하에 큰 역병으로 많은 백성이 사망했다. 짐은 백성
> 의 어버이로서 덕이 충분하지 않았음에 나 자신 심히 마음이
> 아프다.)

며 마음을 표현하셨습니다. 황송하게도 백성의 어버이로서 측은지심이 미치지 못하는 것에 마음 아파하셨다는 황공한 말씀이십니다.

근왕의 성심　어느 시대에도 변하지 않는 백성의 어버이로서 천황의 자애로움은 이윽고 혼란해진 세상에 대의의 빛을 발하게 되었습니다. 아시카가가문이 쇠퇴하였기 때문에 오히려 국민은 천황의 위광을 우러르는 기회를 얻을 수 있었습니다. 먼 선조로부터 이어온 청렴 공명하고 강직한 마음이 되살아나 천황을 위해 진력하는 충성심이 두터운 사람이 차례차례 나타났습니다.

조정의 대신 가운데 고쓰치미카도(後土御門)천황의 치세에 이치조 가네라(一條兼良)는 기타바타케 지카후사(北畠親房)의 성심을 그리워하여 『니혼쇼키(日本書紀)』 연구에 전념하여 정사의 근본은 신의 제사인 것을 설파하였고, 고나라(後奈良)천황의 치세에 죽은 산조니시 사네타카(三條西實隆)나 제106대 오기마치(正親町)천황의 대에 죽은 야마시나 도키쓰구(山科言継)는 늙은 몸을 마다하지 않고 불편을 참으며 각지를 돌아다니면서 다이묘(大名)들에게 근왕을 권면하였습니다.

> すべらぎの　御ことのりには、武士も、したがはしめよ、天地の神。
> (천황께서 내리신 칙명은 무사도 따르게 하시네. 천지의 신께서)

이것은 구전된 시가(詩歌)로, 그 충성심이 잘 나타나 있습니다.

　다이묘 중에도 지금의 야마구치(山口)에 있던 오우치 요시타카(大內義隆)나 오우치가문을 대신해 일어난 모리 모토나리(毛利元就)처럼 조정의 의식에 비용을 바치는 사람이나, 나고야 근처에 있던 오다 노부히데(織田信秀)처럼 황거의 보수에 노력하는 사람도 나타났습니다.

　게다가 가와바타 도키(川端道喜)가 황거 가까이 살면서 성심을 담아 음식을 헌상하였던 것처럼 상인들까지도 황실의 고마움을 깨닫게 되었습니다.

근왕의 성심(가와바타 도키)

이 무렵 고다이신궁에 봉사하는 자가 온 나라 안을 순회하며 여러 가지로 신궁을 위해 힘썼기 때문에, 신궁의 고귀함이 국민들에게 널리 알려지게 되었습니다. 그래서 부적(大麻)을 올리는 풍습도, 신궁에 참배하여 신의 수호에 감사를 드리는 일도 활발해졌습니다.

입경(入京)의 의지 전란이 오랫동안 이어지는 사이에 다이묘 중에는 농민이나 상인, 장인(職人) 등을 돌보며 영지를 잘 다스려 세력을 비축한 자가 나타났습니다.

입경(入京)의 의지

　오기마치(正親町)천황의 치세가 되자 지금의 가나가와(神奈川)현의 호조 우지야스(北條氏康), 시즈오카(靜岡)현의 이마가와 요시모토(今川義元), 야마나시(山梨)현의 다케다 하루노부(武田晴信, 信玄), 니가타(新潟)현의 우에스기 데루토라(上杉輝虎, 謙信), 아이치(愛知)현의 오다 노부나가(織田信長), 히로시마(廣島)현의 모리 모토나리(毛利本就) 등의 다이묘는 열렬히 도읍에 상경하려고 마음먹게 되었습니다. 천황의 위광을 받아 각 지방 다이묘들을 완전히 복종시켜 온 나라를 평정하려고 생각했기 때문입니다.

제17 태평의 토대

오기마치(正親町)천황

오기마치(正親町)천황의 의지　오기마치천황은 전란의 세상이 오랫동안 지속되고 있는 것에 어심을 매우 아파하시고, 반드시 천하를 진압하려고 생각하였습니다.

그 무렵 오다 노부나가(織田信長)는 아버지 노부히데(信秀)의 뒤를 이어 지금의 아이치현(愛知縣)에서 세력을 확장하여, 대군을 이끌고 쳐들어온 이마가와 요시모토(今川義元)를 오케하자마(桶狹間, 愛知縣)의 일전(一戰)으로 멸망시켜 무명(武名)을 떨치고, 이윽고 기후(岐阜, 岐阜縣)로 이동하여 더욱 더 번창해졌습니다. 천황은 칙사를 보내어 그 의지를 노부나가(信長)에게 전하였습니다.

　노부나가는 일찍부터 아버지의 뜻을 이어받아 근왕의 성심이 깊은 다이묘였기 때문에, 분부를 받들고 감격하여 신속히 나라를 평정하여 어심을 편안하게 해드리고자 결심하고 도읍으로 올라갈 준비를 갖추었습니다.

오다 노부나가(織田信長)의 공훈　때마침 그때 아시카가 요시아키(足利義昭)는 가세(家勢)를 회복하려고 생각하여 오다 노부나가(織田信長)를 의지해 왔습니다. 그래서 노부나가는 흔쾌히 맞아들이고 요시아키(義昭)와 함께 기후를 출발하여 도읍에 상경하였습니다. 지금으로부터 대략 370년 전의 일입니다.

오다 노부나가(織田信長)

　노부나가는 도성에 입성하여 바로 시내를 진압하고, 조정에 청원하여 요시아키에게 정이대장군을 하사받게 하였습니다. 그리고 먼저 황거를 보수하겠다고 아뢰고, 무너진 의식을 다시 세우는데 힘씀과 동시에 하루라도 빨리 어심을 받들어 온 나라를 평정할 것을 사명으로 생각하였습니다. 그래서 스스로 "천하에 무(武)를 펼친다"라는 목표를 내걸고 차례차례로 긴키(近畿) 각 지역을 평정하여 사람들의 괴로움을 없앴습니다. 또 요시아키가 천황께 충성과 성심이 결여된 것을 책망하며 도읍에서 쫓아 내버렸습니다.

아즈치성(安土城)

오기마치천황은 노부나가의 공훈을 치하하시고 점차 관직을 올려 우근위대장(右近衛大將, 궁중경비 대장)을 하사하셨습니다. 노부나가는 얼마 후 비와호(琵琶湖)를 마주보는, 교통이 편리하고 방비에도 좋은 아즈치(安土, 滋賀縣)에 지금까지 없었던 훌륭한 성을 구축하고, 기후에서 이곳으로 옮겨와서 천하포무(天下布武)의 근거지로 삼았습니다. 얼마 되지 않아 우대신(右大臣)에 올라, 우근위대장(右近衛大將)을 겸직하여 나라 안의 평정에 진력하여, 태평성대의 토대를 열었습니다.

어전의 사열식

어전의 사열식(馬揃)　오다 노부나가는 언제나 국민에게 황실의 고마움을 알리고, 대의를 깨닫게 하기 위해 마음을 썼습니다.

일찍부터 도읍으로 다이묘나 가신들을 불러 모아 성대한 사열식을 개최하였습니다. 황거의 동쪽에 마장을 조성하고 거처할 곳을 마련하여 당일 오기마치천황의 행차를 맞았습니다. 노부나가를 선두로 하여 모두 화려한 옷차림으로 갖추었고, 평소에 준비된 명마를 타고 열을 지어 마장으로 들어가서 어전에 나아가 집결하였습니다. 이어서 전원 모두가 마상(馬上)의 행진을 천황의 어전에 보여 올렸습니다. 천황은 노부나가를 비롯한 무장들의 용감한 모습을 기분 좋게 관람하셨습니다.

사열에 참여한 자도, 마장 밖에 모인 자들도 천황의 모습을 우러러 엎드려 절하며 경사스런 치세를 축하드렸고, 노부나가의 공훈을 칭송하였습니다.

도요토미 히데요시(豊臣秀吉)의 공훈　오다 노부나가는 도읍에 올라온지 15년째 되는 해에 사망하여, 그의 가신 도요토미 히데요시(豊臣秀吉)가 노부나가의 뜻을 이어 받았습니다. 히데요시는 신분이 낮은 무사의 아들로서, 나고야(名古屋) 근처에서 태어나 노부나가를 섬기며 성실하게 일하여, 점차 중용되어 이 방면의 대장이 된 사람입니다. 처음에는 하시바(羽柴)로 칭해지고 있었습니다.

도요토미 히데요시(豐臣秀吉)

히데요시는 아즈치보다 훨씬 교통이 편리한 지금의 오사카 (大阪)에 훌륭한 성을 구축하여 근거지로 정하고, 천하를 평정 할 계획을 진행하였습니다. 서쪽으로 동쪽으로 군대를 움직여 차례차례로 각지의 다이묘를 공격하여 복종하게 하여, 공훈에 따라 오기마치천황으로부터 관백(關白)을 하사받게 되어, 후지 와라가문(藤原氏)으로 칭하게 되었습니다.

오사카성(大阪城)

　얼마 되지 않아 제107대 고요제이(後陽成)천황의 치세가 되자 히데요시는 태정대신(太政大臣)에 올랐으며, 도요토미(豐臣)라는 성(氏)을 하사받고 조정의 정사를 집행하였습니다. 그리고 히데요시는 아직껏 자신을 따르지 않는 규슈의 시마즈가문(島津氏)이나 간토(關東)의 호조가문(北條氏)에게 상경하여 조정에 봉사하도록 권하였습니다. 그러나 이에 따르지 않았기 때문에, 직접 나서서 시마즈가문을 공격해 복종하게 하였고, 또 호조가문을 오다와라성(小田原城, 神奈川縣)으로 쳐들어가 멸망시켰습니다.

그래서 불과 10년도 되지 않아 나라 안의 다이묘는 모두 히데요시의 명령에 복종하여 오랜 전란은 종말을 고하였으며 천하가 안정되어 태평의 토대가 세워졌습니다. 지금으로부터 대략 350년 전에 해당됩니다.

주라쿠다이(聚樂第) 행차 오다 노부나가(織田信長)는 아즈치(安土)성을 세웠을 때 특히 '천황행차의 방'을 만들고 건물에도 란마(欄間, 천장과 윗미닫이틀 사이에 채광이나 통풍 및 장식 등을 위해서 대나무 격자)나 미닫이문의 장식에도 특히 공을 들였으며, 금은 빛이 찬란한 옥좌를 마련하여 곧 이곳으로 천황행차를 삼가 청하여 태평성대를 축하해드릴 날을 고대하고 있었습니다.

도요토미 히데요시(豐臣秀吉)는 황거와 도읍구조를 정비하고, 근왕의 성심을 다함과 더불어 노부나가의 뜻을 이어받아 고요제이(後陽成)천황을 교토의 주라쿠다이(聚樂第)에 맞아 모시었습니다. 행차하시던 날 히데요시는 친히 행렬을 수행하였고, 또한 5일 동안이나 천황께서 머물게 하였으며, 여러 가지 행사를 개최하여 보여드리고 위로해드렸습니다.

히데요시는 더욱이 다이묘들에게 자식이나 손자에 이르기까지 이날의 감격을 잊지 말고 성심을 다해 천황을 섬길 것을 굳게 맹세하게 했습니다.

그때 사방에서 모여들어 그 성대한 모습을 배견하고, 천황의 가마를 배알한 사람들은 태평성대에 태어난 고마움에 눈물을 흘리며 서로 기뻐하였습니다. 그때부터 다이묘를 비롯하여 무사와 백성들까지도 점차 황실의 감사함을 깨닫게 되었습니다.

도쿠가와 이에야스(德川家康)

도쿠가와 이에야스(德川家康)의 세력　도요토미 히데요시(豐臣 秀吉)는 조정을 중심으로 하여 정사의 양상을 정비하는데 진력 하였습니다. 그러나 지방의 정사는 다이묘에게 위임하였고, 원 래부터 가신이었던 자를 중요한 지방의 다이묘로 하거나, 새로 운 규정을 만들어서 단속을 엄하게 하고 있었습니다.

히데요시가 사망하자 후계자인 히데요리(秀賴)가 어렸기 때 문에 금세 다이묘들 사이에 세력다툼이 일어났습니다만, 도쿠 가와 이에야스(德川家康)가 이를 평정하고 다이묘들을 복종시 켰습니다.

이에야스는 원래 오카자키(岡崎, 愛知縣)에 있던 다이묘로, 처음에는 이마가와 요시모토(今川義元), 이어서 오다 노부나가(織田信長)에게 복종하였는데, 점점 세력이 강해지면서 히데요시에게 중용되어 오다와라(小田原)정벌의 공훈으로 간토(關東)지방을 하사받게 되었고, 히데요시가 사망한 무렵에는 내대신(內大臣)에 올라, 다이묘 중에서 가장 세력이 있었습니다. 그리고 고하나조노(後花園)천황의 치세에 오타 모치스케(太田持資, 道灌)가 토대를 열어 놓은 에도(江戶, 東京都)에 성을 구축하여 근거지로 삼았습니다.

고요제이(後陽成)천황의 의지　고요제이(後陽成)천황은 예전부터 학문에 힘써서 친히 조정의 의식이나 제도를 조사하시고, 정사를 바른 모습으로 바꾸어야 한다고 생각하였습니다. 널리 국민에게 국체의 존엄함과 신국의 양상을 알리기 위해 칙명으로『니혼쇼키(日本書紀)』중 신대(神代)의 권(卷)을 인쇄하게 하신 적도 있습니다.

고요제이(後陽成)천황

　도쿠가와 이에야스가 다이묘를 복종시키자, 천황은 이에야스를 우대신(右大臣)으로 승진시키고 정이대장군직을 하사하셨습니다. 무사의 수장을 정하여 다이묘들을 관리하게 하여 신국의 치안을 유지하고, 태평의 토대를 굳건히 하여 국민이 평안히 살 수 있게 하려는 등의 의지가 우러러집니다. 지금으로부터 340년 정도 전의 일입니다.

　이에야스는 이윽고 대신을 사임하고 정이대장군으로서 에도에 돌아왔고, 에도성은 막부(幕府)가 되었습니다. 다이묘가 지방을 통치하고 있었기 때문에 이것을 관리하는 정이대장군은 매우 중요한 역할이 되어 정사의 양상이 또 완전히 달라졌습니다.

에도성(江戶城)의 구조

　이에야스는 미나모토노요리토모가 가마쿠라무사를 이끄는 규정을 본보기로 했고, 또 도요토미 히데요시가 세운 방침도 이어받아 새롭게 막부의 조직을 고안하였고, 엄한 규정을 만들어서 다이묘들을 관리하여 나라 안이 잘 다스려질 수 있도록 진력하였습니다. 이에야스는 얼마 안 되어 정이대장군직을 사퇴하였고, 아들 히데타다(秀忠)에게 정이대장군을 물려주고 제108대 고미즈노오(後水尾)천황의 치세에 사망하였습니다.

　이렇게 해서 태평의 토대는 오다 노부나가를 시작으로 히데요시, 이에야스 등 세 사람이 역대 천황의 고마운 뜻을 이어 받아, 대략 50년 동안에 이루어졌습니다. 히데요시는 고요제이(後陽成)천황으로부터 도요쿠니다이묘진(豊國大明神)이라는 이름을 하사받았고, 이에야스는 고미즈노오천황으로부터 도쇼다이콘겐(東照大權現)이라는 이름을 받아 신으로서 숭상되었습니다. 지금은 노부나가가 교토의 다케이사오(建勳)신사에 모셔졌고, 히데요시는 같은 교토의 도요쿠니(豊國)신사, 이에야스는 닛코(日光, 栃木縣)의 도쇼궁(東照宮)에 모셔져 있습니다.

제18 태평의 은혜

태평성대 고요제이(後陽成)천황 이후로, 아들 고미즈노오(後水尾)천황, 손자 제110대 고코묘(後光明)천황을 시작으로 대대의 천황은 그 의지를 잘 이어받아 어심을 정사에 사용하셨습니다.

도쿠가와 이에야스의 자손은 대대로 정이대장군직을 받아 선조의 법도를 지켜 다이묘를 엄격하게 관리하였습니다. 다이묘도 모두 대대로 물려받아 열심으로 영지를 관리하는데 진력하였기 때문에 나라 안이 구석구석까지 발전되었습니다. 그렇게 하여 다이묘가 영지를 다스리는 구조를 번(藩), 번에 따르는 다이묘를 번주(藩主), 그 신하를 번사(藩士)라고 부릅니다.

이렇게 해서 200년이 넘는 오랜 세월 동안 태평성대가 계속되었습니다. 태평의 은혜를 받아 온 나라가 개화되어 무사도 농민도 상인도 그리고 장인도 모두 생활이 나아졌습니다.

고코묘(後光明)천황의 의지 고요제이(後陽成)천황과 고미즈노오(後水尾)천황이 일본역사와 일본문학 연구를 관장한 것을 이어받아, 고코묘천황은 어릴 적부터 일과를 정해놓고 학문을 공부하셔서 11세의 나이에 황위를 이어받았습니다. 천황은 특히 주자학(朱子學)을 좋아하셨으며, 대의명분을 명확히 하기 위해 어심을 쓰셨습니다.

그즈음 도쿠가와 이에야스의 손자 이에미쓰(家光)가 정이대장군으로서 세력이 왕성했습니다. 가신 이타쿠라 시게무네(板倉重宗)는 쇼시다이로서 도읍의 경비를 담당하고 있었지만, 어쨌든

도쿠가와막부의 세력을 등에 업고 조정의 일에 주제 넘는 행동
을 하였습니다. 천황은 이를 엄하게 꾸짖으시며 무사의 본분을
지키도록 훈계하셨습니다.

고코묘(後光明)천황

무사도(武士道)　앞서 도쿠가와 이에야스는 도읍에서 학자를
초청하여 상담상대로 하거나, 학교를 세우거나, 책을 인쇄하는
등 학문을 중시하였습니다. 다이묘들도 이것을 본받아 무사들
간에 학문이 널리 퍼졌습니다.

　그래서 전란의 시대에 양성되어진 무사들의 마음가짐이 태평
의 은혜를 받아 연마되어 무사도(武士道)가 훌륭하게 완성되었
습니다.

제112대 레이겐(靈元)천황의 치세에는 야마가 다카오키(山鹿高興, 素行)가 중국의 학문을 깊이 연마하여, 국사에 근거하여 신국(神國)의 긍지를 명확히 하였으며, 목숨을 버리고 대의를 빛내는 것이 무사도인 것을 가르쳤습니다.

도쿠가와 미쓰쿠니(德川光圀)의 성심 그즈음 학문에 열심인 다이묘 중 한사람으로 도쿠가와 미쓰쿠니가 있었습니다. 미쓰쿠니는 이에야스의 손자이자 미토(水戶, 茨城縣)의 다이묘로, 주자학을 깊이 연구하여 언제나 가신을 깨우쳤으며, 정이대장군의 세력에 눈이 멀어 황실을 공경해야 할 것을 잊지 않도록 훈계하였습니다.

미쓰쿠니는 더욱이 훌륭한 역사서를 저술하여, 황국의 모습을 널리 알리고 싶다고 생각하여, 제111대 고사이(後西)천황의 치세에 국사 편찬을 시작하였습니다. 많은 학자를 초빙하여 온 나라에서 오래된 책을 수집, 연구하게 하였고, 친히 일을 지시하기도 하였습니다. 이것이 나중에 『다이니혼시(大日本史)』로 명명되었으며, 자손대대로 이어져 250년이나 걸려 메이지천황의 시대에 완전히 완성되었습니다.

미쓰쿠니에게 초빙된 학자들은 사제가 이어서 연구를 진행하였고, 여러 가지 책을 저술하여 국체의 존엄함을 명확히 하였으며, 충신의 공적을 서술하여 세상에 널리 알렸습니다.

히가시야마(東山)천황의 자애 고코묘(後光明)천황의 동생이신 레이겐천황은 고다이신궁의 쇼센궁(正遷宮) 의식을 옛날 법식으로 되돌리시고, 아들 113대 히가시야마(東山)천황의 즉위를 맞아 9대동안 끊겨있던 대상제(大嘗祭)를 올리게 함으로써 조정의 제도를 정비하였습니다.

히가시야마천황 치세에 가뭄이 지속되어 가모강(賀茂川) 어귀마저 물이 모자라게 될 정도여서, 농사가 힘들어진 적이 있었습니다. 천황은 이것을 들으시고 농민의 괴로움을 불쌍히 여겨 조금이라도 논이 적셔지게 하려는 생각에 즉각 황거로 끌어오는 물을 끊게 하셨습니다.

농민들의 기쁨

농민들은 천황의 자애로움에 황송하여 눈물을 흘리며 기뻐했고, 매일아침 일을 시작하기 전에 반드시 황거를 향해 엎드려 절하였습니다.

레이겐천황 치세로부터 히가시야마천황 치세에 걸쳐 도쿠가와 쓰나요시(德川綱吉)가 정이대장군이었습니다. 쓰나요시는 학문에 힘써서 대의를 깨닫고 역대의 황릉을 보수하게 하였으며, 또 사람들에게 충효를 권장하였습니다.

도쿠가와 미쓰쿠니(德川光圀)는 예전부터 구스노키 마사시게(楠木正成)의 성심에 감탄하고 있었습니다만, 이 무렵에 미나토강(湊川)에 비석을 세우고 친히 붓을 들어 거기에 「아— 충신 구스노키 마사시게의 묘」라고 써서 마사시게 충의를 세상에 알렸습니다.

이 무렵이 되자 태평세월이 오래 이어졌기 때문에 온 나라의 모습이 매우 화려해지게 되어, 연호(年號)와 연관 지어 '겐로쿠 풍(元祿風)'이라 불렸습니다.

모모조노(桃園)천황의 의지 그 후 제116대 모모조노(桃園)천황은 학문을 매우 좋아하여 특히 일본국사를 열심히 연구하셨습니다. 그래서 만세에 흔들림 없는 천황과 신하의 대의를 칭송하며,

> 神代より 世世にかはらで、君と臣の、みちすなほなる 國は、
> わが國。
> (신대로부터 대대로 변함없는 군신의 길 순종의 나라는 우리
> 나라 일본)

라고 읊으셨습니다.

앞서 교토의 학자 야마자키 가(山崎嘉, 齋)는 주자학을 배우고, 게다가 우리 일본 국체를 깊이 연구해서 존왕대의(尊王大義)를 설파하였습니다. 모모조노천황 치세에 야마자키 가의 학문을 이어받은 다케노우치 다카모치(竹內敬持, 式部)는 학문에 열심인 조정대신들에게 초대받아 『니혼쇼키(日本書記)』의 강의를 하였습니다.

『니혼쇼키(日本書紀)』의 강의(다케우치 다카모치)

　다카모치(敬持)는 근왕의 성심이 깊어, 항상 조정대신이 학문에 힘써서 정사를 바른 모습으로 바꾸지 않으면 안 된다고 강론하였습니다. 이윽고 그 가르침을 받은 조정대신이 천황께 『니혼쇼키(日本書記)』의 강의를 아뢰었습니다. 도쿠가와막부는 이 사실을 듣고 오히려 다카모치를 엄벌하였습니다.

　이 무렵부터 우리 일본국체의 숭고함을 이해하고 무가에서 정사를 담당하는 것이 잘못되었음을 주장하며, 근왕의 성심을 드러내는 자가 점차 나타나게 되었습니다.

　국학(國學)의 발흥　고요제이(後陽成)천황의 의지로 『니혼쇼키(日本書紀)』를 비롯하여 우리 일본의 고전을 연구하는 일이 진행되었습니다.

　　제114대 나카미카도(中御門)천황 치세에 교토의 가타 아즈마마로(荷田春滿)는 우리 일본국체를 알기 위해서는 국학(國學)을 일으키지 않으면 안 된다고 주장하며 고전연구에 뜻을 세웠습니다. 이어서 그 제자 가모노마부치(賀茂眞淵)가 지금의 시즈오카현(靜岡縣)에서 나와서 『만요슈』를 토대로 하여 고어(古語)를 조사하고 국학의 소중함을 설파하였습니다.

　　이윽고 마쓰자카(松坂, 三重縣)의 모토오리 노리나가(本居宣長)는 학자들 가운데 중국을 존중하여 우리 일본을 경멸하게 된 일이 적지 않음을 한탄하며, 고전을 폭넓게 연구하여 일본 국체의 뛰어난 점을 명확히 하였고, 일본민족의 고유한 정신을 밝혀내는 일에 힘을 쏟았습니다. 그래서 아즈마마로(春滿)나 마부치(眞淵) 등의 마음가짐을 이어 훌륭하게 국학을 완성했습니다.

모토오리 노리나가(本居宣長)

노리나가(宣長)는 많은 책을 저술하였는데, 그중에서도 『고지키덴(古事記傳)』이 가장 유명합니다. 제117대 고사쿠라마치(後櫻町)천황 때부터 착수해서, 연구에 연구를 거듭하여 35년의 오랜 세월을 거듭하여 제119대 고카쿠(光格)천황의 치세에 완성하였습니다. 이것으로 덴무(天武)천황의 의지에 따라 『고지키(古事記)』에 전해졌던 나라의 모습이 사람들에게 잘 알려지게 되었습니다.

노리나가의 수많은 문하생 중에 아키타(秋田)의 히라타 아쓰타네(平田篤胤)는 누구보다도 열심히 공부하여, 그 옛날 신대(神代)로부터 이어져 온 신도(神道)를 분명히 하였습니다. 신들이 우리 일본을 창시한 유지대로 전해오는 큰 정신을 밝혀낸 것입니다. 그래서 일본 국체가 세계에 유례없다는 것을 설명하고, 국체의 숭고함을 가르쳐 널리 국학을 확산시켰습니다.

아쓰타네(篤胤)의 학설을 이어받은 학자는 모두 존왕애국(尊王愛國)의 정신이 강하여, 정사를 옛날로 되돌려 신(神)의 도(道)로서 신국(神國)을 번성하게 해야 한다고 주장하였습니다.

고카쿠(光格)천황의 의지 고카쿠(光格)천황이 즉위한 때쯤에는 이미 도쿠가와막부의 세력이 쇠약해졌으며, 태평의 은혜에 익숙해져서 사람들의 마음도 해이해졌습니다. 여러 해에 걸쳐 대기근까지 있어서 먹을 것에 굶주려 방황하며 유랑하는 자가 많아졌습니다. 천황은 어심을 매우 아파하시며,

たみ草に 露のなさけを かけよかし 世をもまもりの 國のつかさは。
(백성들에게 이슬만한 인정이라도 베풀어주시게. 나라를 다스리는 관리는!)

라고 읊으시고, 백성의 괴로움을 덜어주도록 각 지방의 다이묘 (大名)를 타일렀습니다.

천황의 치세에 도쿠가와 이에나리(德川家齊)가 정이대장군직을 하사받자, 이에나리는 마쓰다이라 사다노부(松平定信)를 중용하여 인심을 다잡는 일에 힘썼습니다만, 그 보람도 없이 세상은 점차 뒤숭숭해지고, 태평의 토대는 무너져 갔습니다.

근왕(勤王)의 성심 고카쿠천황의 치세에 다카야마 마사유키 (高山正之, 彦九郞)나 가모 히데자네(蒲生秀實, 君平) 등은 일생을 바쳐 근왕의 성심을 다하였습니다.

황은감사의 성심(다카야마 마사유키)

마사유키는 지금의 군마현(群馬縣)에서 태어나, 13세 때에 『다이헤이키(太平記)』를 읽고 통일의 정사에 진력한 충신들의 사적(事蹟)에 감격하였고, 결국에 충성심이 솟구쳐 동쪽으로 서쪽으로 각 지방을 돌아다니며 같은 뜻을 가진 사람들을 방문하여, 충효에 관한 일을 함께 이야기하는 것을 즐거움으로 삼았습니다.

여러 차례 도읍에 올라가 황거 앞에 엎드려 절하며 남의 이목을 가리지 않고 눈물을 흘리며 황은에 감사하는 성심을 바쳤습니다. 국체의 숭고함을 깨달은 자들이 적은 것을 탄식하며 구루메(久留米, 福岡縣)에서 자해했습니다만, 숨을 거둘 때까지 자세를 바로하고 멀리 도읍 하늘을 우러러 보고 있었습니다.

히데자네(秀實)는 지금의 도치기현(栃木縣) 사람으로, 각지의 황릉을 순례하며 성덕을 기리었고, 제120대 닌코(仁孝)천황의 치세에는 황릉의 현황을 기록한 『산료시(山陵志)』를 저술하여 조정에 바치고, 또 도쿠가와막부에도 바쳤습니다.

그즈음 지금의 히로시마현 출신 라이 노보루(賴襄, 山陽)는 일본국사를 연구하여 여러 가지 책을 저술했습니다. 특히 20여 년 정도의 심혈을 기울여 『니혼가이시(日本外史)』를 편찬하였습니다. 특기인 한문으로 무가의 발흥을 서술하면서 주로 충신의 공적을 위주로 기술하여 대의(大義)의 빛을 발하며 근왕의 성심을 북돋았던 사람입니다.

제19 일신(一新)의 토대

황국의 수호 우리 일본에서 태평의 은혜를 누리고 있는 동안에 세계의 상황이 완전히 달라지고 있었습니다. 유럽에서는 영국, 프랑스 그리고 러시아가 번창해졌습니다. 미국도 이미 발흥하고 있었습니다. 아시아는 점차 유럽의 여러 나라 때문에 침범당해 갔습니다.

도쿠가와막부는 유럽 각국이 기독교를 널리 퍼뜨려, 일본을 어지럽히는 것을 두려워하여 제109대 메이쇼(明正)천황의 치세부터는 해외왕래를 금지하였습니다. 그러나 고카구(光格)천황의 치세에 러시아의 사신이 홋카이도(北海道)에 와서 무역을 요구하였고, 이어서 러시아인이 자주 사할린(樺太)이나 지시마(千島)를 소란스럽게 하였습니다. 지금으로부터 약 150년 정도 전의 일입니다. 같은 무렵 영국의 군함이 때때로 일본 근해에 나타나 연안을 침범하였습니다.

황국의 수호는 무사집안의 책무입니다. 그런데 태평한 은혜의 세상이 열려 에도의 번성은 세계에 1, 2위를 자랑하는 눈부신 것이었지만, 에도만(江戶灣, 東京灣)에조차 군함이 없었을 뿐만 아니라, 포대(砲臺)도 없었고 대포나 소총이 있다고는 해도 구식이라 실전용으로는 사용할 수 없을 정도였습니다. 게다가 도쿠가와막부의 위세는 쇠약해졌고, 다이묘에게도 군비는 없었으며, 무사의 정신상태도 느슨해져 있었습니다.

도쿠가와막부는 갑자기 바다를 지키고 나라의 방비를 공고히 하기 위해 의견이 분분했습니다. 외국선이 들어올 때에는 쫓아

버리라고 말하는 자들과 외국과의 왕래를 넓혀서 진화한 문물을 교류해야 한다고 주장하는 자도 나왔습니다.

그래서 뜻이 있는 사람들은 황실을 중심으로 국민이 마음을 합쳐 하루라도 빨리 국력을 회복하지 않으면 안 된다고 생각하게 되었습니다. 그중에도 미토(水戶)의 다이묘 도쿠가와 나리아키(德川齊昭)는 선조 미쓰쿠니(光圀)의 유지를 이어받아 근왕의 성심이 두터운 인물로, 고도칸(弘道館)을 지어 가신들을 교육하였고, 후지타 다케키(藤田彪, 東湖)나 아이자와 야스시(會澤安, 正志齋) 등의 의견을 받아들여, 대의에 밝고 애국의 성심이 뜨거운 인재를 육성하는 데 힘씀과 동시에 대포를 주조하여 바다의 수호를 굳건히 가다듬고 만일에 대비하였습니다.

고메이(孝明)천황

고메이(孝明)천황의 훈계 이윽고 제121대 고메이(孝明)천황이 천황에 즉위하셨을 즈음, 연달아 유럽이나 미국 등 여러나라의 배가 들어와서 나라 안이 더욱더 떠들썩해졌습니다. 천황은 매우 어심을 괴로워하시며 도쿠가와막부를 타일러서 무신으로서 본분을 다하여 황국의 명예에 흠이 나지 않도록 하라고 훈계하셨습니다. 이어서 이와시미즈하치만궁(岩淸水八幡宮)에 황국의 수호를 기원하셨습니다.

지금까지 정이대장군에게 맡겨졌던 황국의 수호에 대해 조정에서 지시하기 시작한 것으로, 지금으로부터 약 100년 전의 일입니다.

천황은 그 즈음 닌코(仁孝)천황의 유지를 이어받아 가쿠슈인(學習院)을 열어, 황족을 비롯해 조정대신의 자제에게 학문을 권장하시고, 조정의 정사를 정비할 토대를 세웠습니다.

신국(神國)의 부정(不淨) 때마침 그무렵 미국은 점차 왕성해져 뒤늦게나마 아시아에 손을 뻗치기 시작했습니다. 특히 태평양을 주목하여 일본에 세력을 심어두지 않으면 안 된다고 생각하였습니다.

그래서 결국 페리가 사절이 되어 함대를 이끌고 우리 일본을 방문하여 에도를 압박하였고, 도쿠가와막부를 위협하며 미국에 유리한 조건으로 국가 간의 교역을 열려고 하였습니다. 같은 무렵 러시아의 사절도 나가사키(長崎)에 왔습니다.

도쿠가와막부는 아직 바다의 수비에 자신이 없었기 때문에 지금까지 아무리 외국으로부터 권유받아도 선조의 법도라 하며 계속 거절해왔던 긍지를 버리고, 미국과 화친조약을 맺어버리고 말았습니다. 분별있는 조정대신은 이것을 듣고 무가가 어심을 등지고 그 책무를 다하지 못한 것을 탄식하며 신국(神國)의 부정(不淨)이라며 분개하였습니다.

도쿠가와막부도 천황의 위광을 받들어 세력을 회복하려고 사찰의 종을 모아서 대포나 소총을 만들 때, 조정에 청원하여 태정관(太政官)으로부터 명령을 하달 받았습니다. 조정의 정사가 골고루 미치는 실마리가 된 것을 기뻐하는 자가 많았습니다.

이윽고 미국에서 총영사인 해리스(Townsend Harris)가 왔습니다. 그리하여 도쿠가와막부는 그 권유에 따라 통상조약(通商條約)을 맺기로 결심하고 조정에 칙허(勅許)를 청하였습니다. 천황은 화친조약을 맺고 나서 4년에 걸쳐 이를 책망하는 자가 많아져 국내가 소란스러워 어심을 아파하시던 때였던지라, 다이묘에게도 잘 의논하여 국위(國威)를 손상시키는 일이 없도록 하라고 깨우치셨습니다.

정이대장군(征夷大將軍) 도쿠가와 이에사다(德川家定)는 히코네(彦根, 滋賀縣)의 다이묘 이이 나오스케(井伊直弼)에게 다이로(大老)로서 이 곤란한 시국을 극복할 수 있도록 노력하게 했습니다. 그런데 해리스는 영국과 프랑스 연합군이 중국을 맹렬히 공격하고 있는 것을 이용하여 교묘하게 조약의 조인을 강요하였습니다. 나오스케는 이에 설득당해 잘못 판단하여 칙허를 기다리지 않고 조인을 끝내고 말았습니다.

천황은 이것을 들으시고 무가의 거듭되는 실책 때문에 국위(國威)가 손상된 것에 분노하심과 함께, 황송하게도 친히 성덕이 미치지 못해서라고 말씀하시고, 어심을 아파하시며 황조황종의 혼령에 부응하지 못한 것을 탄식하셨습니다.

조정대신은 말할 것도 없이 도쿠가와 나리아키(德川齊昭) 등의 다이묘나 요시다 노리가타(吉田矩方, 松陰), 하시모토 쓰나노리(橋本綱紀, 左內), 우메다 사다아키(梅田定明, 雲濱) 등의 지사(志士)는 도쿠가와막부가 국위를 손상시킨 것에 분개하였고, 국체를 소홀히 했던 나오스케의 죄를 책망하는 목소리가 날이 갈수록 격심해졌습니다. 나오스케는 조정대신이나 다이묘를 비롯해 지사 수십 명을 엄하게 벌하고, 반대하는 자를 제거하였습니다. 이전에 나리아키의 가신이었던 지사들은 결국 나오스케를 참수하여 대의를 주창하였습니다.

일신(一新)의 기반　고메이(孝明)천황은 황송하게도 나라가 혼란스러워 외국의 업신여김을 받는 것은 선조의 혼령에 면목이 없다 생각하시며 점점 더 어심을 아파하였습니다.

천황은 조정대신도 정이대장군(征夷大將軍)도 다이묘도 모두 힘을 합쳐서 국난을 극복하여야겠다고 생각하여 정이대장군 도쿠가와 이에모치(德川家茂)를 불러들였고, 또한 친히 다이묘에게 지시를 내렸습니다. 누이동생인 가즈노미야치카코(和宮親子, 靜寬院宮)황녀가 이에모치(家茂)에게 시집간 것도 이런 깊은 생각 때문이었습니다. 일찍이 이에모치를 타이르시며,

> 嗚呼、汝、將軍及ヒ各國ノ大小名、皆朕カ赤也。今ノ天下ノ
> 事、朕ト共ニ一新センコトヲ欲ス。
> (아아, 그대들 장군 및 각 지방의 다이묘와 쇼묘(小名), 모두 짐의
> 적자로다. 지금 천하의 일을, 짐과 함께 일신하기를 원하네)

라고 말씀하였습니다.

천황은 항상 정사의 모습을 혁신하는 일에 어심을 쓰셨습니다. 그 뜻에 따라 천황의 위광은 점차 빛나고, 일신의 토대가 열

리게 되었습니다.

현재 고메이천황의 영혼은 헤이안(平安)신궁에 모셔져있습니다.

메이지(明治)천황의 의지 고메이(孝明)천황의 뒤를 이어 메이지천황(明治)이 16세의 나이로 즉위하였습니다. 게이오(慶應) 3년(서기1867) 정월의 일로, 지금으로부터 약70년 정도 전의 일에 해당됩니다.

천황은 지금까지 없던 훌륭한 치세로 우리 일본을 세계에서 가장 번성한 나라로 만들려고 생각하셨습니다.

이미 정이대장군(征夷大將軍)이 안으로는 다이묘를 관리하여 치안을 확고히 한다거나, 밖으로는 외국을 상대하여 신국을 지키고 국위를 빛낼 수 없다는 것은 확실해지고 있었습니다.

그래서 산조 사네토미(三條實美)나 이와쿠라 도모미(岩倉具視) 등 조정대신은 정사를 바른 형태로 되돌리려고 생각하여, 사쓰마(薩摩, 鹿兒島縣)의 다이묘인 시마즈가문(島津氏)의 가신 사이고 다카모리(西鄉隆盛)와 오쿠보 도시미치(大久保利通), 나카도(長門, 山口縣)의 다이묘 모리가문(毛利氏) 가신인 기도 다카요시(木戶孝允) 등과 도모하여 도쿠가와막부를 쓰러뜨리려고 계획하였습니다.

도사(土佐, 高知縣)의 다이묘 야마우치 도요시게(山內豊信)는 이 상황을 보고 일을 원만하게 처리하고자 생각하여, 가신 고토 쇼지로(後藤象二郎)를 보내어 도쿠가와막부가 자진해서 조정에 청원을 올려, 바른 정사의 형태로 바로잡도록 권유하게 하였습니다.

메이지(明治)천황

도쿠가와 요시노부(德川慶喜)의 청원 이즈음 도쿠가와 요시노부(德川慶喜)가 정이대장군이었습니다. 요시노부(慶喜)는 나리아키(齊昭)의 아들로, 대의에 밝고 또 세계의 동향을 잘 알고 있었기 때문에, 황국을 위해서는 지금까지 정이대장군이 다이묘를 관리하거나, 집행하고 있던 정사를 종식하지 않으면 안된다고 생각하고 있었습니다.

그래서 당시 도읍에 올라와 있던 요시노부(慶喜)는 야마우치 도요시게(山內豊信)가 권유하자, 바로 결심을 굳히고 입궐하여 정사는 모두 천황의 뜻에 의해 결정하도록 청원함과 동시에 어심에 따르지 못했던 죄를 깊이 사죄 올렸습니다. 천황은 요시노부의 성심을 칭찬하시고 그 청원을 받아들이셨습니다. 이것을 세상에서는 '대정봉환(大政奉還)'이라고 합니다. 이어서 요시노부는 정이대장군직도 그만두고 싶다고 청원하였습니다.

왕정복고(王政復古) 그래서 메이지(明治)천황은 새로운 규정을 세워 조정을 정비하시고, 정사를 그 옛날의 올바른 형태로 되돌리셨습니다.

먼저 천황에 즉위하신 그해 연말에는 지금까지 가장 중요한 직책이었던 섭정(攝政)이나 관백(關白)과 함께 정이대장군(征夷大將軍)직을 없애고, 진무(神武)천황이 우리 일본의 기초를 굳건히 하셨던 때와 마찬가지로 천황이 친히 정사를 총괄하게 된 것을 선포하셨습니다.

그리하여 조정에는 총재(總裁), 의정(議定), 참여(參與)의 세 직무를 정하시고, 총재를 아리스가와노미야 나루히토(有栖川宮熾仁)친왕에게 맡겼고, 의정이나 참여는 황족이나 지금까지 조정

왕정복고(王政復古)

대신이었던 집안의 자녀, 그 외에 조정에 공훈이 있었던 다이
묘나 다이묘의 가신에게도 직분을 맡게 하여 모든 정사를 조정
에서 행할 수 있게 하였습니다. 게다가 국민은 모두 마음을 합
쳐 충의를 다하고 황국을 위해 노력하도록 깨우치셨습니다. 이
것을 '왕정복고(王政復古)'라고 합니다.

고요제이(後陽成)천황의 치세로부터 오랫동안 이어진 도쿠가 와막부의 정이대장군은 이로써 종말을 고하였고, 이윽고 막부 였던 에도성(江戸城)을 비워주었고, 도쿠가와가문은 새롭게 다 이묘를 하사받았습니다.

천황은 나아가 외국에 대해서는 다시 새로운 외교 방침을 정 하였고, 왕정복고를 알림과 동시에 국민에게도 이일을 확실히 깨우쳐 주었습니다. 이렇게 해서 정사를 일신하는 토대가 굳건 해지게 되었습니다.

제20 일신(一新)의 정치(1)

일신(一新)의 맹세　메이지(明治)천황은 황위에 즉위하신 다음해인 게이오(慶應) 4년(서기1868) 3월에 정사의 형태를 일신시켜려는 근본 방침을 정하였습니다. 그래서 친왕(親王)를 비롯하여 조정대신이나 다이묘들을 거느리고 시신덴(紫宸殿, 궁전의 하나로 조하(朝賀)나 공사(公事)를 행하는 궁전으로 후에 즉위식이 행해진 곳)에 납시어 신들을 제사지내고, 정치를 일신하실 것을 맹세하고 나아가 널리 국민에게도 공표하였습니다.

맹세는 다음과 같은 5가지 사항이 상정되어 <5개조 맹세문(五箇條の御誓文)>이라고 합니다.

一、廣ク會議ヲ興シ、萬機公論ニ決スヘシ。

一、上下心ヲ一ニシテ、盛ニ經綸ヲ行フヘシ。

一、官武一途、庶民ニ至ル迄、各其志ヲ遂ケ、人心ヲシテ倦マサラシメン事ヲ要ス。

一、舊來ノ陋習ヲ破リ、天地ノ公道ニ基クヘシ。

一、智識ヲ世界ニ求メ、大ニ皇基ヲ振起スヘシ。

- 널리 공의(公議)를 일으켜 제반 문제를 공론(公論)에 부쳐, 여론에 따라 결정한다.
- 위아래가 마음을 하나로 통합해 끊임없이 경륜(經綸)을 행하여야 한다.
- 문무백관으로부터 서민에 이르기까지 각기 그 뜻을 이루고, 사람들의 마음이 지치지 않게 하는 것을 요한다.
- 구래(舊來)의 폐습(弊習)을 타파하고 천지(天地)의 공도(公道)에 따른다.
- 지식을 널리 세계로부터 구하여 크게 황국(皇國)의 기반을 진작시켜야 한다.

　이것은 정사에 관해서는 무슨 일이든 많은 사람들의 의견을 듣고 결정하시고, 국민은 모두 하나같이 천황의 은혜를 받아 그 뜻을 이루며, 마음을 합하여 황국을 위해 힘을 다하게 하고, 또한 나쁜 풍습은 완전히 개선하고, 널리 세계의 좋은 점을 받아들이려는 고마운 의지입니다.

일신(一新)의 맹세

　대정일신(大政一新)　머지않아 메이지천황은 즉위식을 올리고 연호를 새로이 변경하셔서, 그 해를 메이지원년(서기1868)으로 정하셨습니다. 그리고 나서 일신의 맹세 그대로 마음먹고 정사의 규정을 차례차례 개선해 나갔습니다. 그래서 대정일신(大政一新)이라고 합니다. 또한 연호에 따라 세상에서는 '메이지유신(明治維新)'이라고 불립니다.

도쿄(東京)의 도읍 메이지천황은 새롭게 도읍을 정해 옮기시고, 국민의 정신을 다잡으려고 생각하셨습니다. 진무(神武)천황이나 간무(桓武)천황이 도읍을 정하시려 했던 생각과 같습니다. 그래서 천황은 에도(江戸)가 온 나라를 다스리는 중심으로 합당한 것을 보시고 여기를 도읍으로 하기로 하셨습니다.

천황은 우선 에도를 도쿄(東京)로 개칭하였습니다. 그래서 즉위식을 거행하자마자 바로 교토를 나와 도쿄로 향하셨습니다. 도중에 황송하게도 때때로 가마를 멈추게 하시고, 사람들이 농업에 부지런히 힘쓰는 모습을 보시며 노고를 안타까워 하셨습니다. 길가의 사람들은 모두 천황의 행렬을 우러러 엎드려 절하며 눈물로 목이 메었습니다. 또한 지금의 시즈오카현(静岡縣)의 시오미자카(潮見坂)에서는 잠깐 가마를 멈추시어 뱃길 멀리 태평양을 보시고, 감개무량함에 기뻐하였습니다. 이때 함께 있던 자들은 황위가 해외에 빛나기 시작한다면서 서로 기뻐하였습니다.

태평양(太平洋)을 보심

　　천황은 밝은 기분으로 20일 만에 도쿄에 도착하시어, 지금의 궁성을 황거(皇居)로 정하셨습니다. 그리고 바로 지금의 사이타마현(埼玉縣) 오미야(大宮)의 히카와(氷川)신사를 도읍의 수호신으로 정하시고, 친히 행차하시어 제사를 올렸습니다.

　　이윽고 천황은 일단 교토로 돌아와서 황후를 맞이하시고, 이어 다음해 3월에 다시 도쿄로 향하셨습니다. 먼저 고다이(皇大)신궁에 직접 참배하시어 대정일신(大政御一新)을 고하신 후, 여러 날을 거쳐 도쿄에 도착하셨습니다. 이때부터 오래 궁성에 머무시게 되었고, 도쿄는 해를 거듭할수록 번영하여 훌륭한 수도가 되었습니다.

수도 도쿄(東京)

　　신의 제사　메이지천황은 새로운 법령을 세우는데 있어, 먼저 신께 올리는 제사를 중요시 여겨 약 400년 전에 중지되어 있던 신기관(神祇官, 일본의 율령제에서 여러 지방의 신사와 제사를 관장하던 기관)을 원래대로 다시 되돌려놓고, 메이지 2년(서기 1869) 7월에는 다이호율령(大寶律令)의 규정과 마찬가지로 신기관을 태정관(太政官, 메이지 전기의 최고 관청으로 지금의 내각) 위에 두었습니다. 신의 제사가 정치의 근본임을 나타낸 것입니다. 그리고 진무(神武)천황이나 스진(崇神)천황의 치세를 본보기로 하여, 신도(神道)에 의해 국민을 이끄는 일에 어심을 쓰셨습니다.

지금의 시마네현(島根縣) 쓰와노(津和野)의 다이묘였던 가메이 고레미(龜井玆監)는 이전부터 히라타 아쓰타네(平田篤胤)의 뒤를 이은 오쿠니 다카마사(大國隆正)의 가르침을 받아 신도를 펼쳐 영지를 다스리는 것을 목표로 하고 있었습니다. 다카마사(隆正)와 함께 부름받아 조정에 출사하여, 신의 제사를 성대하게 치루는 일에 진력하였습니다.

천황은 옛날 규정에 따라 신기관에 팔신전(八神殿, 천황을 수호하는 여덟 신을 제사지내는 신전)을 건립하게 하시고, 거기에 천지의 신들과 역대 천황의 영혼도 모두 제사지내게 하셨습니다. 얼마 되지 않아 제도가 개정되어 신기관은 없어졌습니다. 그래서 천황은 궁중에 황령전(皇靈殿, 역대 천황이나 황족을 제사 지내는 종묘전)과 신전을 설치하였습니다. 가시코도코로(賢所, 삼종신기의 하나인 야타노카가미(八咫鏡)거울을 제사 지내는 곳)를 추가하여 궁중삼전(宮中三殿)이라 하며, 황송하게도 천황폐하가 친히 제사지냅니다.

그 후 천황은 다시 가시하라(樫原)신궁, 미야자키(宮崎, 宮崎縣)신궁, 헤이안(平安)신궁, 요시노(吉野)신궁 등의 신궁을 마련하셔서 정중히 선조에게 제사를 올렸습니다.

신사(神社)의 규칙 메이지(明治)천황은 신사의 규칙에 대해서도 다이고(醍醐)천황의 규칙에 근거하여 다시 정비하고, 메이지 4년(서기1871)에는 새로운 격식을 만들어 제사의식 등을 정하였습니다.

천황은 또 충신이나 효자를 칭찬해야겠다는 생각에서 먼저 구스노키 마사시게(楠木正成)의 충의는 신하와 백성에게 있어서 더할나위 없이 좋은 모범이라 생각하시고 신으로서 제사지내게 했고, 미나토가와(湊川)신사를 짓게 하셨습니다. 그 뒤 차례차례 충신을 신으로 모신 신사를 짓게 하셨고, 모두 별격관폐사(別格官幣社)로서 중요시 하였습니다.

그래서 옛날부터 우리 일본을 수호하신 신들의 제사도 점점 더 성대하게 되었고, 국민은 신을 숭상하고 선조를 공경하는 마음이 점점 깊어졌습니다. 그리하여 신사를 모시는 풍습은 천황의 은혜과 함께 널리 퍼져갔습니다.

야스쿠니(靖國)신사 메이지천황은 도쿄로 수도를 옮기고, 얼마 안 되어 구단자카(九段坂) 위에 쇼콘사(招魂社)를 건립하시어 혁신의 토대를 세우기 위해 목숨을 바친 사람들의 영혼을 모셨습니다. 후에 이름을 야스쿠니(靖國)신사로 개칭하여 별격관폐사에 포함하셨습니다. 청나라나 러시아와의 전쟁 등 우리 일본의 대사(大事)에 신명(身命)을 바친 자는 모두 신으로서 여기에 모시게 하시고, 여러 번 대제(大祭)에 임하셨습니다. 국민에게 있어서 더할 나위 없는 명예입니다.

야스쿠니(靖國)신사 행차

　　쇼와천황의 치세가 되어 천황폐하는 만주사변(滿洲事變)이나 중일전쟁(支那事變), 대동아전쟁(大東亞戰爭)에 걸쳐서 용감하게 전사한 사람들도 계속하여 야스쿠니(靖國)신사에 모시게 하여 황공하게도 친히 대제(大祭)에 임하시어, 신전에 다마구시(玉串, 비쭈기나무 가지에 베 또는 종이 오리를 달아서 신전에 바치는 것)를 바쳤습니다. 국민은 고마운 천황의 뜻을 배례하며 천황과 나라를 위해 신명을 바칠 각오를 더욱더 확고히 하고 있습니다.

제21 일신(一新)의 정치(2)

일신의 법령 메이지천황은 일신(一新)의 맹세에 기초하여 친히 정사를 총괄하시기 위해 먼저 다이호율령(大寶律令)을 토대로 하여 새로운 법령을 만들었습니다. 여러 가지 변화는 있었습니다만, 조정의 정사는 태정관이 중심이 되었습니다. 그러나 지방은 아직 다이묘가 그대로 있었기 때문에 왕정복고(王政復古)의 의지가 두루 미치지 못했습니다.

기도 다카요시(木戸孝允)

그래서 기도 다카요시(木戸孝允)는 오쿠보 도시미치(大久保利通) 등과 의논하여 각각의 번주(藩主)에게 다이묘가 영지를 통치하는 것은 국체에 반하는 것임을 설파하였습니다. 메이지 2년(서기1869)이 되어 사쓰마(薩摩), 나가토(長門), 도사(土佐),

오쿠보 도시미치(大久保利通)

히젠(肥前, 佐賀縣) 등 네 번의 번주는,

> 抑、臣等居ル所ハ卽チ天子ノ土、臣等牧スル所ハ卽チ天子ノ民
> ナリ。安ンゾ私有スベケンヤ。
> (대저 백성들이 있는 곳은 곧 천자(天子)의 땅, 여린 백성을
> 기르고 다스리는 곳은 곧 천자의 백성이라. 어찌 천자의 것이
> 아닐 수 있겠는가!)

라 아뢰고, 통치하고 있던 토지와 백성을 천황에게 바쳤습니다. 그외의 다이묘들도 비로소 대의명분을 확실히 분별하여 서로 앞 다투어 이를 따랐습니다. 이것을 '판적봉환(版籍奉還)'이라고 합니다.

천황은 이것을 허락하였습니다만, 잠시 번(藩)을 원래대로 두고 번주를 그 번의 지사로 임명하였습니다. 드디어 메이지 4년(서기1871)에는 조칙(詔勅)으로서 번(藩)을 폐지하고 현(縣)을 설치할 것을 명하셨습니다. 이것을 '폐번치현(廢藩置縣)'이라고 합니다. 그래서 전국을 부(府)와 현(縣)으로 나누고 지사를 임명하여 지방의 정치가 정비되었습니다.

개신의 정치(大化の改新, 아스카시대 고토쿠천황 2년에 발포된 개신의 조칙에 근거한 정치개혁)가 쇠퇴한 지 천년 가까이 되어서야 다시 바른 정치 형태로 되돌려지게 되어, 나라 안의 토지나 백성도 널리 천황의 은혜로 윤택해졌습니다. 이무렵 원래 신분에 따라 화족(華族), 사족(士族), 평민(平民)의 명칭이 결정되었습니다만, 조정의 관리나 지사는 이것과 상관없이 뛰어난 인물이 채용되었습니다.

해외문물(海外文物)의 도입　메이지천황은 제도를 정비하고, 산업을 일으켜 국력을 번성하게 하고, 구습을 개선하고 국민의 마음을 다잡기 위해서는 널리 세계 각국의 뛰어난 점을 도입하지 않으면 안 된다고 생각하셨습니다. 그래서 유럽이나 미국의 제도를 받아들여 학문이나 기술을 배우고, 풍속을 감안하여 일신의 정치에 노심초사하셨습니다.

메이지 4년(서기1871)이 되어, 스이코(推古)천황이 중국에 사신을 보냈던 것처럼, 이와쿠라 도모미(岩倉具視)를 해외에 파견하셨습니다. 도모미(具視)는 오쿠보 도시미치(大久保利通)와 기도 다카요시(木戸孝允) 그리고 이토 히로부미(伊藤博文) 등을 동반하여, 많은 유학생을 이끌고 요코하마(橫濱, 神奈川縣)를 출발하였습니다. 새로운 사명을 짊어지고 밝은 희망을 품은 유학생 중에는 아직 어린 소녀도 있었습니다. 도모미 일행은 미국에서부터 유럽으로 각국을 순회하며 인사를 나누고, 문물이나 제도를 조사하여 대략 2년여 만에 돌아왔습니다.

도모미를 비롯하여 도시미치(利通)나 다카요시(孝允) 등은 크게 견문을 넓혀 세계의 상황을 자각하였고, 더욱더 진보된 사고를 가지고 오로지 어심에 합당하도록 정치에 힘썼습니다. 그래서 다카요시(孝允)와 도시미치(利通)가 연이어 사망한 메이지 10년(서기1877)경에는 온 나라가 면목을 일신하고 있었습니다.

정치제도가 정비되어 왔을 뿐만 아니라, 전신이나 전화가 개통되었고, 우편이나 신문이 시작되었으며, 기차나 기선의 교통도 개발되어 편리하게 되었습니다. 또한 은행이나 회사 그리고 공장이 설립되었고, 화폐제도가 정비되었으며, 새로 토지의 법령도 정해져 산업이 크게 발흥하게 되었습니다. 지금까지처럼 가계(家系)를 근거로 한 신분이나 직업의 차별이 없어지고, 누구든 자신에게 적합한 직업을 선택하여 나라 발전에 진력을 다하게 되었습니다. 그리고 가옥의 건축방식에서부터 옷차림새까지 풍속이 눈에 띄게 바뀌었습니다.

그 후 해외로 유학했던 사람이나 각 지방에서 초대되어온 사람들이 학문과 기술을 전했기 때문에 더욱더 세상이 발전되었고, 국력이 성장해갔습니다.

황국의 수호 메이지천황은 세계 각국과 교류하며 다시는 모욕을 당하지 않도록 황국의 수호를 굳건히 하는데 어심을 쓰셨습니다.

일신의 기초로 군무(軍務)를 담당하여 큰 공훈을 세운 오무라 나가토시(大村永敏, 益次郎)는 다이묘를 그만두고 국민이 모두 황국의 수호에 임할 수 있도록 제도를 마련하지 않으면 안 된다고 주장하였습니다. 이윽고 천황은 야마가타 아리토모(山

縣有朋)와 사이고 쓰구미치(西鄕從道)를 유럽에 파견하여 각국의 제도를 조사하게 하였습니다. 그리고 폐번치현(廢藩置縣)에 이어 새롭게 군법을 제정하게 하시어, 메이지 6년(서기1873)에는 징병령(徵兵令)을 선포하셔서 나라 안의 남자들은 모두 병역에 응하도록 하셨습니다. 이것으로 국민이 모두 병사가 되는 국민개병(國民皆兵)의 토대가 정해졌습니다.

이때부터 육군과 해군의 제도가 점차 정비되고, 사단(師團)과 진수부(鎭守府)의 조직이 완성되어 갔습니다. 천황은 대원수(大元帥)로서 전군을 총괄하시게 되었고, 황송하게도 몸소 근위병(近衛兵)의 교련을 받으신 적도 있었습니다.

메이지 15년(서기1882)의 정초에는 육군과 해군에 칙유(勅諭)를 하사하시어, 먼저 무가가 부흥하고 난 이후 문란해진 국가 수호를 그 옛날의 올바른 형태로 되돌리셨으며, 군대를 창건하신 연유를 말씀하시고 특히,

> 朕は汝等軍人の大元帥なるそ。されは、朕は汝等を股肱と頼み、汝等は朕を頭首と仰きてそ、其親は特に深かるへき。
> (짐은 그대들 군인의 대원수이로다. 하여, 짐이 그대들을 수족처럼 의지하고, 그대들은 짐을 머리처럼 받들어 모심으로, 그 친밀한 유대감은 특별히 깊어지리라.)

라고 분부하시어 친히 군인정신의 근본을 표명하셨으며, 충절(忠節), 예의(禮儀), 무용(武勇), 신의(信義), 검소(質素)의 다섯 가지를 중히 여기고, 이것을 일관된 성심을 지니고 할 것을 깨우치게 하셨습니다.

우리 일본군인은 항상 이 황송한 가르침을 우러러 감격하며, 황국의 시초에 천황을 지켜드린 오토모가문(大伴氏) 일족 모두가 소리 높여 계속 외쳤던 시가(詩歌) 그대로,

> 海ゆかば、水づくかばね、山ゆかば、草むすかばね、大君の、へにこそ死なめ、かへりみはせじ。
> (바다에 가면, 물에 젖은 시체, 산에 가면 풀에 덮인 시체, 천황의 곁에서 죽는다면 후회하지 않으리)

라고 노래하며, 신명을 바쳐 어심에 부응하려는 세계에 유례없는 훌륭한 정신을 드러내고 있습니다.

제22 헌법의 제정

일신의 정비 메이지천황은 정치에 대해 많은 사람들의 의견을 들으려는 생각을 차츰 넓혀갔습니다. 부(府), 현(縣)의 지사를 도쿄에 불러서 지방관회의를 열게 하신 것도, 부·현회(府·縣會)를 조직하게 하여 그 지방의 사람들이 선거로 뽑은 자를 의원으로 하여 지방 정치를 논의할 수 있도록 법령을 만든 것도 그 때문입니다. 그래서 정치에 대한 국민의 생각이 크게 진보되었습니다.

더욱이 천황은 국회를 개설하여 국민이 나라의 정치에 참여할 수 있게 하려는 생각에서 조칙으로 그 준비를 명하셨습니다. 그리하여 이토 히로부미(伊藤博文)를 유럽에 보내어, 각국의 제도나 정치 형태를 조사하게 하여 여러 가지 법령을 만들게 되었습니다.

조정에서는 태정관(太政官)을 폐지하고 내각제도를 수립하여 각 성(省)의 대신이 정사를 담당하게 하였고, 뒤이어 천황이 중요한 정치에 대해 의논하는 추밀원(樞密院)을 설치하였습니다.

또한 지방에서는 시제(市制), 정촌제(町村制)의 규칙을 마련하여 부(府), 현(縣)의 지시를 받아 그 지방의 사람들이 서로 의논하여 다스리는 것으로 정하였습니다. 다이묘가 지방을 통치하고 있던 즈음에도 정(町), 촌(村)의 일은 대체적으로 그 지방의 사람들이 의논하여 정하는 것이 풍습이었으므로, 새로운 법령에 기초하여 세상이 잘 다스려졌습니다.

이것으로 다이호율령(大寶律令)을 토대로 한 제도는 완전히 개선되어 일신의 법령이 정비되었습니다. 대략 60년 전의 일입니다.

이와쿠라 도모미(岩倉具視)

마침 그 무렵 왕정복고에서부터 이때까지 천황을 섬기며 훌륭한 공을 세운 이와쿠라 도모미(岩倉具視)가 사망하였고, 산조 사네토미(三條實美)가 관직을 물러났기 때문에, 그 뒤를 이어 히로부미(博文)가 첫 내각총리대신(內閣總理大臣)으로 임명되었고, 뒤이어 추밀원의 의장으로 전보되는 등 점차 중요한 관직을 맡아 천황의 힘이 되었습니다.

황실전범(皇室典範)과 제국헌법(帝國憲法) 메이지천황은 황실전범과 제국헌법을 제정하고 황위 계승을 명확히 하여 정치의 근본을 나타내셨고, 국회의 규칙을 정하게 하셨습니다.

그리하여 이토 히로부미에게 명하여 우리 일본 국체에 기초하고, 유럽 각국의 헌법도 감안하여 그 초안을 만들게 하셨습니다. 그리고 추밀원(樞密院)에서 논의하게 되었는데, 90회에 걸친 회의에는 대체로 친히 임하셔서 상세하게 고문을 맡은 사람들의 의견을 들으시고 연구하셔서 친히 정하셨습니다.

추밀원(樞密院)의 헌법회의

헌법(憲法)의 발포(發布)　　메이지천황은 메이지 22년(서기 1889) 기원절(紀元節)에 먼저 가시코도코로(賢所)에 배례하시고, 또 역대 천황의 영혼을 제사지내고 나서 황실전범과 대일본제국헌법을 제정한 것을 고하셨습니다.

이어서 황후와 함께 궁성의 정전(正殿)으로 납시어 황족(皇族)을 비롯해 대신(大臣), 외국사신(外國使臣), 문무백관(文武百官), 부·현회(府·縣會)의장을 초대한 자리에서, 엄숙하게 제국헌법발포식을 거행하셨습니다. 친히 칙어를 내리시어 건국 때부터 신민의 선조가 성심을 담아 역대 천황을 섬김으로써 찬란한 일본역사를 남긴 것을 치하하시고, 여기서 국가 번영과 신민이 행복을 염원하는 의지로부터 영원불멸의 변함없는 정치법령을 표명하는 취지(御旨)를 말씀하였습니다.

국민은 모두 고마운 의지를 삼가 받들고 천황 치세의 번영을 축하하여, 기쁨의 함성이 온 나라에 넘쳤습니다.

국체(國體)의 명징 제국헌법(帝國憲法)에는 우선 만세일계의 천황이 우리 일본을 통치하시는 것을 나타내어 국체를 명확히 하였고, 천황이 현인신(現御神)로서 정치를 총괄하는 것임을 표명하고 있습니다. 그래서 천황은 몸소 법률을 정하는 일이나 정치를 담당하는 관청의 규칙을 세우셔서, 관리를 임명하거나 해임하는 일, 육군과 해군을 통괄하는 일이나 외국과의 전쟁, 강화(講和)하거나 또는 조약을 맺거나 하는 일, 비상시에는 계엄(戒嚴)을 명하는 일 등을 표명하셨습니다.

또한 정치를 행하실 때는 국무대신(國務大臣)을 두어 돕게 하시고, 중요한 일은 추밀고문(樞密顧問)과 의논할 것도 규정하고 있습니다.

신민(臣民)의 의무 제국헌법에는 우리들 신민을 평등하게 문무 관리로 등용할 것이 명기되었고, 일상생활에 대해서도 재산 소유를 비롯하여 여러 가지 권리를 인정하고 있을 뿐만 아니라, 재판소의 규칙을 만들어 보호를 추가함으로써, 천황의 깊은 은혜가 베풀어질 수 있게 되어 있습니다. 그래서 국가수호를 굳건히 하기 위해서는 병역의 의무를, 국가 비용을 담당하기 위해서는 세금납부를 하는 것이 신민의 의무로서 정해져 있습니다. 신민의 권리나 의무 등에 대해서는 천황이 제국의회에서 서로 의논한 끝에 법률로서 각각 상세한 규범을 만들어주신 것입니다.

제국의회(帝國議會)　　제국헌법(帝國憲法)에서는 천황이 법률과 국가 비용의 예산을 결정할 때는 먼저 제국의회와 의논하여 정하게 되어 있습니다. 의회에는 귀족원(貴族院)과 중의원(衆議院)이 있습니다. 귀족원은 황족(皇族), 화족(華族)이나 천황이 특별히 추천하신 자가 의원이 됩니다. 중의원 의원에는 선거법이 정한 바에 따라 국민이 선택한 자가 됩니다.

메이지천황은 헌법을 제정한 이듬해에 도쿄에서 '제1회 제국의회'를 개최하셨습니다. 그리고 나서 매년 한차례는 반드시 개최하게 하였고, 또한 중대한 일이 있을 때는 임시의회도 열게 하셨습니다. 제국의회는 도쿄에 있는 의사당에서 열리는 것이 규칙이며, 회의 시작에는 황송하게도 몸소 칙어를 내리시고, 의원은 국민을 대표하여 여러 가지 의견을 말하고 있습니다.

제국의회가 개설되어 많은 사람들의 의견을 들으시려는 의지가 확실히 펼쳐지게 되어 일신의 규범은 완전히 정비되었습니다.

새로운 정치의 형태　　메이지천황의 고마운 의지로부터 제국헌법이 정해지고 국체에 합당한 새로운 정치 형태가 완성되어, 국가의 토대는 더욱 굳건해졌습니다. 국민은 선조의 훌륭한 마음가짐을 이어받아 오로지 어심에 따르기 위해 노력하였습니다.

이에 따라 제국의회가 국가의 대사에 임해 과감히 법률이나 예산을 정하여, 거국일치(擧國一致)의 정신을 드러낸 적도 때때로 있었습니다. 특히 쇼와(昭和)천황의 치세에는 중일전쟁이나 대동아전쟁 등에 당면하여 한결같이 대정익찬(大政翼贊)의 성심을 표현하고 있습니다.

제23 빛나는 국체(國體)(1)

국체의 분별 메이지천황은 개혁의 시작에 즈음하여 우리 일본의 가르침은 국체(國體)를 분별하여 명분을 바로잡는 것이 그 토대임을 나타내셨습니다. 그래서 국체를 명확히 하기 위해 일본사(國史)를 저술하게 하셨습니다.

칙명(勅命)을 받들어 일본역사를 저술하는 일은 다이고(醍醐)천황의 치세부터 오랫동안 중단되어 있었습니다. 정치의 모습이 와해되어 국가 모습을 후세에 전하는 일이 잊혀졌고, 단지 각 가문의 역사나 기록 등이 만들어졌을 뿐이었습니다.

그래서 천황은 그 뒤를 이어서 우다(宇多)천황 때부터 이후 천 년간의 역사를 완성시켜서 대의명분을 바로 세움으로써 진정한 나라의 모습을 확실하게 해야 한다고 생각하셨습니다. 이 일은 지금도 역사자료의 정리로 계속되고 있습니다.

천황은 순차적으로 오래된 선례를 새로 개정하였습니다만, 항상 국체를 근본으로 하는데 진력하셨습니다.

유럽에서 온 새로운 달력(曆)을 사용하게 되었기 때문에, 그에 따라 진무(神武)천황이 즉위하신 해를 기원원년(紀元元年)으로 정하게 되었습니다. 또한 헤이안쿄(平安京)가 번성했던 때부터 중국풍을 모방하여 조정의 다섯 명절(五節供)이 정해져, 나라 안에도 퍼져 있었습니다만, 천황은 이것을 폐지하고 신년이나 기원절(紀元節) 그리고 천장절(天長節)의 축일을 마련하여 신의 제사를 근본으로 한 제일(祭日)을 정하셨습니다.

학교 규칙 메이지천황은 학교 규칙을 세우고 교육을 널리 보급함으로써 학문이나 기술을 번성하게 하여 세상을 개화시키고 싶다는 생각을 하셨습니다.

고을에 배우지 않은 집이 없다(현재의 국민학교)

폐번치현(廢藩置縣) 후에 천황은 문부성을 두어 교육에 관련된 일을 담당하게 하시고, 이윽고 새로이 학제를 정하여 "고을에 배우지 않은 집이 없고, 가정에 배우지 않은 사람이 없다"는 것을 목표로 교육을 널리 확산시키셨습니다.

이때부터는 신분이나 남녀의 차별 없이 만 6세가 되면 반드시 소학교(小學校)에 입학시키는 법이 정해졌습니다. 지금의 국민학교(國民學校, 현재의 초등학교)의 시작입니다.

천황은 그 후 황공하게도 학교 규칙에 대해서는 교과목의 자세한 내용까지도 친히 어심을 쓰시고 제도를 정비하게 하셨습니다. 특히 일본역사에 대해서는 국가의 기원이나 역대 천황의 자애심이나 선정을 베푼 천황의 청치를 가르쳐서, 존왕애국(尊王愛國)의 뜻을 키우도록 깨우치셨습니다.

'황국의 도(道)'의 본보기　메이지천황은 국체가 근본이 되어 완성된 '황국의 도(道)'을 충분히 연마하게 하기 위해, 중국이나 서양(유럽이나 미국)의 학문을 권장하였고, 또 기술이나 제도를 수용하여 국민을 인도하셨습니다.

그런데 서양의 것을 배우는데 너무 열심인 나머지, 무슨 일이든 간에 서양의 것이 아니면 안 된다고 생각하는 자가 나타나서 모처럼의 의지를 허망하게 하려 하였습니다.

그래서 천황은 제국헌법(帝國憲法)을 정하신 후에 메이지 23년(서기1890) 10월에 칙어(勅語)를 내리시고, 교육의 근본으로서 '황국의 도(道)'를 교시하였습니다. '교육칙어(敎育に關する勅語)'라고 합니다.

황조황종이 남기신 가르침을 토대로 확실하게 국체의 존엄함을 분별하여 건국이래로부터 마음을 합하여 충의를 다하고, 어느 때에도 변함없었던 선조의 미풍을 이어받아 더욱 훌륭한 국체를 만들려는 생각에서 황국신민이 마땅히 지켜야 할 도리를 깨우치게 한 것입니다.

국민은 자애심이 깊은 분부를 받고 모두 자각하였습니다. 밤낮으로 가르침을 잘 지켜서 마음을 다잡았고, 몸을 삼가며 충량한 신민이 되기 위해 노력하였습니다. 실로 황국의 도(道)가 드디어 잘 연마되어 국운이 발전하는 근본이 되었습니다.

어심대로 노력하며(칙어의 봉독식)

그 후 오늘날까지 50년 남짓, 온 일본의 학교에서는 의식이 거행될 때마다 반드시 이 칙어를 봉독합니다. 우리들은 항상 "천황의 말씀대로 부지런히 힘쓰세"라 읊으며, 어심(御心)을 삼가 받들 것을 맹세하며 열심히 공부하고 있습니다.

국운(國運)의 발전 우리 일본에서 일신의 정치가 정비되어 가는 동안에 유럽 각국의 세력이 점점 더 동아시아로 뻗쳐 왔습니다. 남쪽에서는 영국과 프랑스가, 북쪽에서는 러시아가 세력을 뻗쳐 인도를 빼앗고 청나라를 괴롭혔으며, 조선을 위태롭게 하였으므로 평화가 흐트러져 문란해졌습니다.

우리 일본에서는 러시아와 교섭하여 사할린(樺太)을 내주고 지시마(千島)를 되찾았으며, 홋카이도의 개척에 주력하여 북쪽 방비에 진력하였습니다.

그 후 나아가 청나라와 힘을 합쳐 조선을 이끌고, 세력을 회복하여 동아시아(東亞)의 수호를 다지려고 하였습니다. 그러나 청나라는 이를 기뻐하지 않았고, 결국 전쟁을 걸어왔기 때문에 청일전쟁(明治二十七八年戰役)이 일어났습니다. 우리 일본은 청나라를 물리쳐 조선을 속국 취급하려는 것을 중지하게 함과 동시에 타이완(臺灣)을 할양받아 남쪽 수호를 굳건히 하였습니다.

유럽이나 미국 각국은 그 후로도 점점 동아시아로 육박해왔습니다. 그중에서도 러시아는 만주(滿州)에서부터 조선을 침범했기 때문에 우리 일본은 이것을 책망하여 때때로 충고했습니다만, 러시아는 나쁜 계략을 멈추지 않았기 때문에 러일전쟁(明治三十七八年戰役)이 일어났습니다.

우리 일본은 러시아와 싸워 이겨 남만주를 굳건히 하여 조선을 지키게 되었고, 사할린을 할양받아 북쪽 수비의 토대를 구축하였습니다.

이처럼 우리 일본은 차례차례로 국위를 빛내어 세계 강국이 되었습니다만, 러일전쟁 후에 전승을 너무 기뻐한 나머지 국민의 마음이 해이해졌습니다. 메이지천황은 매우 어심을 괴로워하시어, 메이지 40년(서기1907)에 조서(詔書)를 내려 국민을 훈계하셨습니다. 이것을 '무신조서(戊申詔書)'라고 합니다.

국민은 고마운 말씀을 받들고 감격하여 강하게 마음을 다잡고 각각의 일에 전념했기 때문에 국운은 해마다 발전하였습니다. 드디어 메이지 43년(서기1910)에는 조선도 천황의 위광 아래 일체가 되어 동아시아의 수호에 임하게 되었습니다.

메이지(明治)신궁과 메이지절(明治節) 메이지천황의 치세에는 천황이 황위를 잇게 되었을 때의 의지대로 지금까지 없었던 번성한 성대가 되었습니다.

쾌유의 기도

메이지 45년(서기1912) 7월에 천황의 병이 위중해졌다는 전반적인 내용이 발표되자, 국민은 모두 일이 손에 잡히지 않은 모습으로 천황의 쾌유를 신에게 기도하고, 부처에게 기원하였습니다. 궁성 앞의 광장에 모여 땅에 머리를 조아리고 황거를 요배하며 밤새워 기도를 드리는 자도 많이 있었습니다.

그러나 그 보람도 없이 병은 나날이 위중해져, 결국 7월 말에는 돌아가시고 말았습니다. 국민의 슬픔은 비할 데 없었고, 세계 각국에서도 천황의 높은 덕을 칭송하며 삼가 붕어의 슬픔을 전하였습니다.

천황께서는 국내외에 많은 어려운 일이 있을 때 천황의 자리에 올라 친히 46년간 정치를 행하셨고, 항상 황조황종(皇朝皇宗)의 가르침대로 친히 모범을 보이시며 국민을 인도하시며, 더할 나위 없는 자애심을 내려주었습니다.

照るにつけ、　くもるにつけて、　思ふかな、　わが民草の　うへはいかにと。
(맑을 때나 흐릴 때나 끊임없이 생각하는 것은, 우리 일본 백성의 생활은 어떨까하는 것뿐!)

쇼켄(昭憲)황태후

메이지천황께서 지으신 이 와카를 대할 때면 어심이 진실로 더없이 황송하기만 합니다.

천황이 승하하신 후 얼마 되지 않아 황후이신 쇼켄(昭憲)황태후도 병으로 돌아가셨습니다. 황태후는 덕이 많으셔서 천황을 잘 보필하셨고, 항상 교육과 산업 그리고 병원 등의 일에 깊이 마음을 쓰시어, 은혜를 내려주셨습니다.

메이지(明治)신궁

　도쿄 요요기(代代木)의 메이지(明治)신궁에는 메이지천황과 쇼켄황태후를 모셨고, 또 천황의 탄생일인 11월 3일은 메이지절(明治節)로 정하여 매년 성덕(聖德)을 우러러 축하하며 번창한 성대를 기리며 제사지내고 있습니다. 조선에서도 경성의 조선신궁에 아마테라스 오미카미(天照大神)와 메이지천황을 제사하고 있습니다.

제24 빛나는 국체(國體)(2)

세계평화(世界平和)의 맹세 제123대 다이쇼(大正)천황의 치세가 되자 유럽에서 5년에 걸친 대 전쟁이 발발하여 세계 열강이 대부분 이 전쟁에 참가하였습니다. 지금으로부터 대략 30년 전의 일로, 전란은 전 세계로 확산되었습니다. 이 무렵 우리 일본은 동아시아의 평화를 지키기 위해 영국과 동맹을 맺고 있었습니다. 그래서 영국과의 약속을 지키고자 연합군편에 서서 동아시아가 혼란해지는 것을 막았습니다.

다이쇼(大正)천황

　다이쇼 8년(서기1919)에 전쟁이 완전히 종결되자, 우리 일본은 영국, 프랑스, 이탈리아, 미국과 나란히 세계 5대 강국으로 일컬어졌고, 또한 세계 평화를 지키기 위해 만들어진 '국제연맹(國際聯盟)'의 중심 국가가 되었습니다. 게다가 영국이나 미국과 함께 세계 3대 해군국으로서 해양발전을 경쟁하며, 그 지위가 한층 더 중요해졌습니다.

　그 무렵 우리 일본에서 가장 관계가 깊은 중국과 태평양을 중심으로 갖가지 나라 간의 이익이 얽히거나 의견이 어긋나는 일이 발생했습니다. 그래서 세계의 이목이 이 방면을 향해 있었고, 자주 회의를 개최하여 전쟁이 일어나지 않도록 하였습니다. 우리 일본은 항상 회의의 중심국이 되어 자국의 이익과 손해를 돌아보지 않고, 오로지 세계평화를 굳건히 하는 일에 진력하였습니다.

　다이쇼(大正)천황의 자비　그 즈음 우리 일본에서는 교육이 널리 확산되어 학문이 발전하였고, 새로운 산업이 일어나 상공업이 매우 발달하였습니다. 그러나 국민 중에는 마음이 해이해져 화려한 생활을 즐기고, 외국에서 유행하는 것을 흉내 내어 황국의 도리를 잊은 듯한 행동을 하는 자가 나타났습니다.

　이러한 때에 다이쇼 12년(서기1923) 9월, 갑자기 간토(關東)에 대지진이 일어나 도쿄와 요코하마에서는 대화재 때문에 거의 폭격을 받은 것처럼 된 곳도 있었고, 상처를 입거나 사망한 사람도 10만이 넘었습니다.

　다이쇼천황은 어심을 매우 아파하시며 소지하신 돈을 내려주셨고, 황후이신 지금의 황태후폐하는 황송하게도 재난을 당한 사람들을 친히 문안하시어 자비를 베풀어주었습니다.

　이 뜻밖의 재난이 일어나자, 지각 있는 사람들은 신들의 징계라고 생각하여, 국민이 일상생활의 행동을 삼가하지 않으면 안 된다는 것을 깨달았습니다.

황태후폐하의 병문안

천황은 이때를 맞아 조서를 내리셔서, 지진이나 화재의 재난에 굴하지 말고 메이지천황께서 하사하신 '교육칙어(教育に關する勅語)'나 '무신조서(戊申詔書)'의 유지를 받들어, 국민 모두가 마음을 가다듬고 성실하게 열심히 일하여 손실을 회복해야할 뿐만 아니라, 국력을 더욱 강화하도록 깨우치셨습니다. 이것을 '국민정신작흥에 관한 조서(國民精神作興に關する詔書)'라고 합니다.

국민은 고마운 뜻을 받들어 서로 타이르며 일에 전념하였기 때문에 도쿄는 이전보다도 더욱 훌륭한 수도가 되었고, 인심을 다잡는 실마리가 열렸습니다.

다이쇼천황은 그즈음 황송하게도 오랫동안 병중에 계셨으므로, 황태자이셨던 천황폐하가 황실전범(皇室典範)의 규정에 따라 섭정으로서 정치를 총괄하고 계셨습니다.

국민은 성심을 담아 쾌유를 기도하였습니다만, 그 보람도 없이 병은 날로 위중해져서 다이쇼 15년(서기1926) 12월 25일에 결국 돌아가셨습니다. 천황폐하는 이날 바로 황위를 이어받았습니다. 이윽고 거국적인 슬픔 가운데에 국상의 예식이 거행되었고, 다마릉(多摩陵, 東京都)에 모셔졌습니다.

쇼와(昭和)의 치세 천황폐하는 메이지 34년(서기1901) 4월 29일에 태어나 다이쇼 5년(서기1916)에 태자에 책립되는 예식을 행하셨으며, 이윽고 다이쇼 10년(서기1921)부터 섭정을 맡으시어, 26세에 황위를 이어받았습니다. 먼저 궁중에서 황위를 잇는 천조(踐祚)의식을 거행하고, 연호를 '쇼와(昭和)'라고 정하셨습니다.

쇼와(昭和)는 옛날 성천자(聖天子)의 덕을 칭송한 말로,

百姓昭明にして、萬邦を協和す。
(백성이 사리를 똑똑히 분간하여 만방을 협화(協和)하다)

라는 말씀을 토대로 선택하신 것으로, 국민 모두가 어심을 잘 받들어 세계 각국에 감화를 미치게 하여 평화를 확립하기를 원하는 의지를 나타낸 것입니다. 메이지와 다이쇼의 번영된 치세를 이어서 새로운 성대의 목표가 잘 나타나 있습니다.

천황폐하는 즉위식을 맞이하여 신하가 조정에 나아가 천황을 뵙는(朝見) 의식에는 칙어를 내리시어 즉위한 사실을 표명함과 동시에, 거국일체가 되어 공존공영을 꾀하여 일본의 토대를 굳건

히 하고, 꾸밈없는 진실을 존중하고 창조에 힘쓰며, 나날이 발전하고 나날이 새롭게 함으로써 국운의 발전을 도모할 수 있게 깨우치시고, 널리 일시동인(一視同仁)의 은혜를 펼쳐, 오래도록 사해동포(四海同胞)의 친분을 두텁게 할 것이라는 국가통치의 취지를 말씀하셨습니다.

우리들은 오늘날 천황 치세 시작에 내려주신 이 말씀대로 마음을 하나로 하여 천황을 섬기는 기쁨에 빠져들면서, 온 천하 모두가 한 가족으로서 세계를 이끌어가는 천황치세의 번영을 축복하고 있습니다.

즉위(即位)의 예식 천황폐하는 양암(諒闇, 다이쇼천황의 상복을 입는 기간)이 끝나자, 쇼와 3년(서기1928) 11월 황실전범에 따라 교토에서 즉위의 예식을 거행하였습니다.

천황폐하는 신기(神器)를 받들고, 황후폐하와 함께 교토의 황궁으로 이동하시어, 11월 10일에는 먼저 친히 가시코도코로(賢所)에 제사지내고, 즉위하게 된 사실을 고하셨습니다. 이어서 주요 관리나 고관들을 비롯하여 외국의 대사나 공사들을 초대한 시신덴(紫宸殿)에 납시어 옥좌에 오르셔서 친히 칙어를 내리시어 즉위하게 된 사실을 널리 공표하셨습니다. 그때 내각총리대신(內閣總理大臣)은 시신덴 앞에 나아가 삼가 기쁨을 고하였고, 만세를 외치며 축하 말씀을 올렸습니다. 국민도 모두 따라서 천황폐하만세를 외쳤습니다.

이때 칙어로 영원토록 세계 평화를 유지하고, 널리 인류가 더 행복하게 되기를 원하는 대체의 취지를 말씀하셨습니다. 널리 세계의 대세를 보시고, 차별하지 않는 은혜를 내려주시는 어심인 만큼 진실로 황송하기 그지없는 말씀입니다.

즉위의 예식(쇼와의 성대)

천황폐하는 즉위의 예식에 이어 14일 밤부터 다음날 아침까지는 대상제(大嘗祭, 천황이 즉위한 후 처음으로 거행하는 궁중제사)를 거행하시어, 친히 아마테라스 오미카미(天照大神)를 비롯한 천지의 신들께 제사하셨습니다.

이렇게 하여 경사스럽게 천황치세 시작의 큰 의식이 끝나자, 천황폐하는 고다이(皇大)신궁에 친히 가셔서 즉위를 고하시고, 무사히 궁성으로 돌아오셨습니다.

황국(皇國)의 사명 이윽고, 쇼와 6년(서기1931) 9월에는 만주사변이 일어났습니다. 중국의 군대가 우리 남만주철도(南滿洲鐵道)의 선로를 폭파했기 때문입니다.

우리 일본군은 즉각 만주를 공격해 진압하였기 때문에 이 지방 사람들은 모두 기뻐하며 나라를 세웠고, 우리 일본은 동아시아의 수호를 군건히 하기 위해 이 나라와 동맹을 맺었습니다. 지금의 만주제국(滿洲帝國)의 시작입니다. 중국에서는 전쟁이 일어나자 국제연맹에 요청하여 유럽 각국의 힘을 빌려 우리 일본에 대항하려고 하였습니다.

그즈음 영국은 우리 일본과의 동맹을 끊고 프랑스와 손을 잡고 중국에 세력을 펼쳤고, 또 미국과 의논하여 우리 일본해군의 힘을 억누르며 태평양에 세력을 뻗치려고 계획하고 있었습니다.

영국은 이 기회에 우리 일본 세력을 만주와 중국에서 쫓아내려고 국제연맹회의에서 끝까지 우리 일본에 반대하였고 신생만주국을 무너뜨리려 하였습니다. 대부분의 나라가 영국의 세력을 두려워하여 영국 편을 들었습니다.

우리 일본은 쇼와 8년(서기1933) 3월에 단호하게 국제연맹과 관계를 끊기로 하였습니다. 황공하게도 천황폐하는 이때를 맞아 조서를 내리시어 우리 일본이 나아갈 길을 제시하시고 국민을 격려하였습니다.

만주사변에 의해 세계 각국의 진정한 움직임이 명확해졌고, 동아시아의 수호는 우리 일본이 중심국이 되어 각국을 자각하게 하는 것 외에는 길이 없다는 것을 알게 되었습니다. 국민은 조서를 받고 확실히 황국의 사명을 깨달아 어떤 어려움이라도 견디며 사명을 완수하겠다는 각오를 단단히 하였습니다.

그 후 영국, 프랑스, 러시아는 중국에서 자국을 의지하고 있는 자들을 도와 우리 일본에 대항하게 하거나, 만주제국의 발전을 방해하기도 하였습니다. 결국 쇼와 12년(서기1937) 7월에 중일전쟁이 일어났습니다.

우리 일본의 목적은 더욱더 확실해졌습니다. 중국을 자각하게 하여 동아시아에 새로운 질서를 세우고, 세계평화의 토대를 굳건히 하기 위해서는 온갖 어려움을 떨치고 전쟁을 계속할 결심을 세계를 향해 드러냈습니다.

영국과 미국이 점점 더 우리 일본이 중국을 진압하는 것을 방해하였기 때문에 더욱더 전쟁이 장기화되었습니다. 게다가 영국과 미국은 동아시아 각지에 근거지를 구축하여, 우리일본으로 쳐들어올 준비를 하고 있었습니다.

그래서 우리 일본은 동아시아의 재앙을 근본부터 제거하기 위해 쇼와 16년(서기1941) 12월 8일에, 미국 영국과 전쟁을 개시하여 대동아전쟁(大東亞戰爭, 태평양전쟁)이 일어났습니다.

국체(國體)의 존엄 만주사변 이후 우리 일본국민은 황국의 사명을 자각함과 동시에 더욱더 국체의 존엄함을 깨달았습니다. 그래서 동아시아를 자각하게 하고 세계를 이끌기 위해서는 아마테라스 오미카미(天照大神)가 우리 일본 국체를 정하시고, 진무(神武)천황이 나라의 토대를 굳건히 하셨던 의지를 널리 알려 세계일가(世界一家)의 친숙함을 목표로 나아가지 않으면 안된다는 것을 확실히 알게 되었습니다.

만방(萬邦)의 협화(協和)야말로 세계평화의 토대가 되고, 공존공영(共存共榮)의 생활이야말로 인류 행복의 원천인 것이 명확해지게 되자, 국민은 새삼스럽게 천황폐하의 깊은 의지에 감격하여 맹세코 어심에 따를 각오를 새로이 하였습니다.

후방의 기원

중일전쟁이 일어나고 나아가 대동아전쟁이 발발하게 되자 나날이 국내외적으로 많은 일들이 극도로 산적해 있을 때부터 황송하게도 천황폐하는 밤낮으로 정치를 청취함과 더불어 친히 대본영(大本營)에 납시어서 전쟁 지휘도 총괄하셨습니다. 소집영장을 받은 장병은 평소에 길러두었던 의용봉공(義勇奉公)의 정신을 드러내며 출정하여 멋지게 대동아의 정벌을 완수하여, 공영의 기쁨을 함께하기를 희망하며, 모두가 자아를 버리고 가정을 잊고 모든 쓰라린 고통을 참아내며 동아시아 각지에서 격심한 전투를 계속하고 있습니다.

후방 국민은 아침저녁으로 신의 가호와 적국의 항복을 기도하면서, 몸을 단련하고 마음을 굳건히 하여 신국(神國)의 수호에 임함과 동시에 성심을 담아 제각각 일에 전념하고 있습니다.

따라서 학문으로도 기술로도 지금까지 없던 눈부신 발전을 이루고, 비행기를 비롯해 여러 가지 새로운 병기 등도 놀랄 정도로 진보해왔습니다.

성심을 담아(농촌)

성심을 담아(공장)

　그리하여 산업에도 일상생활에도 거국일치(擧國一致)의 마음가짐을 드러내며 '국가총동원법(國家總動員法)'을 기반으로 하여 일억 국민은 모두가 한마음으로 서로 단결하고 모든 것을 나라를 위해 바치겠다는 마음으로, 항상 사치를 경계하고 절약을 고수하여 한결같이 증산을 꾀하며, 필승의 신념을 가다듬고 총력을 발휘하고 있습니다.

　이렇게 해서 세계에 유례가 없는 우리 일본의 국체는 더욱더 찬란함을 더하여 신국의 긍지는 점점 더 높아지고 있습니다.

역대의 모습(연대표)

역대 순서	천황명	역대 시작 (기원년)	중요 사건	연대 (기원년)
1	진무(神武) 천황	기원	야마토 정벌 – 신의 수호 가시하라(橿原)의 도읍 – 세계일가의 친밀함. 천황 즉위의 시작. 정사의 역할과 규칙 – 인베가문(齋部氏)과 나카토미가문(中臣氏), 오토모가문(大伴氏)과 모노노베가문(物部氏). 도리미(鳥見) 산중의 제사.	원년
2	스이제이 (綏靖)천황	80		
3	안네이(安寧) 천황	112		
4	이토쿠(懿德) 천황	151		
5	고쇼(孝昭) 천황	186		
6	고안(孝安) 천황	269		
7	고레이(孝靈) 천황	371		
8	고겐(孝元)천황	447		
9	가이카(開化) 천황	503		
10	스진(崇神) 천황	564	아마테라스 오미카미(天照大神)의 제사 – 신궁의 기원. 신사(神社)의 규칙. 농업의 권장.	
11	스이닌(垂仁) 천황	632	고다이신궁(皇大神宮)의 기원 – 야마토히메노미코토(倭姬命).	

			농업의 권장.	
12	게이코(景行) 천황	731	야마토타케루노미코토(日本武尊)의 구마소(熊襲)정벌 야마토타케루노미코토(日本武尊)의 에조(蝦夷)정벌 비와호(琵琶湖)근처의 도읍.	
13	세이무(成務) 천황	791	비와호(琵琶湖) 근처의 도읍. 지방의 경계.	
14	주아이(仲哀) 천황	852	진구(神宮)황후의 신라정벌 – 스미요시(住吉)의 신 – 삼한(三韓)과의 왕래.	
15	오진(應神) 천황	861	오사카(大阪) 도읍. 해외 정치 – 신라(新羅)·백제(百濟)·고려(高麗) 보살핌. 중국학문이나 산업의 수용 – 왕인(王仁), 공자(孔子)의 가르침.	
16	닌토쿠(仁德) 천황	973	오사카 도읍. 아궁이 굴뚝의 연기 – 농업의 권장 – 왕래의 편리.	
17	리추(履中) 천황	1060		
18	한제이(反正) 천황	1066		
19	인쿄(允恭) 천황	1071		
20	안코(安康) 천황	1113		
21	유랴쿠(雄略) 천황	1116		
22	세이네이 (淸寧)천황	1139		
23	겐조(顯宗) 천황	1145		
24	닌켄(仁賢)	1148		

	천황			
25	부레쓰(武烈)천황	1158		
26	게이타이(繼體)천황	1167		
27	안칸(安閑)천황	1191		
28	센카(宣化)천황	1195		
29	긴메이(欽明)천황	1199	불교의 전래 – 모노노베가문(物部氏)과 소가가문(蘇我氏)의 분쟁.	1212
30	비다쓰(敏達)천황	1232		
31	요메이(用明)천황	1245		
32	스준(崇峻)천황	1247		
33	스이코(推古)천황	1252	쇼토쿠(聖德)태자의 정사 – 개신(改新) 정사의 선구. 불교장려 – 호류사(法隆寺). 관위 12계급의 규칙 – 뛰어난 사람들의 임용. 헌법 17조의 법령 – 조정을 섬기는 자의 마음가짐. 신의 제사 – 정사의 근본. 중국과의 교류(隋). 국사의 근본 – 국체의 제시.	1264
34	조메이(舒明)천황	1289	소가노에미시(蘇我蝦夷)·이루카(入鹿) 부자의 방자함 – 개신의 방해.	
35	고교쿠(皇極)천황	1302	나카토미노가마타리(中臣鎌足)의 분노 – 나카노오에(中大兄)황자의 결심 – 개신의 토대.	
36	고토쿠(孝德)천황	1305	개신의 맹세 – 정사의 바른 모습. 연호(年號)의 시작 – 다이카원년(大化元年).	1305

			나니와(難波) 도읍. 개신의 조칙 – 국체에 걸맞은 규칙 – 다이카개신(大化の改新). 불교의 권장.	
37	사이메이 (齊明) 천황	1315		
38	덴지(天智) 천황	1321	오쓰(大津) 도읍. 제도를 정리한 책 – 언제까지 변하지 않을 규칙 – 후지와라 가마타리(藤原鎌足)의 공적.	
39	고분(弘文) 천황	1321		
40	덴무(天武) 천황	1332	야마토(大和) 도읍. 제도의 정비. 아마테라스 오미카미(天照大神)의 제사 – 고다이신궁의 건물을 재정비하는 규칙. 바른 국사의 조사 – 나라의 모습.	
41	지토(持統) 천황	1346	후지와라쿄(藤原京). 쇼센궁(正遷宮) 의식의 시작.	
42	몬무(文武) 천황	1357	제도의 정비 – 다이호율령(大寶律令) – 1200년간의 정사의 근본.	1361
43	겐메이(元明) 천황	1367	헤이조쿄(平城京). 『고지키(古事記)』 – 오노 야스마로(太安萬侶). 『후도키(風土記)』 – 각 지방의 역사나 지리 조사.	1370
44	겐쇼(元正) 천황	1375	『니혼기(日本紀　日本書紀)』 – 도네리(舍人)친왕 – 칙명을 받들어 저술한 국사(國史).	
45	쇼무(聖武) 천황	1384	헤이안쿄의 번영의 극치. 불교의 번영 – 고묘(光明)황후 – 국분사(國分寺)와 도다이사(東大寺).	
46	고켄(孝謙) 천황	1409		

47	준닌(淳仁)천황	1418		
48	쇼토쿠(稱德)천황	1414	우사(宇佐)의 신교(神敎) – 와케노키요마로(和氣淸麻呂)의 공적.	
49	고닌(光仁)천황	1430	율령에 근거한 정사.	
50	간무(桓武)천황	1446	율령에 근거한 정사. 히에산(比叡山) 엔랴쿠사(延曆寺)의 기원 – 전교대사(傳敎大師, 最澄) – 천태종(天台宗)의 가르침. 헤이안쿄(平安京) – 1000년 동안의 도읍. 전교대사(傳敎大師)와 홍법대사(弘法大師, 空海)가 중국으로 건너갔다. – 호국 불교.	1454
51	헤이제이(平城)천황	1466		
52	사가(嵯峨)천황	1469	고야산(高野山)의 곤고부사(金剛峯寺)와 교오호국사(敎王護國寺) – 홍법대사(弘法大師) – 진언(眞言)불법.	
53	준나(淳和)천황	1483		
54	닌묘(仁明)천황	1493		
55	몬토쿠(文德)천황	1510	태정대신(太政大臣) 후지와라노요시후사(藤原良房).	
56	세이와(淸和)천황	1518	섭정의 시작 – 후지와라노요시후사(藤原良房).	1518
57	요제이(陽成)천황	1536		
58	고코(光孝)천황	1544	관백의 시작 – 후지와라노모토쓰네(藤原基經).	1544
59	우다(宇多)천황	1547	바른정사의 모습으로 바꾸려는 의지 – 스가와라노미치자네(菅原道眞)의 중용.	

60	다이고(醍醐) 천황	1557	좌대신(左大臣) 후지와라노도키히라(藤原時平)와 우대신(右大臣) 스가와라노미치자네(菅原道眞) – 다자이후(大宰府)의 미치자네. 율령에 기초한 정사 – 엔기(延喜)성군의 치세 『고킨와카슈(古今和歌集)』– 칙명을 받들어 만든 와카집(和歌集)의 시작.	1559
61	스자쿠(朱雀) 천황	1590	후지와라가문(藤原氏)의 섭정(攝政)·관백(關白) 미나모토가문(源氏)과 다이라가문(平氏)이 지방의 난을 진압하였다.	
62	무라카미 (村上)천황	1606	바른 정사의 모습. 기타노(北野)신사의 기원 – 문학의 신	
63	레이제이 (冷泉)천황	1627	후지와라가문(藤原氏)의 번영.	
64	엔유(圓融) 천황	1629		
65	가잔(花山) 천황	1644		
66	이치조(一条) 천황	1646	후지와라가문(藤原氏)의 발흥 – 정사의 흔들림 – 지방의 혼란 『겐지모노가타리(源氏物語)』– 무라사키 시키부(紫式部).	
67	산조(三条) 천황	1671		
68	고이치조 (後一条)천황	1676	미나모토가문(源氏)이 간토지방(關東地方)의 난을 진압하였다.	
69	고스자쿠 (後朱雀)천황	1696		
70	고레이제이 (後冷泉)천황	1705	뵤도인(平等院)의 봉황당(鳳凰堂) – 후지와라노요리미치(藤原賴道) – 후지와라가문의 사치. 미나모토노요리요시(源賴義)·요시이에(義家)가 도호쿠(東北)지방의 난을 진압하였다. – 미나모토가문의 번영의 토대.	

71	고산조 (後三条)천황	1728	바른 정사 모습으로 바꾸려는 의지 – 후지와라가문의 쇠퇴 시작.	1728
72	시라카와 (白河)천황	1732		
73	호리가와 (堀河)천황	1746	미나모토노요시이에(源義家)가 도호쿠지방(東北地方) 의 난을 진압하였다 – 미나모토가문의 번영의 토대.	
74	도바(鳥羽) 천황	1767		
75	스토쿠(崇徳) 천황	1783	다이라가문이 세토나이카이(瀬戸内海)의 해적을 진압 하였다 – 다이라가문의 번영의 토대.	
76	고노에(近衛) 천황	1801		
77	고시라카와 (後白河)천황	1815	미나모토가문과 다이라가문이 도읍에 올라와 조정의 관리로 임명되었다.	
78	니조(二条) 천황	1818	다이라 기요모리(平清盛)가 미나모토가문의 세력을 타 도하였다.	
79	로쿠조(六条) 천황	1825	다이라가문의 번영 – 태정대신(太政大臣) 다이라 기요 모리(平清盛).	1827
80	다카쿠라 (高倉)천황	1828	정토종이 일어남 – 메이쇼대사(明照大師, 法然).	
81	안토쿠(安徳) 천황	1840	다이라 기요모리의 방자함. 미나모토노요리토모(源頼朝)의 발흥 – 가마쿠라(鎌倉) 저택. 다이라가문이 멸망하다.	
82	고토바 (後鳥羽)천황	1845	슈고(守護), 지토(地頭) – 미나모토노요리토모의 가신 나라안을 평정 – 미나모토노요리토모의 공적. 선종(禅宗)의 전래. 정이대장군(征夷大将軍) 미나모토노요리토모(源頼朝) – 무사의 관리 – 치안을 굳건히 함 – 가마쿠라막부 (鎌倉幕府).	1845 1852

83	쓰치미카도 (土御門)천황	1858		
84	준토쿠(順德) 천황	1870	미나모토가문이 멸망하다 – 우대신(右大臣) 미나모토 사네토모(源實朝). 미나모토가문의 친척이 정이대장군(征夷大將軍) – 호조 요시토키(北條義時)의 집권 – 정사의 방해.	
85	주쿄(仲恭) 천황	1881	고토바(後鳥羽)상황의 의지 – 바른정사의 모습 – 호조 요시토키(北條義時)를 물리칠 계획.	1881
86	고호리카와 (後堀河)천황	1881	진종(眞宗)의 시작 – 견진대사(見眞大師, 親鸞). 조동종(曹洞宗, 禪宗)의 전래. 싯켄(執權) 호조 야스토키(北條泰時)의 규칙 – 무가를 담당하는 곳.	1892
87	시조(四条) 천황	1892		
88	고사가 (後嵯峨)천황	1902		
89	고후카쿠사 (後深草)천황	1906	황족의 정이대장군(征夷大將軍) – 싯켄(執權) 호조 도키요리(北條時賴). 법화종(法華宗)의 시작 – 입정대사(立正大師, 日蓮).	1912
90	가메야마 (龜山)천황	1919	몽고(蒙古)의 국서(원구의 시작) – 조정의 지시 – 고다이(皇大)신궁의 계시. 싯켄(執權) 호조 도키무네(北條時宗)의 결심 – 만일의 대비.	1928
91	고우다 (後宇多)천황	1934	제1차 몽고의 내습(文永の役) – 적군상륙 – 장수의 분전(奮戰). 하카다만(博多灣)의 경비 – 적지를 공격해 들어갈 계획. 제2차 몽고의 내습(弘安の役) – 전국 항복의 기원(가메야마천황의 어심) – 신위의 발현 – 신풍(神風) – 신국(神國)에 태어난 행복.	1934 1941
92	후시미(伏見) 천황	1947		

93	고후시미 (後伏見)천황	1958		
94	고니조 (後二条)천황	1961		
95	하나조노 (花園)천황	1968		
96	고다이고 (後醍醐)천황	1978	바른 정사 모습으로 되돌리려는 의지. 주자학의 권장 – 대의명분의 분별 호조 다카토키(北條高時)의 방자함 – 정사의 방해. 호조가문을 타도할 계획 – 모리요시(護良)친왕·구스노키 마사시게(楠木正成) – 통일의 토대 통일의 정사 – 겐무(建武)의 중흥. 미나토가와(湊川)전투 – 구스노키 마사시게의 충의 – 칠생보국(七生保國)을 맹세함. 요시노(吉野)행궁 – 나라안의 혼란 – 나와 나가토시(名利長年), 기타바타케 아키이에(北畠顯家), 닛타 요시사다(新田義貞)의 전사.	1993 1996
97	고무라카미 (後村上)천황	1999	통일의 정사를 새로 재건하려는 의지 – 무네나가(宗良)친왕, 가네나가(懷良)친왕. 『진노쇼토키(神皇正統記)』 – 기타바타케 지카후사(北畠親房)의 충의. 시조나와테(四條畷) 전투 – 구스노키 마사시게(楠木正行)의 충효.	
98	조케이(長慶)천황	2028		
99	고카메야마 (後龜山)천황	2043	아시카가 요시미쓰(足利義滿)의 청원 도읍으로 돌아오다 – 나라를 평정하려는 의지.	2052
100	고코마쓰 (後小松)천황	2052	태정대신(太政大臣) 아시카가 요시미쓰(足利義滿) – 정이대장군(征夷大將軍) – 교토 무로마치막부(室町幕府, 花御所). 지방의 정사 – 각 지방의 수호 – 다이묘(大名)의 시작. 교토 기타야마(北山)의 금각(金閣) – 아시카가 요시미쓰의 신분을 망각한 생활.	

101	쇼코(稱光) 천황	2072		
102	고하나조노 (後花園)천황	2088	재난을 없애려는 기원 - 정이대장군(征夷大將軍) 아시카가 요시마사(足利義政)를 훈계. 에도성(江戸城)의 시작 - 오타 모치스케(太田持資, 道灌)	
103	고쓰치미카도 (後土御門) 천황	2124	교토의 전란 - 오닌의 난(應仁の亂). 교토 히가시야마의 은각(銀閣) - 아시카가 요시마사. 『니혼쇼키(日本書紀)』의 연구 - 이치조 가네요시(一條兼良). 전란의 확대 - 강자의 승리의 세력다툼 - 세상의 혼란의 정점.	2127
104	고카시와바라 (後柏原)천황	2160		
105	고나라 (後奈良)천황	2186	매일 새벽의 고다이신궁 요배. 재앙을 없애려는 기도. 산조니시 사네타카(三條西實隆)·오우치 요시타카(大内義隆)·가와바타 도키(川端道喜) 등의 근왕.	2203
106	오기마치 (正親町)천황	2217	천하를 진압하려는 의지. 야마시나 도키쓰구(山科言繼)와 모리 모토나리(利元就)의 근왕. 오다 노부나가(織田信長)의 도읍 입성 - 정이대장군 아시카가 요시아키(足利義昭). 황거의 수선. 아즈치성(安土城) - 천황행차의 방 - 천하포무(天下布武)의 근거. 어람(天覽)의 사열 - 오다 노부나가(織田信長)의 공적 - 태평의 토대. 우대신(右大臣)겸 우근위대장(右近衛大將) 오다 노부나가(織田信長). 오사카성(大阪城) - 도요토미 히데요시(豊臣秀吉). 도요토미 히데요시(豊臣秀吉)의 관백(關白).	2228 2241
107	고요제이 (後陽成)천황	2246	바른 정사모습으로 바꾸려는 의지. 도요토미 히데요시(豊臣秀吉)의 명예 - 태정대신(太政	2250

			大臣) 도요토미 히데요시.	
			주라쿠다이(聚樂第)행차 – 황실의 은혜.	
			오다와라(小田原)정벌 – 천하의 평정 – 도요토미 히데요시의 공적 – 태평의 토대.	
			도쿠가와 이에야스(德川家康)의 세력 – 다이묘를 복종시켰다.	
			정이대장군 도쿠가와 이에야스(에도 막부) – 태평의 토대.	2265
			『니혼쇼키(日本書紀)』 인쇄의 칙명.	
108	고미즈노오 (後水尾)천황	2271		
109	메이쇼 (明正)천황	2289	정이대장군 도쿠가와 이에미쓰(德川家光) – 해외와의 왕래 금지.	
110	고코묘 (後光明)천황	2303	대의명분을 명확히 하려는 의지 – 주자학(朱子學) 권장 – 교토(京都) 쇼시다이(所司代) 훈계.	
111	고사이 (後西)천황	2314	학문의 진흥 – 야마자키 카(山崎嘉, 闇齋) – 존왕의 대의. 도쿠가와 미쓰쿠니(德川光圀)의 국사편찬(『大日本史』) – 국가의 모습.	
112	레이겐 (靈元)천황	2323	고다이산궁의 쇼센궁(正遷宮)의 의식을 옛날 규칙으로 되돌렸다. 야마가 다카오키(山鹿高興, 素行) – 무사도 정이대장군 도쿠가와 쓰나요시(德川綱吉) – 충효의 권장.	
113	히가시야마 (東山)천황	2347	대상제(大嘗祭)의 재흥. 미나토강(湊川)의 비석(구스노키 마사시게의 공적) – 도쿠가와 미쓰쿠니(德川光圀). 천황의 능 보수 – 도쿠가와 쓰나요시(德川綱吉).	
114	나카미카도 (仲御門)천황	2369	가다노아즈마마로(荷田春滿) – 국학(國學)의 발흥.	
115	사쿠라마치 (櫻町)천황	2395		
116	모모조노	2407	다케노우치 다카모치(竹內敬持 式部) – 『니혼쇼키(日	

	(桃園)천황		『本書紀』 강의 – 근왕의 성심. 일본사나 일문학의 연구 – 국학의 진흥 – 가모노마부치(賀茂眞淵).	
117	고사쿠라마치 (後桜町)천황	2422	모토오리 노리나가(本居宣長) – 국학의 완성 – 일본의 마음(大和心).	
118	고모모조노 (後桃園)천황	2430		
119	고카쿠(光格) 천황	2439	러시아인이 사할린과 지시마에 왔다 – 바다의 수호 다카야마 마사유키(高山正之, 彦九郎) – 근왕의 성심. 『고지키덴(古事記傳, 本居宣長) – 국가의 모습. 영국인이 나가사키(長崎)에 왔다.	
120	닌코(仁孝) 천황	2477	외국선박을 쫓아내다. 히라타 아쓰타네(平田篤胤) – 신도(神道). 가모 히데자네(蒲生秀實, 君平) – 『산료시(山陵志)』. 라이 노보루(賴襄, 山陽) – 『니혼가이시(日本外史)』. 도쿠가와 나리아키(德川齊昭) – 고도칸(弘道館).	
121	고메이(孝明) 천황	2506	황국 수호의 지시 – 도쿠가와막부에 훈계. 가구슈인(學習院)의 시작. 미국과 러시아의 사절 – 화친조약(和親條約) – 쇄국의 부정. 정이대장군 도쿠가와 이에사다(德川家定) – 다이로(大老) 이이 나오스케(井伊直弼) – 통상조약의 조인 정이대장군 도쿠가와 이에모치(德川家茂) 부름 – 일신(一新)의 토대.	2514
122	메이지(明治) 천황	2527	정이대장군(征夷大將軍) 도쿠가와 요시노부(德川慶喜)의 청원 – 대정봉환(大政奉還). 왕정복고(王政復古) – 섭정, 관백, 정이대장군의 폐지 – 바른정사의 모습 – 삼직(三職)의 결정 – 외국과의 친교 시작. 메이지원년(明治元年) 일신(一新)의 맹세(5개조 맹세문) – 일신(一新)의 정치 – 대정일신(大政一新, 明治維新). 즉위 예식.	2527 2528

| 122 | 메이지(明治)
천황 | 2527 | 수도 도쿄(東京) – 도쿄행차 – 히카와(氷川)신사 행차
(도읍 수호의 신).
(2년) 도쿄(東京)행차 – 고다이(皇大)신궁 알현
국사편찬의 칙명 – 국가의 모습 – 국체의 소양.
다이묘의 폐지 – 판적봉환(版籍奉還).
도쿄 구단자카(九段坂) 위에 쇼콘사(招魂社)가 지어졌다
– 야스쿠니신사(靖國神社)의 기원.
(3년) 신의 제사 – 신기관(神祇官) – 팔신전(八神殿).
(4년) 신사(神社)의 규칙.
부(府), 현(縣)의 제정 – 폐번치현(廢藩置縣).
유럽이나 미국 각국과의 교류 – 이와쿠라 도모미(岩倉
具視)의 출발.
문부성(文部省)이 설치되었다.
궁중에 가시코도코로(賢所)·황령전(皇靈殿)이 설치되
었다.
(5년) 궁중에 신전(神殿)이 건립되었다.
미나토가와(湊川)신사가 건립되었다.
학제의 규칙 – 국민학교(國民學校) 시작.
기차의 시작.
새로운 달력 제정 – 기원(紀元)연도의 규정.
(6년) 다섯 명절(五節供)을 폐지하고 축일을 제정하였다.
징병령(徵兵令) – 국민징병의 토대 – 국가 수호.
(8년) 러시아에 사할린(樺太)을 주고 지시마(千島)를
반환받았다 – 북쪽 방비.
지방관 회의의 시작.
미야자키(宮崎)신궁이 건립되었다.
(10년) 기도 다카요시(木戸孝允)가 사망하였다.
(11년) 오쿠보 도시미치(大久保利通)가 사망하였다.
(12년) 부·현회(府·縣會)의 시작.
야스쿠니(靖國)신사가 세워졌다.
(13년) 도요쿠니(豊國)신사 다케이사오(建勳)신사가 세
워졌다.
(14년) 국회를 만들라는 조칙.
(15년) 육해군 군인칙유(軍人勅諭) – 황군(皇軍)의 유 | 2531

2532 |

| 122 | 메이지(明治)
천황 | 2527 | 래 - 군인정신의 근본.
이토 히로부미(伊藤博文)의 유럽 제도 조사.
(16년) 이와쿠라 도모미(岩倉具視)가 사망하였다.
(18년) 내각 규정 - 내각총리대신(內閣總理大臣) 이토 히로부미(伊藤博文).
(21년) 시제(市制)·정촌제(町村制)의 제정.
추밀원(樞密院)이 설치되었다.
(22년) 황실전범(皇室典範)의 규정 - 황위의 계승.
제국헌법의 발포 - 정치의 근본 - 국회의 규정 - 새로운 정치의 모습.
요시노(吉野)신궁이 건립되었다.
(23년) 금치훈장(金鵄勳章)의 제정.
가시하라(橿原)신궁이 세워졌다.
교육칙어 - 황국의 도(道)의 교시 - 교육의 토대.
제1회 제국의회.
(27년) 청(淸)나라와의 전쟁 - 청일전쟁(明治二十七八年戰役).
헤이안(平安)신궁이 건립되었다.
(28년) 청나라에서 타이완(臺灣)을 할양받았다 - 남쪽의 방비.
(34년) 천황폐하의 탄생.
(35년) 영국과의 동맹.
(37년) 러시아와 전쟁 - 러일전쟁(明治三十七八年戰役).
(38년) 러시아로부터 사할린과 만주철도 등을 할양받았다.
(41년) 무신조서(戊申詔書).
(43년) 조선이 천황의 위광아래 하나가 되었다 - 동아시아의 수호.
(45년) 승하(崩御). | 2545

2549

2550

2561

2570 |
| 123 | 다이쇼(大正)
천황 | 2572 | (다이쇼 3년) 쇼켄황태후(昭憲皇太后)의 승하.
유럽의 대전쟁(제1차 세계대전).
(5년) 태자 책립의 예식.
(8년) 유럽 대전쟁의 종전 - 우리 일본의 지위가 높아졌다.
(9년) 메이지(明治)신궁이 건립되었다.
(10년) 황태자(현재의 천황)의 섭정. | |

			세계평화를 위한 각국의 회의 – 중국과 태평양의 분규.	
			(12년) 간토지방(關東地方)의 대지진 – 황실의 자애.	
			국민정신작흥에 관한 조서.	
			(14년) 조선신궁(朝鮮神宮)이 건립되었다.	
			(15년) 승하.	
124	금상(今上) 천황	2576	(쇼와 원년) 천조(踐祚), 황위계승 – 연호의 제정 – 만방협화(萬邦協和).	
			조현(朝見)의 의식 – 일시동인(一視同仁) 사해동포(四海同胞)의 의지.	2586
			(3년) 즉위의 예식과 대상제(大嘗祭) – 고다이신궁 행차.	
			(4년) 고다이신궁 건물의 재건축(제58회 正遷宮의 의식).	
			(6년) 만주사변 – 국체의 존엄성의 자각.	
			(7년) 만주국과의 동맹.	
			(8년) 국제연맹과 관계를 끊다 – 황국의 사명 자각.	
			황태자전하의 탄생.	
			(9년) 만주국이 제국이 되었다.	
			(12년) 중일전쟁 – 대본영 – 중국 정벌 – 동아시아의 새로운 질서 – 세계평화의 토대 – 미국, 영국, 프랑스, 러시아 등의 방해.	
			(13년) 국가총동원법(國家總動員法) – 총력발휘의 토대 – 거국일치.	
			(15년) 기원2600년	2600
			(쇼와16년) 미국, 영국 등과 전쟁 – 선전의 조칙(대조봉대일) – 대동아전쟁(태평양전쟁) – 동아시아 정벌 – 동아시아의 자각 – 세계일가(世界一家)의 친밀함.	
			(쇼와17년) 고다이신궁 행차 – 대동아전쟁의 전과를 고함.	
			(쇼와18년) 대동아회의 – 대동아공동선언(大東亞共通宣言) – 세계평화의 토대.	2603

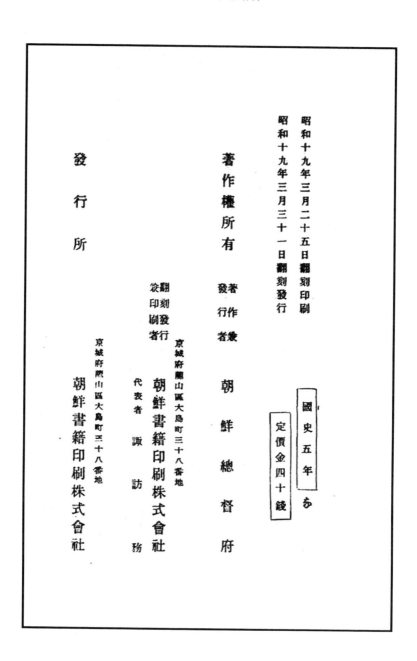

昭和十九年三月二十五日翻刻印刷
昭和十九年三月三十一日翻刻發行

國史 五年 亐

定價金四十錢

著作權所有

發行兼著作者　朝鮮總督府

翻刻發行兼印刷者　京城府龍山區大島町三十八番地　朝鮮書籍印刷株式會社　代表者　諏訪務

發行所　京城府龍山區大島町三十八番地　朝鮮書籍印刷株式會社

조선총독부편찬 (1944)

『초등국사』

(제6학년)

初等國史

第六學年

朝鮮總督府

목차(目次)

豊葦原の千五百秋の瑞穂の國は、是れ吾が子孫
の王たるべき地なり。よろしく、爾皇孫、就き
て治せ。さきくませ。寶祚の隆えまさんこと、
まさに天壌と窮りなかるべし。

(풍요로운 갈대밭에 가을이 되면 벼이삭이 많
이 열리는 나라는 나의 자손이 통치해야 할
땅이라. 모름지기 그대 황손(皇孫)이 가서 이
제부터 행복하도록 다스리라. 왕위가 더욱 번
창하고 반드시 천지와 함께 영원무궁할 것이
로다.)

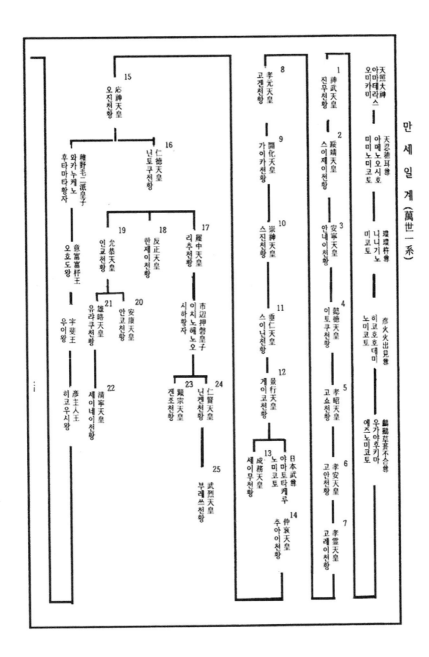

만 세 일 계 (萬世一系)

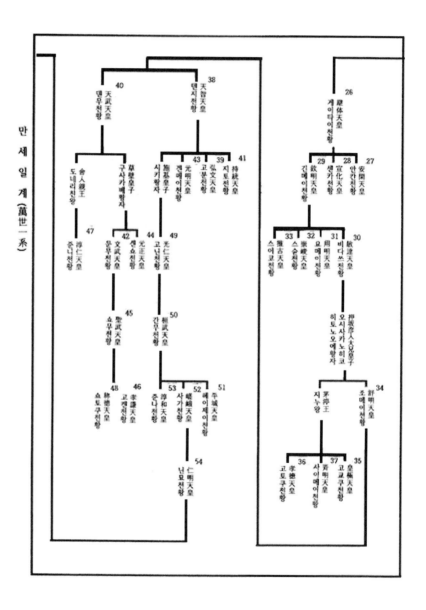

만세일계(萬世一系)

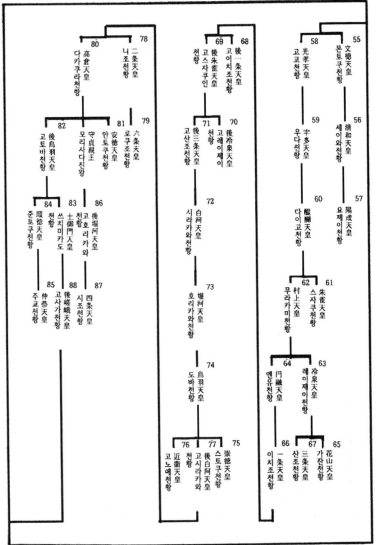

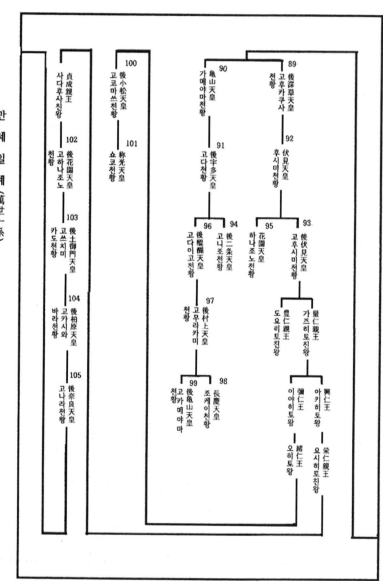

만 세 일 계 (萬世一系)

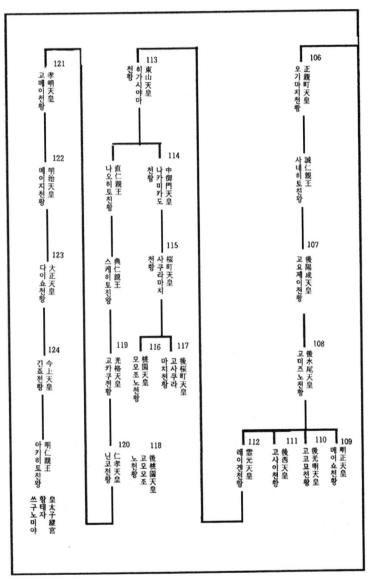

만 세 일 계 (萬世一系)

제1 황국(皇國)의 목표

대동아회의(大東亞會議)　쇼와(昭和) 18년(서기1943)은, 대동아전쟁이 발발하고 나서 3년째로, 대동아(大東亞)에 신질서(新秩序)를 건설할 근간이 점차로 굳건해져 갔습니다. 이 해의 11월에는 대동아회의가 처음으로 일본 도쿄(東京)에서 개최되었습니다. 신질서건설을 목표로, 협력하여 싸우고 있는 동아시아의 나라들이 서로 결의를 다지는 회의에서, 우리 일본을 비롯하여 중화민국, 타이(泰), 만주(滿洲), 필리핀(比律賓), 버마(緬甸) 등 6개국 대표가 참가하였습니다.

　각 나라에서 선발된 대표는 제각각 각국 정부의 중심이 되어, 국민을 이끌어가고 있는 사람들입니다. 모두 대동아공영의 기쁨을 가슴에 품고 도쿄(東京)에 모여, 모두 함께 국화향기 풍기

일장기(日章旗)를 중심으로(대동아회의)

는 좋은 날 메이지절(明治節)을 맞이하였습니다.

다음 날 황공하게도 천황폐하께서는 각국의 대표를 궁중(宮中)으로 초대하셔서 친히 말씀하시고, 정중하게 노고를 치하하였습니다. 초대받은 사람들은 모두 대어심(大御心)의 황공함에 감격하여, 더욱더 동아시아 일체(東亞一體)의 맹세를 굳건히 했습니다.

회의는 11월 5일부터 제국의회의사당(帝國議會議事堂)에서 열렸습니다. 일장기(日章旗)를 중심으로 옥상(屋上)에 드높이 내걸린 각국의 국기는, 새로운 동아시아의 모습을 그대로 맑게 갠 가을하늘에 환하게 휘날리고 있었습니다.

먼저 6개국의 대표는, 우리 일본부터 시작하여 차례로 의견(意見)을 말하였습니다. 모두가 오랫동안 동아시아의 발전을 방해하고 있던 미국(亞米利加)이나 영국(英吉利)을 완전히 쳐부수고, 훌륭하게 대동아전쟁의 목적을 완수하고 동아시아의 나라들이 손에 손을 잡고 서로 도우며, 강력하고 정당하게 번영해가기 위하여 각국의 입장에서 내세운 당당한 의견입니다.

이틀에 걸친 회의에서 각국의 대표는 우리 일본의 내각총리대신(內閣總理大臣) 도조 히데키(東條英機)대장을 중심으로 모두 같은 마음으로 맺어졌고, 새로운 인도(印度)건설에 임하고 있는 사람들의 대표까지도 가담하여 동아시아 일체의 친근함이 깊어져 서로 터놓고 열심히 의논을 진행했습니다.

그리하여 최후에는 전원일치로 공동결의를 드러낸 선언을 결정하고, 널리 세계를 향해 분명하게 공영친화(共榮親和)의 대동아를 건설하여 세계의 평화를 확립할 근본방침을 표명하기로 하였습니다. 이것을 '대동아공동선언'이라 합니다.

대동아공동결의(대동아회의)

　이 빛나는 선언은 대동아(大東亞)사람들이 한 마음이 되어, 세계 평정을 향하여 분기하는 강력한 외침입니다. 그리하여 이 것이야말로 우리 일본이 중일전쟁에서 대동아전쟁으로, 오랜 세월에 걸쳐 오로지 팔굉일우(八紘一宇, 온 세상이 하나의 집안이라는 뜻)의 이상을 목표로 국가 총력을 바쳐온 대동아전쟁이 결실을 맺는, 아시아(亞細亞) 10억의 사람들을 깨우쳐 온 표상입니다.

　팔굉일우(八紘一宇)의 이상(理想)　앞서 쇼와 15년(서기1940)에 우리 일본은, 세계의 혼란을 안정시키고 인류의 재난을 제거하고 평화를 맞이하기 위해 독일(獨逸), 이탈리아(伊太利)와 동맹을 맺고, 세계신질서(世界新秩序)건설을 향해 매진(邁進)

하게 되었습니다.

　그 때 천황폐하는 황공하게도 조서(詔書)를 내리시어,

> 大義ヲ八紘ニ宣揚シ、坤輿ヲ一宇タラシムルハ、實ニ皇祖皇宗
> ノ大訓ニシテ、朕ガ夙夜眷々措カザル所ナリ。
> (대의(大義)를 온 세상에 선양(宣揚)하고, 지구(地球)를 하나의
> 집으로 생각하게 하는 것은, 실로 역대 천황의 크나큰 훈시로,
> 짐(朕)이 조석으로 돌보지 않을 수 없는 바이다.)

라고 말씀하시어, 팔굉일우(八紘一宇)의 이상(理想)이 세계 신
질서 건설의 목표인 것을 표명하셨습니다. 아마테라스 오미카
미(天照大神)의 뜻을 받들어 대의(大義)의 빛을 천하(天下)에
발하며, 세계를 한 가족의 친밀함으로 이끄는 일은 황국(皇國)
의 목표로서, 고금(古今)을 통하여 변하지 않는 사명입니다.

　나아가 조서(詔書)에는,

> 萬邦ヲシテ各各其ノ所ヲ得シメ、兆民ヲシテ悉ク其ノ堵ニ安ン
> ゼシムルハ、曠古ノ大業ニシテ、前途甚ダ遼遠ナリ。
> (세계만방에서 각각 자신의 거처를 획득하여, 만백성이 모두
> 자신의 거처에서 편히 살게 하는 것은 전례가 없는 대업으로,
> 앞으로 나아갈 길이 매우 요원하도다.)

라고 말씀하셨습니다. 신질서(新秩序)가 완성되는 그날에는 세
계 각국은 모두 행복해지고 모든 인류는 편안하게 생활할 수
있게 되는 것입니다. 이것은 실로 황국(皇國)이 그 옛날부터 목
표해왔던 세계의 모습으로서, 지금까지의 역사에 그 유례가 없
는 훌륭한 대업입니다.

대대의 천황은 황국의 시작부터 건국이념(天業恢弘)의 의지로 은혜를 펼치시고, 국민은 황운부익(皇運扶翼)의 진심을 다하여, 천황과 백성이 한 몸이 되어 오로지 팔굉일우(八紘一宇)의 이상을 목표로 국운(國運)의 진전(進展)을 꾀하여 온 것입니다.

우리들은 더더욱 일본역사(國史)를 배워서, 찬란한 국운(國運)의 유래를 알고, 우리들의 조상이 천황의 위광 아래 황국의 목표를 향하여 전진해 온 마음가짐을 이어받아 대어심(大御心)을 받들고, 모든 고난을 참고 견디며 더욱더 대동아(大東亞)를 굳건하게 하여 세계 신질서건설의 본보기가 되도록 명심합시다.

제2 황실(皇室)의 은혜

풍토(風土)의 은혜 우리 일본은 혼슈(本州), 시코쿠(四國), 규슈(九州)를 비롯하여 아와지(淡路), 이키(壹岐), 쓰시마(對馬), 오키(隱岐), 사도(佐渡) 등의 섬들이 건국초기부터 국토(國土)의 근간이 되어있어서, 오야시마구니(大八洲國, 일본의 미칭)라 일컬어집니다.

산해진미(山海珍味) (풍토의 혜택)

　오야시마구니(大八洲國)는 사면(四面)이 바다로 둘러싸여 산의 모습은 아름답고 강의 흐름은 깨끗하며, 야산에 초목이 우거져 경치가 좋고, 또 기후는 온화하며 강수량도 적당하여 토지가 매우 비옥합니다.

　이 아름다운 풍토의 혜택으로, 산해진미도 많기 때문에, 도처에 촌락이 만들어져 문화가 발달하기 시작하였습니다.

석기(石器) (도끼·화살촉·칼)

　먼 옛날 사람들은 돌도끼(石斧)나 돌화살촉이 붙은 화살을 손에 들고 산이나 들에서 사냥을 하거나, 짐승의 뼈로 만든 낚시 등으로 생선을 잡거나, 또 조개를 줍거나 해서 먹을 것을 모았고, 항아리나 사발이나 접시 등 여러 가지 모양의 토기(土器)를 사용하며 생활을 영위하고 있었습니다.

여러 가지 토기

머잖아 돌이나 뼈 대신에 금속을 사용하는 것을 알게되어, 기구(器具)의 제작방법 등이 매우 발전하였습니다. 그리하여 농업도 시작되었고 여러 가지 곡물이 경작되게 되었습니다.

이렇게 세상이 발전되어 온 모습은 현재 패총(貝塚) 등에서 발견되는 석기(石器) 및 토기의 종류나 고분(古墳) 등에서 출토되는 유물에 의해서도 알 수가 있습니다.

특히 고분에서는 여러 가지의 거울이나 곡옥(曲玉), 관옥(管玉)

하니와(埴輪)(남·여)

고분(古墳)의
유물(곡옥·귀걸이·거울)

등의 장식품이나 도검(刀劍), 갑주(甲冑), 안장(鞍裝), 등자(鐙子) 등이 출토되기도 하고, 여러 가지 모양의 하니와(埴輪, 토우)가 나타나기도 하여, 당시 사람들의 생활을 가늠해볼 수 있습니다. 이 중에는 우리 일본 외에는 볼 수 없는 뛰어난 점이 나타나 있는 것도 많습니다.

국토의 개발 우리 일본에서는 지금의 나라현(奈良縣)이나 시마네현(島根縣), 규슈(九州) 등이 일찍부터 개발되었습니다만, 각지방은 아직 제각각 통합되지 않았고, 각 고을의 우두머리 되는 사람이 서로 세력을 다투고 있었기 때문에, 사람들은 마음 편히 살 수가 없었습니다. 또 에조(蝦夷, 고대에 일본 북쪽에 살던 아이누족) 등과 같이 언어나 풍속(風俗)이 다른 사람도 이곳저곳으로 들어와 섞여 있었습니다.

제1대 진무(神武)천황이 야마토(大和, 奈良縣)에 도읍를 정하시고, 우리 일본의 근간을 굳건히 하고나서부터 역대의 천황은 차례차례로 각지를 정벌하여 위광을 빛냄에 따라 국토가 개발되어 갔습니다. 그리하여 도읍이 있는 지방인 '야마토(大和)'라는 이름이 천황의 은혜와 더불어 펼쳐지게 되어, 우리 일본 전체를 일컫는 명칭이 되었습니다.

천황의 위력에 굴복한 지방은 황족들이 가기도 하고, 그 지방을 개발한 공적이 있는 사람이 발탁되어 맡기도 하여, 황실의 은혜를 넓혀갔기 때문에, 사람들은 편안한 생활을 할 수 있게 되었습니다. 또 에조(蝦夷) 등도 차별 없는 사랑을 받고 일체(一體)가 되어갔습니다.

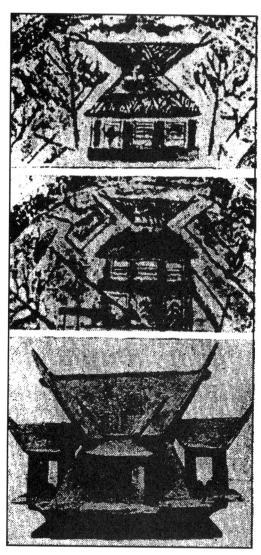

옛날 집

농업의 진보   우리 일본은 풍토의 혜택을 받아서 일찍 농업이
일어났습니다. 대대의 천황은 아마테라스 오미카미(天照大神)의
뜻을 이어받아, 도요아시하라(豊葦原)의 끝없이 긴 세월(千五百
秋) 미즈호노구니(瑞穂の國, 벼를 많이 수확할 수 있는 것을 의
미하는 것으로 일본의 미칭)의 이름에 반하지 않도록, 언제나
대어심(大御心)을 베풀어서 "농업은 천하의 대본(大本)이다."라
고 말씀하시며 농업을 권장하셨습니다.

먼 옛날의 생활(사냥과 쌀 찧기)

따라서 벼와 보리 등 여러 가지의 농작물과 금속제의 가래
(鋤)나 괭이(鍬) 등의 농기구, 제방(堤)을 쌓고 도랑(溝)이나 저
수지(池)를 만들어 경지(耕地)를 개량하는 것 등도 황실의 은혜
와 함께 확산되어, 국토(國土) 개발과 더불어 농업이 점차로 진
보되었습니다.

국민은 농업을 생활의 근간으로 하여 항상 토지나 자연과 친밀하며 풍토의 혜택에 젖어 있었으므로, 저절로 국토애호의 정신이 배양되어 태양신을 숭상해 모시는 마음이 깊이 양성되었습니다. 그리하여 식량(食糧)이 풍부하고, 평화스런 생활환경에 둘러싸여 있어서, 온화하고 아름다운 국풍(國風)의 근간이 완성되어 갔습니다. 또 한편으로는 봄부터 가을까지 오랫동안 고생을 마다하지 않고 오로지 자연의 혜택을 기원하며 계속 일하는 농업생활이, 평화로움 가운데서도 인고(忍苦)의 정신을 단련시켜 강력한 국민성을 만들었습니다.

먼 옛날부터 국민은 어버이에서 자식으로, 자식에서 손자로 이어져 정해진 토지에 살면서 농업을 영위하였고, 각 마을 사람들이 힘을 합쳐 수리(水利)시설을 편리하게 하여 서로 도와 경작에 힘쓰고 모두 모여 수확(收穫)에 힘썼으며, 서낭신 앞에 모여서 감사의 제사를 올렸기 때문에 협력일치(協力一致)의 숭고한 정신이 어느 틈엔가 뿌리 깊게 배양되어 전해졌습니다.

이와 같이 농업생활에서 만들어진 국풍(國風)의 뛰어난 정신은 국체(國體)를 중심으로 더욱더 연마되어 우리 일본국체의 근본이 되었고, 훌륭한 문화를 만드는 토대가 되었습니다.

대륙과의 왕래 우리 일본 국토의 근간이 된 섬들은 아시아대륙 동쪽을 따라 연이어 있는 일본열도(日本列島)의 중심을 차지하여 대륙과의 거리가 가깝고, 조류의 흐름이나 풍향 등도 왕래에 적합했기 때문에 먼 옛날부터 깊은 관계가 맺어져 있었습니다.

따라서 대륙의 각지에서 발생한 문화는 차례로 우리 일본에 전래되어 문화 발전에 크게 도움이 되었습니다. 국운(國運)이 진보해 가는 형세도 대륙의 변화와 밀접한 연관을 지니고 있었습니다.

그리하여 규슈(九州)에서 이키(壹岐)나 쓰시마(對馬) 등을 따라 이동하여 조선반도로 건너갔고, 더욱이 중국과 왕래하는 교통로가 제일 잘 열려 있었기 때문에, 천황의 위광은 먼저 바다 건너 조선지방에 빛났습니다. 그런 까닭에 왕래는 더욱더 빈번해졌고 이윽고 중국과도 교류가 열려, 점차 뛰어난 부분이 받아들여지게 되었습니다.

국력(國力)의 표상 우리 일본의 문화가 훌륭히 연마되어 국력이 충실해져감에 따라, 동아시아의 나라들 중에서 우리 일본의 지위는 높아져 갔습니다. 아득히 먼 후세가 되어 유럽(歐羅巴)이나 미국 등 나라들과도 왕래가 열리고, 세계의 뛰어난 문물을 받아들여 더욱 훌륭한 문화를 완성하게 되어 국운(國運)은 한층 더 진보되었습니다.

지금은 황실의 은혜가 동아시아 각지로 확산되어, 천황의 위광은 세계 도처에 널리 빛나고 있습니다. 우리 일본이 대동아공영권을 굳건히 해 세계의 나라들을 인도하고 있는 것은 황국의 시작부터 오직 한 길로 황실의 은혜를 받들어 쌓아올려 온 국력의 표상입니다.

제3 해외의 정치(1)

임나(任那)의 정치　그 옛날 신대(神代)의 스사노오노미코토 (素戔嗚尊)는 다카마노하라(高天原)에서 조선지방에 강림하시어 황실의 은혜를 넓힐 근간을 여시었습니다.

이 지방도 예로부터 강의 흐름에 따른 곳이나 바다에 접한 지방에 마을들이 조성되어 있었습니다. 특히 남부는 기후도 좋고 토질도 비옥했기 때문에 일찍이 개발되었고, 또 금은이나 철 등을 캘 수 있었기 때문에 우리 일본이나 중국에도 알려져 있었습니다.

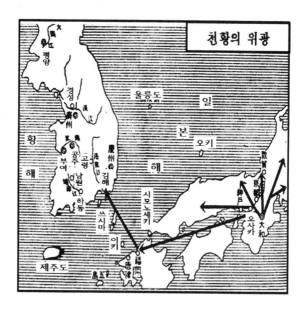

　황실의 은혜는 지금의 낙동강(洛東江)이나 섬진강(蟾津江), 금강(錦江) 유역에서부터 점차 확산되어 갔습니다. 이 지방은 작은 나라들로 나뉘어져 있었고, 지금의 김해(金海, 慶尙南道)에 있던 임나(任那)라는 나라가 중심이었으므로 임나(任那)라 불렸습니다. 천황은 미코토모치라는 관리를 파견하여 이 지방을 다스리게 하였고, 각 지방들은 모두 황실을 섬기며 여러 가지 공물을 바쳤습니다.

　한(漢)과의 왕래　그 무렵 지금의 평안남북도(平安南·北道)에서부터 남만주에 걸쳐서는 중국인이 많이 살고 있었는데, 평양(平壤, 平安南道) 주변을 중심으로 점차 개발되어 갔습니다.

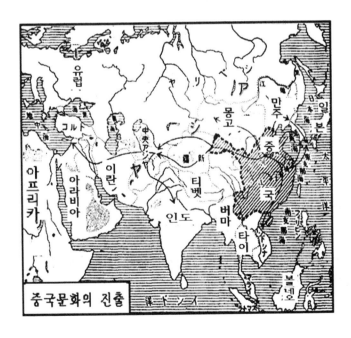

이윽고 중국에 한(漢)이라는 나라가 일어나서 이 지방으로 세력을 넓히고, 낙랑군(樂浪郡)을 두었습니다. 우리 일본에서 이 낙랑군으로 진출하는 사람이 많았고, 한(漢)나라의 도읍에도 왕래하게 되었습니다.

중국문화의 흐름 동아시아의 왕래가 열림에 따라 중국문화의 흐름이 확산되어 우리 일본에도 받아들여졌습니다.

중국은 세계에서 가장 일찍 개화된 지역의 하나로, 지금으로부터 5천년이나 전에 황허(黃河)유역에서 중국문화의 근원이 일어나 점차 양쯔강(揚子江)유역으로 미쳤습니다. 게다가 주변 각지에서 발생한 문화를 받아들여서 발달해 갔습니다.

처음 중국에는 많은 나라들이 있었습니다만 점차 정리되어 진(秦)이라는 나라로 통일되었습니다. 얼마 되지 않아 진나라는 멸망하고, 한(漢)나라가 일어나 4백여 년이나 번영하였는데, 멀리 중앙아시아로부터 이란이나 인도를 비롯하여 서방(西方)까지도 육로와 해로의 왕래가 열려 불교 등이 전해졌기 때문에 중국문화는 대단히 발전하였습니다. 문자(文字)가 오늘날 같은 모양을 갖춘 것도, 종이가 발명된 것도 모두 한(漢)나라 시대로, 중국의 학문이나 제도의 근간은 대개 이 무렵에 구축되었습니다.

한(漢)나라의 문화는 점차 주변 지방으로 확산되어, 동아시아 나라들의 문화를 크게 발전시켰습니다. 오늘날도 중국 문자나 문장 그리고 학문이 한자(漢字), 한문(漢文), 한학(漢學)이라 불리고 있는 것을 보아도 한(漢)나라 문화가 후세에까지 얼마나 깊은 관계를 가지고 있는지 알 수 있습니다.

제4 해외의 정치(2)

중국의 변화 대륙에서는 한(漢)나라가 멸망한 뒤 형세가 크게 변했습니다. 통일중국이 무너지고 약 400여 년 동안은 만주, 몽고, 티베트(西藏) 등의 사람들이 들어와 나라를 세운다거나 남북으로 나뉘어 대립하는 등 서로 세력을 다투고 있었습니다.

삼한(三韓)

이 사이에 불교가 왕성해져서 우리 일본이나 조선지방의 나라들로 확산되어가는 토대를 만들었습니다.

삼한(三韓)의 발흥　그 무렵 고구려, 백제, 신라의 삼한(三韓)이 잇달아 발흥하였습니다. 고구려는 만주에서 일어나 압록강(鴨綠江)유역으로 들어와 강성해져서, 점차 북부조선으로 세력을 넓혀갔습니다. 머지 않아 고구려왕의 일족(一族)이 지금의 광주(廣州, 京畿道)를 근거지로 하여 백제를 세웠습니다. 그리하여 고구려는 북쪽에서부터 백제는 남쪽에서부터, 그 무렵까지 중국에서 다스리던 지방을 합병하였습니다. 이어서 지금의 경주(慶州, 慶尙北道)에서 신라가 발흥하였습니다.

고구려의 풍속(사냥 모습)

신라의 풍속(황금관)

고구려도, 백제도, 신라도 중국의 여러 나라들과 왕래하며 학문과 제도와 불교를 전수받았습니다. 그러나 서로 세력다툼이 계속되어, 전쟁이 그칠 새가 없었습니다.

해외의 정사(政事)

진구(神功)황후가 신라를 복속시키고 나서부터 삼한(三韓)은 모두 천황의 위세에 복종하였습니다. 역대의 천황은 임나(任那)와 마찬가지로 돌봐주었습니다. 신라와 백제에서는 견직물(絹織物)이나 철(鐵) 등을 비롯하여 진귀한 산물을 공물로 상납하였고, 왕자(王子)가 일본으로 건너와 조정(朝廷)에서 봉사하였습니다. 고구려도 공물을 상납하기도 하고, 우리 일본 사신이 중국에 왕래하는 것을 안내하기도 하였습니다.

우리 일본의 정사는 임나를 토대로 삼한으로 확산되어 일체(一體)의 친밀함을 더해 갔습니다.

백제의 친교 삼한(三韓) 중에서 특히 백제는 우리 일본과 친교가 깊어졌습니다. 백제는 황실의 은혜를 받아 세력을 넓히고, 임나(任那)와 힘을 합쳐 정사가 두루 미치도록 노력하였습니다.

　　제15대 오진(應神)천황은 장군을 보내시어 지금의 전라남도 지방을 평정하여 백제에 하사하시고, 제16대 닌토쿠(仁德)천황은 백제에 관리를 파견하여 산물을 조사하게 하였으며 지방 경계를 정비하게 하셨습니다. 특히 제21대 유랴쿠(雄略)천황은 백제의 도읍이 고구려에게 함락되었을 때, 우리 일본에서 다스리고 있던 금강유역(錦江流域)의 공주(公州, 忠淸南道)를 백제에 하사하여 도읍을 세우게 하고, 수호신을 모시어 세력을 되찾도록 하셨습니다.

　　그 무렵 고구려는 북쪽으로는 남만주에서부터 동쪽으로는 간도(間島)지방을 복속시켰으며, 남쪽으로는 한강유역까지 세력을 넓히고 도읍을 평양으로 옮겼습니다. 백제는 우리 일본의 도움으로 겨우 고구려의 세력을 막아낼 수가 있었던 것입니다.

백제의 유적(부여의 사적)

이윽고 백제는 금강(錦江) 하류에 임한, 우리 일본이나 중국과의 왕래에 편리한 부여(扶餘, 忠淸南道)로 도읍을 옮겼습니다. 이어서 우리 일본에 의지하여, 쳐들어오는 고구려와 신라를 막아내면서 중국의 발전된 문화를 받아들였습니다. 그 중에서도 불교가 번성했던 것은 부여나 공주의 유적과 유물로 유추할 수가 있습니다. 불교는 제29대 긴메이(欽明)천황 치세에 백제로부터 우리 일본에 전해졌습니다.

닌토쿠(仁德)천황의 능(陵)

산업의 진보 해외의 정사가 확산되어 감에 따라 중국이나 조선과의 왕래가 빈번해졌습니다. 역대의 천황은 진보된 학문이나 기술을 받아들여 우리 일본의 문화를 훌륭히 완성하고, 국민생활을 풍요롭게 하도록 어심을 베푸셨습니다.

오진(應神)천황이나 닌토쿠(仁德)천황의 능(陵)의 규모가 유난히 큰 것을 보더라도 확실하게 그 무렵의 국민생활이 풍요로웠던 것을 유추할 수가 있습니다.

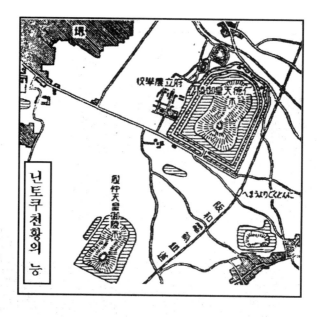

유랴쿠(雄略)천황은 여러 가지 산업의 발전을 도모하시어, 아마테라스 오미카미(天照大神)의 가르침에 따라 고다이(皇大)신궁 가까이에 신궁(神宮)을 세우시고, 농업이 번성하도록 도요우

케노오카미(豊受大神)를 지금의 교토부(京都府)에서 이곳으로 맞아들여 정중하게 모셨습니다. 지금의 외궁(外宮)의 기원입니다.

외궁(外宮)(도요우케대신궁)

천황은 또 남중국으로부터 베짜는 사람이나 재봉에 솜씨가 있는 사람을 초청하셨고, 황후도 직접 누에를 키우시어 국민에게 모범을 보이셨습니다. 양잠(養蠶)이 크게 확산되어 공물로 바쳐진 견직물이 조정(朝廷)에 수북하게 쌓여졌습니다.

천황은 신께 바치는 공물을 제사창고(齋藏)에, 황실에서 일상에 사용하는 물건을 황실창고(內藏)에, 조정(朝廷)에서 정사에 사용하실 물건을 조정창고(大藏)에 넣도록 정하였습니다.

정사의 혼란 산업이 발전하고 국민의 생활이 풍요로워짐에 따라 조정(朝廷)에 봉사하는 사람의 마음이 느슨해져 제멋대로 행동하는 일이 발생하였고, 대신(大臣)이나 고관이 서로 세력을 다투게 되어 정사가 문란해졌습니다. 그 영향은 해외의 정사에도 영향을 미쳤습니다.

그 무렵 신라가 강해져서 임나를 합병하였고, 고구려와 백제를 쳐부쉈습니다. 조정(朝廷)에서는 임나(任那) 지방을 원래대로 회복하려 했습니다만, 이제 더 이상 어찌할 수가 없었습니다. 우리 일본은 오랫동안 계속되어왔던 해외 정사의 토대를 잃게 되어 황실의 은혜가 조선지방에 미치지 않게 되었습니다.

제5 국가의 외교

해뜨는 나라의 천자(天子)　제33대 스이코(推古)천황은 수(隋)
나라가 오랫동안 혼란스럽던 중국을 통일하고, 문화가 대단히
발전하고 있었기 때문에 그 문화를 받아들이려고 생각하게 되
었습니다. 그래서 오노노이모코(小野妹子) 등을 수나라에 파견
하여 국가의 외교를 여셨습니다. 우리 일본 외교의 시작입니다.
이 때 우리 일본에서 보낸 국서(國書)에는, 처음으로,

> 日出づる處の天子、書を日沒る處の天子にいたす、恙なきや。
> (해 뜨는 나라 대일본국의 천자가 해 지는 나라 중국의 천자
> 에게 편지를 보낸다. 별고 없으신가?)

라고 표현하고 있습니다. 빛나는 일출의 모습으로, 신국(神國)
의 기세를 표현하고 있는 것입니다.
　중국에서는 예로부터 자기 나라를 세계의 중심으로 생각하여
중국(中國) 또는 중화(中華)라 일컬었으며, 문화가 발전해 있는
것을 자랑으로 여기고, 하늘의 명을 받아 세계를 지배하는 자
가 천자(天子)라며, 주변 나라들을 모두 속국(屬國)으로 취급하
고 있었습니다. 따라서 우리 일본을 대등한 나라로는 생각하고
있지 않았습니다. 특히 수나라는 세력이 강성하여, 속국이 되
어 왕래하고 있는 나라도 많이 있었습니다.
　수(隋)나라 황제(皇帝)는 우리 일본 국서(國書)에 천자(天子)라
고 표기되어 있는 것을 보고 크게 놀랐습니다. 그러나 그 의기

(意氣)가 왕성한 것을 이상하게 생각하여 바로 사신을 보내어 답례(答禮)하고, 우리 일본의 동태를 살피게 하였습니다. 우리 일본에서는 수나라의 사신을 맞아 정중하게 대접하였고, 더욱이 이모코(女末子)를 보내어 그 사신을 전송하게 하였습니다. 이렇게 우리 국체가 뛰어나고 문화가 발전해 있는 것을 수나라가 알게 되었고, 친밀한 교류가 맺어지게 되었습니다.

이와 같이 세력이 왕성한 수나라와 교류하며 해뜨는 나라 일본의 긍지를 드높이고 국위(國威)를 크게 빛낼 수 있었던 것은, 쇼토쿠(聖德)태자가 천황을 도와 정사(政事)를 개혁하고 국체(國體)를 분명히 하였기 때문입니다.

당(唐)나라와의 외교 수나라는 우리 일본과 외교를 열었을 무렵, 대군(大軍)을 움직여 고구려를 공격하려다 실패했기 때문에 나라가 혼란해져서 얼마 되지 않아 멸망했습니다. 이윽고 당나라가 발흥하여 중국을 통일하고 수나라보다 왕성한 나라가 되었습니다.

제34대 조메이(舒明)천황은 사신을 보내어 당나라와 외교를 시작했습니다. 이윽고 제36대 고토쿠(孝德)천황의 치세에 개신(改新)정책으로 중국의 뛰어난 부분이 수용되었습니다.

백제(百濟)의 청원 당나라는 중국의 북방(北方)을 평정하기 위해 만주나 조선지방으로 세력을 펼쳐 왔습니다. 신라와 결탁하여 백제를 공격하여 백제의 도읍 부여(扶餘)를 함락시키고 국왕(國王)을 포로로 잡아갔습니다. 백제에서는 일본 조정(朝廷)에 봉사하고 있던 왕자(王子) 풍(豊)을 불러들이고, 우리 일본의 도움을 얻어 나라를 일으키고 싶다고 계획한 자가 나타나 일본 조정(朝廷)에 요청하여 왔습니다.

제37대 사이메이(齋明)천황은 그 무렵 황태자(皇太子)이신 제38대 덴지(天智)천황과 의논하여 조선지방이 중국에 합병되는 것을 막아, 삼한(三韓)을 옛날 그대로 이어지게 하고 싶다고 생각하였습니다. 그래서 백제의 청원을 허락하시어 친히 규슈(九州)에 행차하셔서 백제에 군사를 파병하였고, 왕자를 돌려보내어 당나라 군사를 치게 하였습니다.

부여(夫餘)

사이메이(齋明)천황은 얼마되지 않아 규슈(九州)의 행궁(行宮)에서 사망하였고 백제는 내분에 휩싸여 적에게 공격받아 멸망하였기 때문에, 덴지(天智)천황은 군대를 철수시켰습니다. 당나라는 장군을 두어 원래의 백제 땅을 다스렸습니다만, 백제사람들은 일본 황실의 자비를 좇아, 많은 사람들이 우리 일본으로 건너왔습니다.

충청남도(忠清南道)의 부여신궁(扶餘神宮)은 해외정치의 근간을 굳건히 한 진구(神功)황후를 비롯해 오진(應神)천황과 함께 사이메이(齋明)천황, 덴지(天智)천황을 모신 신궁(神宮)입니다.

국방(國防)의 강화　덴지(天智)천황은 당나라 세력이 조선에 미치는 것을 보시고, 더욱더 제도를 정비하여 국력의 충실을 도모함과 동시에 국방을 굳건히 하지 않으면 안된다는 생각을 하셨습니다. 그래서 규슈(九州)의 북부나 세토나이카이(瀨戸内海) 연안지방에 성을 구축하거나, 수비병을 배치하기도 하였습니다.

그 무렵 지금의 부여(扶餘)에 있던 당나라의 장군은 우리 일본과 친하게 지내야겠다고 생각하고, 사신을 보내어 일본 조정(朝廷)에 인사를 올렸습니다. 그래서 상호간에 왕래가 시작되었고, 이윽고 원래대로 당나라와 국교가 맺어졌습니다.

또 당나라는 신라와 힘을 합쳐 고구려를 멸망시켜버렸습니다만 신라는 당나라를 섬기면서도 점차 원래의 백제나 고구려지방을 합하였고, 우리 일본에도 계속하여 공물을 바치고 있었습니다.

이와 같이 우리 일본은 백제를 도와 국위(國威)를 떨쳤으며, 나아가 국방 준비를 탄탄히 한 덕분에 외부로부터 전혀 공격받을 염려 없이 더욱더 국토 개발에 진력할 수가 있어서, 황국은 크게 번성하였습니다.

제6 일본의 번영

오야시마구니(大八洲國)의 통일 다이카개신(大化改新) 무렵 오야시마구니(大八洲國, 일본의 미칭) 안에서도 도읍으로부터 멀리 떨어진 지방은 아직 천황에게 완전히 복속하지 않는 지방이 있었습니다. 북쪽은 도호쿠(東北)지방이나 호쿠리쿠(北陸)지방의 에조(蝦夷), 남쪽은 규슈(九州) 남부의 하야토(隼人, 옛날 일본의 규슈 남부의 사쓰마, 오스미에 살던 종족)입니다.

고토쿠(孝德)천황은 에조(蝦夷)를 복속시키기 위해 지금의 니가타현(新潟縣)에 성을 구축하셨고, 사이메이(齋明)천황의 치세에는 황은을 사모하여 교토로 올라오는 사람이 있었습니다. 사이메이(齋明)천황은 나아가 아베노히라부(安部比羅夫)를 도호쿠(東北)지방에 보내어, 수군을 이끌고 여러 차례 일본해(日本海) 연안의 에조(蝦夷)를 정벌하게 하셨습니다. 히라부(比羅夫)는 도호쿠(東北)지방을 평정했을 뿐만 아니라, 홋카이도(北海道)로 건너가서 더욱더 북쪽으로 전진하여, 미시하세(肅愼, 만주의 퉁그스계 수렵민족이나 이 민족이 살고 있던 지역을 칭함)를 쳤습니다. 지금으로부터 1300년 정도 전의 일로, 사할린(樺太)과 홋카이도가 우리 일본 영토가 된 실마리입니다. 천황은 당나라에 사신을 보내실 때, 도호쿠지방의 에조(蝦夷) 사람을 동행하게 하여 국위(國威)를 나타내셨습니다.

그 후에도 자주 에조(蝦夷) 정벌이 시행되어, 도호쿠지방의 태평양연안에도 천황의 위광이 펼쳐졌습니다. 조정에서는 에조(蝦夷) 사람을 관리로 등용하여 관직을 하사하였고, 성씨(姓氏)를 내려주어 차별 없이 은혜를 베푸셨으며, 또 신사(神社)를 세우고 불교를 확산시키거나, 농경(農耕)이나 양잠(養蠶)도 가르쳐 이끌어 주셨을 뿐만 아니라, 도고쿠(東國)의 사람들을 도호쿠(東北)지방으로 이주시켜 개척(開拓)을 담당하게 하셨습니다.

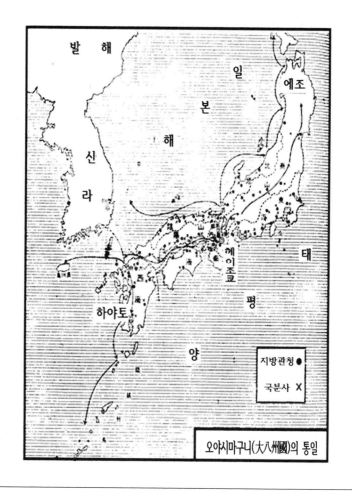

오야시마구니(大八州國)의 통일

하야토(隼人) 중에는 예로부터 도읍에 올라와서 조정(朝廷)에 봉사하는 사람도 있었지만, 규슈(九州)에 살고 있던 사람들도 사이메이(齋明)천황의 치세부터 점차 천황의 위광에 복속되어왔습니다. 제41대 지토(持統)천황은 승려를 파견하여 불상(佛像)을 받아오게 하시어 불교(佛敎)를 확산시켰습니다. 그 후 제44대 겐쇼(元正)천황 치세에, 오토모노타비토(大伴旅人)의 정벌이 있어서 하야토(隼人)는 완전히 복속되었습니다.

또 제40대 덴무(天武)천황 무렵부터는 지금의 가고시마현(鹿兒島縣)의 남부나 오키나와현(沖繩縣)의 섬들도 공물을 바치고 있었습니다. 그 무렵 이곳을 난토(南島)라 부르며 류큐열도(琉球列島)가 우리 일본 국토로 되는 근거를 열게 된 것입니다.

이와 같이 천황의 위광이 멀리까지 빛나고, 오야시마구니(大八洲國, 일본)가 통일 될 수 있었던 것은, 다이카개신(大化の改新) 이후 제도가 점차 정비되어 정사가 지방에까지 두루 미친 결과입니다.

제43대 겐메이(元明)천황 치세에는 헤이조쿄(平城京, 奈良의 수도)가 계획되어 황국의 중심이 될 도읍이 훌륭하게 완성되었고 각 지방들의 명칭이 갖추어졌으며, 『후도키(風土記)』가 만들어졌습니다. 제45대 쇼무(聖武)천황 치세에는 지방(國)이나 고을(郡)의 지도를 수집하여, 오야시마구니의 전도(全圖)도 만들어졌습니다. 오야시마구니의 통일이 더욱더 확고해지는 징표입니다.

일본의 긍지 오야시마구니의 통일이 완성되어가는 동안에 자주 당나라와 왕래가 있었습니다. 우리 일본에서 당나라로 가는 사신을 견당사(遣唐使)라고 합니다. 그 무렵 중국은 전후에 없는 왕성한 시대였습니다.

우리 일본에서는 백제(百濟)를 돕기 위하여 군대를 조선지방에 보내어 당나라와 싸우고 나서부터는 인심이 크게 긴장되어, 중국에 패하면 안 되겠다는 생각이 팽배해졌습니다.

따라서 우리 일본은 신께서 창조하신 오야시마구니(大八洲國)로, 하늘아래 구석구석까지 비추는 태양신(太陽神)이 계시고, 태양신의 자손이 통치하는 나라라는 긍지를 분명히 해왔습니다. 중국을 '해 저물어가는 나라(暮れの國)'라 하여 '해지는 곳(日沒る處)'이라 하고, 일본을 '해 뜨는 나라(日出づる國)'로 하는 생각은 더욱 깊어져서, 국명(國名)을 '해의 근본(日の本)'이라고도, '일본(日本)'이라고도 주창하게 되었습니다. 겐쇼(元正)천황 치세에는 훌륭한 국사책이 완성되어 『니혼기(日本紀, 日本書紀)』라 명명됨으로써 일본의 긍지가 한층 높아졌습니다. 우리 대일본의 국호는 이처럼 1300년 전부터 빛을 발하며 계속되어 오고 있는 것입니다.

견당사(遺唐使)가 되어 중국에 건너간 사람들은 모두 일본 천황의 사신이라는 긍지를 지니고 사명(使命)을 완수하여 황국의 명예를 드높였습니다. 제42대 몬무(文武)천황 치세의 견당사 아와타노마히토(粟田眞人)는 학문이 출중하고 뛰어난 문장가인 데다, 행동거지가 매우 품위가 있었기 때문에 당나라 사람들은 대단히 감탄하여, "해동의 일본국은 군자의 나라로 불리며 백성들은 풍요로운 생활을 즐기며 예의가 두텁다고 듣고 있었는데, 진정 그대로 이로다."라며 마히토(眞人)일행을 칭찬하였습니다.

이와 같은 시대였기 때문에 어떤 것이든 당나라의 선진문화를 받아들여, 그 이상의 것을 창조해내지 않으면 안 된다는 의지가 강했습니다. 헤이조쿄(平城京, 奈良의 수도)가 번성한 것은 실로 그 결과입니다.

세계의 왕래 당나라는 한때 동쪽으로는 조선반도와 만주, 북쪽으로는 내몽고와 외몽고, 서쪽으로는 중앙아시아, 남쪽으로는 인도차이나반도(印度支那半島)까지도 세력을 확장하여 주변 각지에서 일어난 학문과 종교와 미술과 공예 등을 전수받아서 중국 문화는 대단히 진보하였습니다.

같은 무렵 아라비아가 동쪽 인도에서부터 서쪽으로 지금의 스페인(西班牙)까지 세력을 펼치고 있었습니다. 그 나라의 문화는 크게 진보해 있었는데, 그 중에서도 오늘날 학문의 근간을 연 것이 많습니다. 우리들이 산수(算數)에 사용하고 있는 숫자는 아라비아에서 유럽으로 확산되어 다시 우리 일본으로 전해진 것입니다.

세계의 왕래

　아라비아인은 널리 해상(海上)에서 활동하였는데, 서쪽으로는 지중해(地中海)나 흑해(黑海)에서, 동쪽으로는 인도양을 넘어서 동인도지방에 출현하였으며, 더욱이 남중국(南支那)에 와서 무역을 하며 아시아, 유럽에 걸친 동서(東西)교통이 활발해지는 계기를 열었고, 나중에는 조선지방에도 건너왔던 적이 있습니다.

　당나라와 아라비아가 중심이 되어 세계의 왕래가 열렸을 무렵, 우리 일본에서는 견당사(遺唐使)의 왕래에 따라 중국에서 건너온 사람도 많아져서 무역이 왕성해졌고, 각지의 문물이 당나라를 매개로 전해져 왔습니다.

　문화의 보고(寶庫)　쇼무(聖武)천황은 더욱더 중국의 선진문화를 받아들여 황국을 부강하게 하려고 힘쓰셨습니다. 국분사(國分寺)를 설치하여 황국의 방위를 하신 것도, 도다이사(東大寺)를 건립하여 대불(大佛)을 모신 것도 이를 위한 것입니다. 헤이조쿄(平城京)는 당나라의 도읍과 마찬가지로, 눈부시게 번화하였습니다. 각 지방의 국분사는 지방개발의 중심이 되어 황실의 은혜가 펼쳐지게 되었습니다.

　그 무렵 신라와의 왕래도 계속되었습니다. 만주(滿洲)에서 발흥한 발해(渤海)에서도 천황의 위광을 우러러 공물을 조공하여 왕래가 시작되었습니다.

　신라에서는 당나라에서 받아들인 문화가 발전하고 도읍의 구조도 정비되어 아름다운 궁전이나 사찰이 즐비하였습니다. 지금 경주(慶州)에는 그 유적이 남아있습니다. 발해(渤海)도 당나라의 문화가 전해져서 번창한 나라가 되었습니다. 도읍이였던 지금의 동경성(東京城, 牡丹江省, 寧安縣)에는 궁전이나 사찰의 유적이 있습니다.

그러나 어느 곳보다도 유적(遺跡)이 확실히 남아 있는 곳은 헤이조쿄(平城京)입니다. 사찰 등에는 당시의 건축물이 남아있고, 유물(遺物)도 많이 전해지고 있습니다. 그 중에서도 쇼소인(正倉院)에는 쇼무(聖武)천황의 신변용품 등이 옛날 그대로 남아있습니다.

문화의 보고(쇼소인)

쇼소인(正倉院)은 아제쿠라풍(校倉造, 일본 고대시대에 많았던 건축양식)의 창고(倉庫)로, 오랫동안 도다이사(東大寺)에서 보관하고 있었는데, 예로부터 칙명(勅命)이 없으면 열지 않는 것을 규칙으로 하여 소중히 보존되고 있습니다. 유물 중에는 아름다운 직물(織物)이나 칠기류 도구 등, 우리 일본에서 만들어진 것으로서, 그 무렵 널리 세계문화의 흐름을 담아내어 미술 공예가 대단히 발전한 것을 알 수 있고, 또 해외에서 전해진 진귀한 물품들도 있어서 당시의 왕래가 문화의 진보에 도움이 되었던 것을 알 수 있습니다. 실로 우리 일본 문화의 보고(寶庫)입니다.

쇼소인(正倉院)의 유물

헤이안쿄(平安京)와 『쇼쿠니혼기(續日本紀)』 쇼무(聖武)천황의 의지는 그후 형식적으로만 전해졌기 때문에, 오히려 인심이 해이해져 결국에는 승려가 정사(政事)를 어지럽히는 일도 있었습니다. 그러나 제49대 고닌(光仁)천황 치세 때부터 제도를 다 잡아 올바른 정사의 형태로 정비하였기 때문에, 천황의 위광은 멀리까지 미쳤습니다.

제50대 간무(桓武)천황은 헤이안쿄(平安京)를 정하시고 인심(人心)을 일신(一新)시킴과 동시에, 『니혼기(日本紀)』의 뒤를 잇는 국사책을 저술하게 하여 『쇼쿠니혼기(續日本紀)』라 명명하시고, 몬무(文武)천황 이후부터 황국이 번성해온 모습을 분명히 하여 일본의 긍지를 나타내었습니다.

천황은 특히 지방의 정사(政事)가 두루 미칠 수 있도록 제도를 정비하시고, 나아가 사카노우에노타무라마로(坂上田村痲呂)에게 정이대장군(征夷大將軍)직을 하사하여 도호쿠(東北)지방의 에조(蝦夷)를 정벌하게 하였습니다.

다무라마로(田村痲呂)는 오진(應神)천황 치세에 백제(百濟)에서 건너온 한인(漢人)의 자손으로, 무용(武勇)이 뛰어나고 인정 깊은 훌륭한 장군이었습니다. 기타카미강(北上川) 유역을 평정하고, 이자와성(膽澤城, 岩手縣)에 진수부(鎭守府)를 두었습니다. 이때부터 도호쿠(東北)지방은 점점 더 황실 은혜를 입게 되었고, 에조(蝦夷)는 천황의 위광을 받들며 일체가 되어 갔습니다.

천황은 계속 견당사(遺唐使)를 파견하셨고, 불교 연구를 위해 홍법대사(弘法大師, 空海)나 전교대사(傳敎大師, 最澄)를 보내셨습니다. 모두가 천황의 어진마음을 받들어 일본의 긍지를 훌륭하게 연마하고 귀국하여 진정으로 황국의 수호가 되는 불교를 설파하였습니다.

그 후 제51대 헤이제이(平城)천황, 제52대 사가(嵯峨)천황, 제53대 준나(淳和)천황, 제54대 닌묘(仁明)천황 4대에 걸쳐 모두 학문에 정진하시며 간무(桓武)천황의 유지를 이어갔습니다. 따라서 헤이안쿄(平安京)는 황국의 중심이 되어 번영하였으며, 제59대 우다(宇多)천황이나 제60대 다이고(醍醐)천황의 치세까지는 정사(政事)가 두루 미치게 되어 오야시마구니(大八洲國)는 그 도읍의 이름대로 태평스럽고 평안하게 통치되었습니다.

『쇼쿠니혼기(續日本紀)』의 뒤를 이어 차례차례로 칙명(勅命)으로 저술된 『니혼코키(日本後紀)』에서부터 『니혼산다이지쓰로쿠(日本三代實錄)』까지 4권의 일본역사책이 제58대 고코(孝光)천황까지의 대대(代代)의 모습을 전하게 되었고, 『니혼기(日本紀)』부터 헤아려 『릿코쿠시(六國史)』가 되어, 신대(神代)로부터 한 줄기로 이어져 온 일본의 번영을 잘 살펴볼 수 있습니다.

제7 하카타(博多)의 번영

다자이후(大宰府)와 사키모리(防人)　옛날 천황의 위광이 쓰쿠시(筑紫, 九州)로 확산되어 해외에 빛나게 되자, 지금의 하카타(博多, 福岡市) 주변에는 조정의 직할지가 설치되었고, 선착(船着)의 편이 좋아서 육지와 바다의 교통중심이 되었습니다. 이윽고 쓰쿠시(筑紫)의 미코토모치(國司, 宰, 司, 고대 천황의 명을 받고 지방의 정책을 관장한 관리)가 정해졌으며, 율령제도(律令制度)에서는 다자이후(大宰府)가 되었습니다.

다자이후(大宰府)의 유적

다자이후(大宰府)는 하카타(博多)의 남동(南東) 약 20킬로미터 지점에 있어서, 규슈나 이키(壹岐), 쓰시마(對馬)의 정사(政事)를 관장하며 해외와의 왕래를 담당하였으며, 또 국방(國防)의 책임을 짊어지고 있었습니다.

특히 국방(國防)을 위해서는 징병(徵兵)규정에 따라 각 지방의 군단(軍團)에서 훈련된 사키모리(防人, 옛날 간토지방에서 징발되어 규슈, 쓰시마지방을 지키던 수비병)가 배치되어 있었습니다. 쇼무(聖武)천황 치세부터 사키모리(防人)는 도코쿠(東國)사람들만 되었습니다. 도코쿠(東國)에는 예로부터 에조(蝦夷)정벌로 잇달아 전쟁이 있었으므로 무용(武勇)에 뛰어난 병사가 많았으며, 지금의 나가노(長野), 야마나시(山梨), 군마(郡馬), 사이타마(埼玉) 등의 각 현(縣)에 준마를 기르는 목장과 초목이 우거진 넓은 들판이 있어서, 궁술(弓術)과 마술(馬術)을 훈련하는데 적합했습니다.

사키모리(防人)로 선발된 대장부들은 신들에게 무운(武運)을 기원하고, 황군(皇軍)으로서 천황을 받들어 모시는 명예와 기쁨으로 가슴 설레면서, 멀고 먼 쓰쿠시(筑紫)로 가서 황국 수호에 임하였습니다.

今日よりは、かへりみなくて、大君の しこのみ盾と、出で立つ われは。
(오늘부터 나는 천한 신분이지만, 일신(一身)과 일가(一家)를 돌아보지 않고, 천황을 위한 방패 되어 새롭게 출발한다)

霰降り 鹿島の神を 祈りつつ、皇御軍に われは來にしを。

(가시마(鹿島)의 신(神)께 기도하면서, 황군으로 사키모리로 우리는 온 것입니다.)

이와 같이 순수하고 밝은 사키모리(防人)의 성심으로 지켜진 헤이조쿄(平城京)는 세계문화의 흐름을 받아들여서, 번영에 번영을 더해갔습니다. 실로 사키모리의 강한 정신은 일본의 명예가 되었고, 뒤이어 무사가 발흥하여 이것을 이어받아 가마쿠라(鎌倉)무사의 마음가짐의 근간이 되었으며, 결국에는 오늘날의 군인정신이 되어 전해지고 있는 것입니다.

국교(國交)의 단절 우리 일본에서 도읍이 헤이안쿄(平安京)로 옮겨진 전후부터 대륙에서는 당나라가 점차 쇠퇴해갔습니다. 그 영향은 신라나 발해에도 미쳤습니다.

신라는 나라가 쇠약해지자 공물 바치는 것을 태만히 하였고, 그 나라의 해적(海賊)이 때때로 규슈(九州)의 해안을 노략질하러 왔습니다. 그래서 간무(桓武)천황은 사신의 왕래를 중단하게 되었고, 진구(神功)황후의 원정부터 지속되고 있던 조선과의 관계는 일변하여 일체의 친밀함이 사라져갔습니다.

또 우다(宇多)천황은 중국이 혼란스러운 것을 들으시고, 견당사(遺唐使)를 중지하셨습니다. 스이코(推古)천황의 치세로부터 200여 년 동안 계속되고 있던 중국과의 국교는 닌묘(仁明)천황이 보내신 견당사를 마지막으로 오랜 세월 동안 단절되었고, 제122대 메이지(明治)천황이 청나라와 외교를 재개할 때까지, 전후로 약 1000년 남짓 국교는 맺어지지 못했습니다.

하카타(博多)의 번영 앞서 당나라나 신라의 사신이 건너오면, 먼저 다자이후(大宰府)에서 맞이했습니다. 이에 따라 하카타(博

多)항이 우리 일본의 출입구가 되었고, 해외에서 오는 상선(商船)도 이곳으로 모여 무역이 왕성해졌습니다.

중국이나 남양(南洋) 등의 진귀한 물품을 도읍 사람들이 좋아했기 때문에, 사신의 왕래가 없어지고 나서도 하카타(博多)는 상선(商船)의 출입이 빈번하여 더욱더 번성하였습니다.

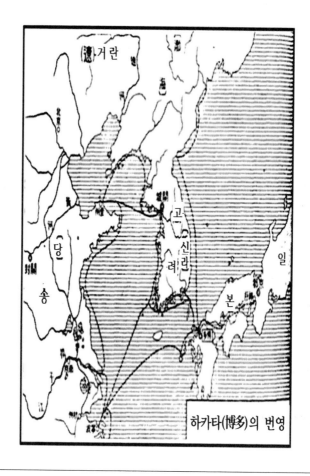

하카타(博多)의 번영

다이고(醍醐)천황 치세로부터 제62대 무라카미(村上)천황 치세에 걸쳐 대륙의 상황에 크나큰 변화가 있었습니다. 당나라가 멸망한 이후 중국은 대단히 어지러워졌습니다만, 이윽고 송(宋)나라가 이를 평정하였습니다. 또 만주(滿洲)에서 요(遼, 契丹)나라가 일어나 발해(渤海)를 멸망시켰고, 조선지방에서는 신라를 대신하여 지금의 개성(開城, 京畿道)에서 고려(高麗)가 발흥하였습니다.

송나라 시대가 되자, 남중국해의 무역이 크게 발전하여 지금의 푸젠(福建)이나 광둥(廣東)의 항구가 번창하여 남방(南方)과의 왕래가 빈번해졌습니다. 또 계절풍(季節風)을 이용하여 우리 일본이나 고려에 왕래하는 상선(商船)도 많아져, 닝보(寧波)를 출발하여 조선의 남서부를 향하고, 더 나아가 연안을 따라서 북쪽 개성(開城) 근처의 항구로 가는 배와, 남쪽으로 나아가 하카타(博多)로 건너는 배로 해상(海上)은 번성하였습니다.

하카타(博多)의 무역은 후지와라가문(藤原氏)의 화려한 생활과 더불어 왕성해졌습니다만, 다자이후(大宰府)는 지방의 정사(政事)가 느슨해짐에 따라, 단지 해외에서 왕래하는 상선(商船)만을 관리하게 되어, 국방(國防) 쪽은 쇠퇴되어버렸습니다.

다카오카(高丘)친왕의 의지 앞서 중국 상선(商船)의 출입으로 하카타(博多)가 번화해질 무렵, 일본의 승려 중에는 중국선을 타고 대륙으로 건너가 불교를 연구하거나, 유명한 사찰에 참배하는 풍습이 생겨났습니다.

헤이제이(平城)천황의 황자(皇子) 다카오카(高丘)친왕은 불문(佛門)에 귀의하여 절대적 진리(眞如)의 개념을 처음에는 홍법대사(弘法大師)에게 사사받았고, 마침내 제56대 세이와(淸和)천황의 치세에는 불교를 깊이 연구하는 데 뜻을 두고 칙허(勅許)를 받아 당나라로 건너갔습니다.

그 무렵 중국에서는 불교가 쇠퇴하고 있었기 때문에, 친왕(親王)은 이미 70세 전후의 고령임에도 불구하고 당나라 도읍을 뒤로 하고 지금의 광둥(廣東)으로 향하였고, 이곳에서 멀고 먼 해로(海路)를 따라 인도로 향하게 되었습니다. 도중에 불행하게도 지금의 쇼난도(昭南島) 부근에서 돌아가시어, 모처럼의 의지는 허망하게 되었습니다. 존귀한 신분이면서도 수많은 고통을 극복하며, 불교의 이치를 밝혀내려 한 열정만큼은 실로 현명하기 그지없는 일이었습니다.

고려(高麗)의 친교　고려는 제61대 스자쿠(朱雀)천황 치세에 조선지방을 평정하자 곧바로 옛날 삼한(三韓)시대처럼 조공을 바치고 싶다고 일본조정에 요청하였습니다만, 신라(新羅)가 제멋대로 행동했던 뒤였으므로 허락하지 않았습니다.

고려(高麗)는 그 후에도 항상 우리 일본과 친교를 유지하며, 공적인 왕래를 희망하고 있었습니다. 제68대 고이치조(後一條) 천황의 치세에 지금의 함흥(咸興, 咸鏡南道) 주변에 살고 있던 도이(刀伊, 東女眞)가 기타큐슈(北九州)를 휩쓸고 있을 때, 고려의 수군(水軍)은 도이 해적선이 돌아가는 것을 사로잡아서, 우리 일본 사람들을 다시 빼앗아 사신을 내어 일본에 되돌려 보낸 일도 있습니다.

또 제72대 시라카와(白河)천황의 치세에 고려(高麗)의 국왕이 병에 걸려서 송나라와 요나라에서 의원과 약을 구하려 했으나 보람도 없이 오랜 병고로 괴로워하고 있을 때, 개성(開城)을 방문한 하카타(博多)의 상인으로부터 우리 일본에 명의(名醫)가 있다는 소식을 듣고, 하카타상인에게 부탁하여 다자이후(大宰府)에 편지를 내어 의원을 초청하고 싶다고 부탁해 온 적도 있습니다.

이때 일본조정에서는 옛날부터 소문난 명의(名醫)인 단바노마사타다(丹波雅忠)를 보내려고 하였습니다만, 마사타다(雅忠)가 머나먼 바다를 건너 고려에 가는 것을 두려워했기 때문에 어쩔 수 없이 이를 거절하였습니다.

일본(日の本)의 긍지 중국에서는 송나라시대가 되자 불교가 왕성했기 때문에 우리 일본의 승려도 중국에 건너가 유명한 사찰을 순례하였고, 요(遼)나라나 고려(高麗)에서 온 승려들과도 친밀한 교류를 맺으며 수행(修行)을 쌓았습니다. 이 중에는 일본의 명예를 드러내고, 황국의 명예를 드높인 사람도 많았습니다.

제64대 엔유(圓融)천황의 치세에 도다이사(東大寺)의 조넨(奝然)은 송나라로 건너가 황제(皇帝)를 뵈었을 때, 우리 일본이 신(神)의 후예인 일계(一系)의 천황을 받들고 있고, 조정(朝廷)에 출사한 사람도 가문(家門)을 따라 대대로 직(職)을 이어받고 있어, 모든 국민이 행복하게 살고 있는 것을 아뢰어 황국의 긍지를 나타내 보였습니다. 황제(皇帝)는 이 이야기에 대단히 감탄하여 곧바로 대신(大臣)들을 불러 들여 우리 일본이 머나먼 옛날부터 미풍(美風)을 이어받고 있는 것을 칭찬하며, 군신(君臣)이 일치하여 일본처럼 훌륭한 국체를 만들지 않으면 안 된다는 것을 깨우쳤습니다.

제71대 고산조(後三條)천황 치세에는 엔랴쿠사(延歷寺)의 조진(成尋)이 송나라로 건너가, 황국의 명예를 드높였습니다. 그 무렵 우리 일본 문화는 점차 국풍(國風)이 나타났고, 불교 연구도 중국보다 진전되어 있었습니다. 특히 조진(成尋) 일족(一族)은 일본의 명예를 자각하고 있었습니다. 아버지는 서도(書道)로 국풍(國風)을 나타낸 것으로 유명한 후지와라노스케마사(藤原佐理)입니다. 조진(成尋)의 어머니는 조진(成尋)의 출발에 임하여,

> もろこしも、天の下にぞ 有りと聞く 照る日の本を 忘れざらなむ。
> (중국의 송나라도 틀림없이 하늘아래 존재한다고 들었노라. 그 곳에 있어도 빛나는 해의 근본 일본을 잊지 말라)

라 읊으며, 힘있게 격려하였습니다.

그 때 조진(成尋)은 이미 61세로, 중국에 건너가서는 언제나 어머니의 훈계를 지키며, 송나라 사람들에게 우리 일본국체를 알리는데 진력하였습니다. 특히 가뭄이 계속되었을 때 송나라 도읍에서 행한 기우제가 성공하여, 황제(皇帝)로부터 칭찬받고 대사호(大師號)를 하사받았습니다.

다이라노키요모리(平淸盛)의 무역 다이라노키요모리(平淸盛)는 조상이 주고쿠(中國)나 규슈(九州) 그리고 세토나이카이(瀨戶內海)지방에 세력을 넓히고 있었고, 게다가 처음 다자이후(大宰府)의 소임을 맡고 있었기 때문에 해외 사정에 밝아 크게 무역을 권장했습니다.

제80대 다카쿠라(高倉)천황의 치세에, 기요모리(淸盛)는 지금의 고베(神戶)에 저택을 마련하고 무역항을 구축하여, 송나라 상인을 청하여 무역을 하게 하였습니다. 게다가 당시 상황(上皇)이셨던 제77대 고시라카와(後白河)천황의 왕림을 청하여 친히 송나라상선에 함께 동행 승선하실 것을 요청하였으며, 멀리

이쓰쿠시마(嚴島, 廣島縣)에 참배한 적도 있습니다.

이 무렵부터는 우리 일본 상선도 왕성하게 해외에 나갈 수 있게 되어 송나라와의 왕래가 빈번해졌고, 다이라가문(平氏)이 멸망한 뒤에도 무역은 대단히 왕성하여 하카타(博多)는 계속해서 번영하고 있었습니다.

이윽고 대륙의 형세가 일변하여 지금의 하얼빈 부근에 있던 여진(女眞)이 '금(金)'이라는 나라를 일으켜 요(遼)나라를 멸망시키고, 고려(高麗)를 복속시켰으며, 나아가 송나라를 남쪽으로 쫓아내고 지금의 베이징(北京)으로 도읍을 옮겼습니다.

송나라는 지금의 항저우(杭州)로 이동하여 금(金)나라와 싸우고 있었는데 중국문화에 새로운 진보가 나타났습니다. 우리 일본에서는 많은 승려가 왕래하며 선종(禪宗)이나 주자학(朱子學)을 전해주어서 여러 가지 영향을 받았습니다.

제8 신국(神國)의 자각

원구(元寇)의 유래 우리 일본과 송나라와의 왕래가 빈번해지고 깊은 관계가 맺어질 무렵, 대륙에서는 몽고(蒙古)가 발흥하였습니다. 몽고는 제83대 쓰치미카도(土御門)천황의 치세에 칭기즈칸(成吉思汗)이 출현하여 갑자기 강해져서 동쪽으로는 만주에서부터 조선지방으로 공격하였고, 서쪽으로는 유럽까지 공략하여 세력이 더욱더 왕성해졌습니다.

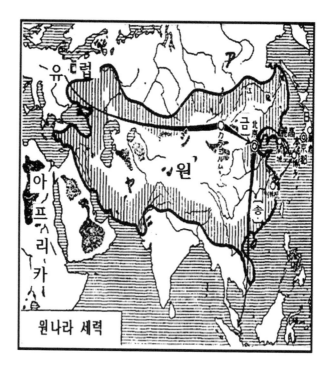

원나라 세력

이윽고 고려의 국왕은 강화도(江華島, 京畿道)로 피신하였고, 국민도 산속이나 섬으로 도망가서 난리를 피했습니다만, 전후로 30년 남짓에 걸쳐서 여러 번 침공 받아 나라 안이 매우 황폐해졌습니다.

그 사이에 몽고는 금나라를 비롯한 아시아의 여러 나라들을 차례차례 멸망시키고 송나라를 공격하기 시작했습니다. 쿠빌라이(忽必烈)가 황제가 되자, 송나라를 멸하고 중국을 통일하기 위해서는 우선 송나라와 관계가 깊은 고려와 우리 일본을 복종시켜 배후를 안전하게 하려고 생각했습니다.

쿠빌라이는 일단 고려에서 군사를 철수시키고 교묘하게 국왕을 회유하였고, 이어서 군사를 내어 몽고에 항복하는 것을 찬성하지 않는 자들을 진압하여 고려를 완전히 복종하게 하였습니다.

이어서 제90대 가메야마(龜山)천황 치세에, 우리 일본에 사신과 국서(國書)를 보내어 협박하여 세력에 복종하게 하려고 하였습니다. 우리 일본에서는 조금도 물러서지 않고 그 사신을 쫓아 돌려보냈고, 마침내 제91대 고우다(後宇多)천황 치세에 분에이(文永), 고안(弘安) 등 두 차례에 걸쳐 원군(元軍)이 쳐들어와 전쟁이 일어났습니다.

쿠빌라이는 그 무렵 국명을 원(元)이라 칭하고 도읍을 지금의 베이징(北京)으로 정하였고, 점차 송(宋)나라를 공략하여 중국을 통일하였습니다.

장기전(長期戰) 　제1차 몽고내습(文永の役, 서기1274)과 제2차 몽고내습(弘安の役, 서기1281) 때에도 적(敵)은 수만의 대군을 이끌고 쳐들어 왔는데, 신의 위력이 나타남에 따라 쫓김을 당했지만, 끝까지 우리 일본을 공격해 복종시키려고 생각하여 다시

쳐들어올 계획을 계속 세우고 있었습니다. 다만 내분으로 인하여 쉽게 실행할 수 없었으나, 쿠빌라이는 죽을 때까지 결코 그 소망을 버리지 않았습니다.

우리 일본이 몽고(蒙古)의 국서(國書)를 물리치는 태도를 취하고 난 6년째에 제1차 몽고내습(文永の役)이 일어났고, 또 7년째에 제2차 몽고내습(弘安の役)이 있었으며, 쿠빌라이가 죽은 것은 더욱이 13년 뒤의 일이니, 전후를 통틀어 실로 26년에 걸친 장기전(長期戰)이었습니다. 게다가 호조가문(北條氏)은 그 후로도 계속하여 하카타(博多)의 수비를 늦추지 않았습니다.

당시의 사람들이 천하의 대란(天下の大難)이라고 했던 것은 지극히 당연한 것입니다.

거국일체(擧國一體)의 준비 아시아, 유럽에 걸친 큰 세력과 오랫동안 대립을 계속하면서도 마침내 큰 고난을 극복한 것은 천황의 위광 아래 거국일체(擧國一體)가 되어 황국 수호를 군건히 했기 때문입니다.

가메야마(龜山)천황과 고우다(後宇多)천황은 아메테라스 오미카미(天照大神)를 비롯한 신들의 수호를 굳게 믿고, 언제나 적국(敵國)의 항복을 기도하였습니다. 천황폐하가 미국과 영국에 보낸 선전(宣戰)의 조서(詔書)에,

皇祖皇宗ノ 心靈上ニ在り。
(황조황종(皇祖皇宗)의 신령(神靈)을 받자와)

라고 말씀하신 것도, 이와 같은 큰 어심(御心)에서 나온 것으로 보여집니다.

　가마쿠라(鎌倉) 무신정권은 싯켄(執權) 호조 도키무네(北條時宗)가 중심이 되어, 국방(國防)의 의무를 완수하기 위해 전력을 다하여 거국일치(擧國一致)의 준비를 갖추었습니다.

　당시 가마쿠라의 무신정권에 따르는 무사(武士)는 가신이라 불렸는데, 슈고(守護, 가마쿠라, 무로마치 막부 직제로, 지방 별로 두어진 군사 행정관)나 지토(地頭, 세금을 부과하고 장원 내의 치안을 유지하던 관리)로서, 호조(北條)가문의 지시에 따라 온 나라를 평정하고 있었습니다. 토지제도가 복잡해져서 황실 소유지나 지방의 관리가 지배하고 있는 토지가 있는가 하면, 신사(神社)나 사찰이나 조정의 신하나 호족(豪族) 등의 영지(領地)도 있었고, 무사(武士) 중에도 가신이 아닌 사람이 있어서, 농민의 입장도 제각각이었습니다.

　이와 같이 백성들 가운데 서로의 이익이 일치(一致)하지 않는 것은 도키무네(時宗)가 국난을 생각할 때 무엇보다도 마음에 걸리는 일이었습니다. 그래서 조정(朝廷)의 허락을 받아 차례로 무가(武家)의 명령이 미치는 범위(範圍)를 넓히고, 전투 준비를 굳건히 하여 강력하게 국민을 이끌었습니다.

　도키무네(時宗)는 우선 규슈(九州)에 영지(領地)가 있는 가신에게는 모두 다 종군(從軍)하게 하였고, 규슈에서는 가신이 아닌 무사(武士)까지 동원하여, 적(敵)이 공격 목표로 하고 있는 다자이후(太宰府)의 입구인 하카타만(博多灣)을 중심으로 군(軍)을 집결시켰습니다.

　특히 제1차 몽고내습(文永の役) 후에는 실전 결과를 감안하여 면밀한 계획을 세웠고, 해안에 석축지(石築地)를 만들 때는 영지의 넓이 300평당 한 치의 비율로 할 정도였습니다.

하카타만(博多灣)의 석축지(石築地)

또 적이 언제 습격해 들어올지 모르므로 자연히 수비(守備)가 길어지게 되고, 그 때문에 병사들의 마음이 느슨해지는 것을 경계하여, 적국(敵國) 원정(遠征)의 거사를 기획하였고, 나아가 해상으로 출동할 준비를 명하여 용기를 북돋았습니다. 게다가 동원 범위를 도읍 가까운 곳까지 확대하여, 백성을 격려하였고, 전투의 마음가짐을 군건히 하도록 하였습니다.

더욱이 제2차 몽고내습(弘安の役)이 한창일 때에는 전세의

중요성을 고려하여, 규슈(九州)나 주코쿠(中國)방면의 일체의 연공미(年貢米)를 군량(軍糧)으로서 비축시키는 일까지 단행(斷行)하였습니다.

이처럼 도키무네(時宗)는 굳은 결의로 과감히 계획을 수립하여, 황국의 모든 힘을 다하여 적국 항복의 토대를 구축하였습니다.

마음의 목표 호조 도키무네(北條時宗)가 거국일치(擧國一致)의 준비를 수립할 수 있었던 것은 물론 그 빈틈없는 마음씀씀이에도 근거합니다만, 천황의 위광을 우러르는 모든 국민의 마음이 일편단심 국난(國難)의 극복에 있었기 때문입니다.

지금까지 무신정권의 행동을 좋아하지 않았던 조정대신들도 기꺼이 도키무네(時宗)의 생각대로 전비(戰備)를 갖추는 일에 힘을 모았고, 가신이 아닌 장병들도 가마쿠라(鎌倉)의 명령아래, 자진하여 가신과 손잡고 황국방어에 참여하여 신명(身命)을 돌아보지 않고 싸웠습니다.

특히 제1차 몽고내습(文永の役)으로 고전(苦戰)을 맛본 뒤에는 온 나라가 신의 가호를 깊이 믿으며, 오히려 심한 적개심(敵愾心)을 떨치고 일어나 마음의 목표를 더욱더 뚜렷히 정했습니다.

당시 국민의 마음가짐은 우리들이 대동아전쟁을 승리하기 위해서 더없이 좋은 본보기입니다.

신국(神國)의 긍지 거국일치의 준비에 몰두한 성심은 신의 가호로 나타나서, 적(敵)의 대군(大軍)을 무찔렀습니다. 국민의 마음에 잠재된 선조로부터 이어받은 신국(神國)의 긍지는 확실하게 자각되었습니다. 이윽고 국체(國體)의 존엄을 깨닫게 되었고, 제96대 고다이고(後醍醐)천황의 통일정책은 여기에 토대를 두고 펼쳐지게 되었습니다.

일찍이 몽고(蒙古)의 국서(國書)가 왔을 무렵에 굉각선사(宏覺禪師, 慧案)는 불교에서 파생된 미신(迷信)을 극복하고, 세계에 유례가 없는 황국의 모습을 자각하여,

末の世の 末の末まで、 わが國は、 よろづの國に すぐれたる國。
(우리 대일본국은, 이 세상이 계속되는 한 영원히 온 세계에 뛰어난 훌륭한 신국(神國)이로다.)

라고 읊으며, 열심히 적국 항복을 기원하였습니다. 또 조정에서는 신국의 긍지를 설명하며 몽고의 무례(無禮)를 꾸짖는 답서를 보내려고도 했습니다.

원나라의 공격에 의해서 신국의 긍지는 더욱더 강해졌으며, 신국은 결코 망하지 않는다고 믿게 되어 외적(外敵) 때문에 존엄한 신국을 상처내서는 안된다는 각오(覺悟)도 생겨났습니다. 드디어 기타바타케 지카후사(北畠親房)는,

大日本は神の國なり。
(대일본은 신의 보호를 받는 나라이다.)

라는 굳은 신념에 근거하여 통일된 정사에 신명을 바쳤으며, 『진노쇼토키(神皇正統記)』를 남겨 오랫동안 국민을 이끌어가고 있습니다.

제9 동아시아의 왕래(1)

해외진출의 의지 몽고내습이 한창일 때, 원(元)나라가 송(宋)나라를 멸망시킨 이후에도 우리 일본과 중국 사이에는 상선(商船)의 왕래가 끊이지 않았고, 승려들도 왕래하고 있었습니다. 오랫동안 하카타(博多)의 번영이 얼마나 탄탄했는지 알 수 있습니다.

우리 일본 국민은 몽고내습으로 인해 해상방어를 굳건히 하였고, 또 해상으로 나아가 적함(敵艦)을 습격하여 마침내 대적(大敵)을 쳐부수고 훌륭하게 국난(國難)을 극복하였기 때문에, 기세가 점점 더 왕성해졌습니다. 게다가 그 이후도 해상방비가 이어져 해외진출의 의지를 돋우고 있습니다. 바다를 건너 대륙으로 나가는 사람도 점차로 많아졌습니다.

동아시아의 혼란 고다이고(後醍醐)천황 치세에, 아시카가 다카우지(足利尊氏)가 통일 정치를 무너뜨리고 황국을 혼란스럽게 할 무렵에, 원(元)나라의 세력이 쇠약해지면서 대륙이 혼란스러워지기 시작했습니다. 제97대 고무라카미(後村上)천황 치세에는 중국과 만주의 각지에서 잇달아 스스로 국왕(國王)이나 황제(皇帝)로 일컬으며 원(元)나라에 대항하는 자가 나타났습니다.

고려(高麗)에서는 국왕이 쿠빌라이 때부터 원나라와 친척관계였기 때문에 즉각 영향을 받아서 내분이 일어났고, 만주의 전란이 조선지방에도 영향을 미쳐 나라가 완전히 혼란에 빠지고 말았습니다.

대륙이 혼란스러워지자 규슈(九州)나 주코쿠(中國), 시코쿠(四國)에서 건너간 사람들은 뜻대로 무역을 할 수 없게 되어, 중국과 조선지방의 해안이나 섬들을 침범하게 되었습니다. 특히 몽고내습에 원한을 품고 있는 사람도 많았기 때문에, 전란을 틈타 해외로 나가려는 사람도 생겼습니다.

원나라와 고려에서는 해외로 나가는 자의 단속을 요청하러 왔습니다만, 그 사신은 모두 요시노(吉野, 奈良縣)의 행궁(行宮)을 몰랐기 때문에, 교토(京都)에 있던 막부의 근거지로 가버리고 말았습니다.

중국에서는 주원장(朱元璋)이 점차 각지를 평정하여, 제98대 조케이(長慶)천황 치세가 되자 지금의 난징(南京)에서 황제(皇帝)라 칭하고 국호(國號)를 명(明)이라 정한 후, 원(元)나라를 몽고(蒙古) 사막의 북쪽으로 내쫓아 버렸습니다. 이때부터 고려(高麗)는 명나라에 붙기도 하고, 원나라에 붙기도 하여, 더욱더 내분이 심해졌습니다.

가네나가(懷良)친왕의 공훈 명(明)나라는 중국을 통일하자 곧바로 주변 나라에 국서(國書)를 보내어 조공(朝貢)을 권했습니다. 우리 일본에도 그 사신이 왔습니다. 마침 그 무렵 다자이후(大宰府)에는 정서대장군(征西大將軍) 가네나가(懷良)친왕이 나서서 사신을 맞이하게 되었습니다.

친왕(親王)은 어릴 적에 아버지 고다이고(後醍醐)천황의 분부에 따라 멀리 규슈(九州)로 내려왔습니다. 근왕의 성심이 깊은 기쿠치 다케미쓰(菊地武光)는 친왕을 지금의 구마모토현(熊本縣)으로 맞이하여 일족(一族)과 함께 충의(忠義)에 힘썼습니다.

친왕은 20여 년의 고생 끝에 지쿠고가와전투(築後川の戰, 1359년 남북조(南北朝)가 지쿠고강(筑後川)을 사이에 두고 싸운 전쟁)에서, 적장(賊將) 쇼니 요리히사(少貳賴尙)를 완전히 쳐부수고 전진하여 규슈(九州)의 중심인 다자이후(大宰府)로 들어갔습니다. 이윽고 군(軍)을 이끌고 요시노(吉野)로 돌아가서, 아버지 고다이고천황의 뜻을 이루고자 더욱더 반란군 진압에 진력하기를 어언 10년이 지나갈 무렵, 뜻밖에도 명나라 사신이 찾아왔습니다.

명나라의 국서(國書)는 단순히 속국(屬國)이 될 것을 요구했을 뿐만 아니라, 우리 일본의 병사가 산둥(山東)의 해변을 어지럽히므로 이를 멈추게 하지 않으면 수군을 보내 정벌하겠다고 쓰여 있었습니다. 명나라가 중국을 평정한 사이에 멸망당한 호족(豪族)패의 무리로, 우리 일본으로 도망쳐 온 사람들이 꼬여내어 중국의 해안을 어지럽혔기 때문입니다. 친왕(親王)은 크게 분노하여 사신을 쫓아 보내버렸습니다.

곧바로 규슈에서는 반란군의 기세가 왕성해져서, 친왕은 다자이후(大宰府)를 떠나 구마모토현(熊本縣)으로 이동하셨습니다. 그 후 가끔 명나라로부터 사신이 와서 교토(京都)에도 상경하여 적(賊) 아시카가가문(足利氏)에 대해서도 마찬가지로 조공을 재촉하고 있습니다.

처음 명나라 사신이 온 지 10년 정도 흘렀습니다. 명나라는 어느 쪽으로 사신을 보내도 속국(屬國)이 되지 않았으므로, 다시 정벌(征伐)하겠다고 협박해왔습니다. 친왕은 사신을 보내어, "명나라가 전투를 일으킬 계획이 있다고 들었는데, 우리나라에도 적(敵)을 막을 방도가 있다. 호락호락 침략당하는 것을 기다리고 있지 않다. 한판 승부를 희망하는 바이지만, 백성이 고달파지는 것은 피하고 싶은데, 어떤가?"라는 의미의 편지를 보내셨습니다.

그 이듬해, 친왕은 결국 요시노(吉野)로 돌아가는 날을 기다리지 못하고 사망하셨습니다. 오랫동안 도읍에서 멀리 떨어진 지방에 내려오셔서, 반란군을 진압하고 대의(大義)의 빛을 빛내셨으며, 해외에도 훌륭하게 황국의 긍지를 나타내신 공적은 실로 황공하기 그지없습니다.

지금 구마모토현(熊本縣)의 야시로궁(八代宮)에 친왕이 모셔져 있습니다.

조선무역과 삼포(三浦)의 번영　제99대 고카메야마(後龜山)천황이 교토로 돌아오시던 해에, 지금의 함경남도(咸鏡南道)에서 나타난 이성계(李成桂)가 고려(高麗)를 멸망시키고 조선(朝鮮)이라는 나라를 세웠습니다.

조선은 이윽고 지금의 경성(京城, 京畿道)으로 도읍을 정하고, 명나라에 복종하여 명나라 문화를 받아들였고, 주자학(朱子學)을 펼쳐 불교를 억압하였으며, 새로운 제도를 만들어 왕성해지자 여진족을 공격해 복속시키고 지금의 함경북도(咸鏡北道)와 평안북도(平安北道) 지방을 평정함으로써 영지(領地)가 거의 압록강(鴨綠江)과 두만강(豆滿江)에 이르렀습니다.

조선은 제100대 고코마쓰(後小松)천황 치세에 아시카가 요시미쓰(足利義光)와 외교를 맺었고, 또 쓰시마(對馬)를 비롯하여 각지에서 건너간 사람들을 정중히 대접하며, 자유롭게 무역을 영위할 수 있게 하였습니다. 그래서 조선 해안을 침범하는 자가 사라졌으며, 지금의 경상남도(慶尙南道) 해안에 이르는 지역에서 무역이 번성하여 갔습니다.

제101대 쇼코(稱光)천황 치세에 조선에서는 무역항을 지금의 경상남도의 제포(薺浦), 부산포(釜山浦), 염포(塩浦)만으로 한정하였습니다. 이를 삼포(三浦)라 칭하며, 대략 100년 동안 우리 일본과의 무역항으로서 크게 번창하여 사신을 접대하거나 무역에 협조하기 위해 왜관(和舘)이 설치되었고, 거류민(居留民) 마을도 생겼습니다.

삼포(三浦)의 번성(부산포)

그 무렵 세토나이카이(瀬戸内海)연안이나 규슈(九州)의 다이묘(大名)는 제멋대로 조선과 교류를 열어 왕래에 대한 조약을 맺고, 매년 보내는 무역선의 숫자 등을 정했습니다. 그 중에서도 쓰시마(對馬)의 소가문(宗氏)은 조선과 매우 친밀한 관계를 맺고 있어, 조선으로 건너갈 사람은 소가문(宗氏)으로부터 도항증명서(渡航證明書)를 받아 건너가게 되어 있었습니다.

아시카가가문(足利氏)의 감합무역(勘合貿易)　아시카가 요시미쓰(足利義滿)는 예전부터 하카타(博多)에 살고 있는 중국인들로부터 해외의 동향을 듣고, 명나라와 무역하는 것을 바라고 있었습니다. 그런데 명나라에서는 속국(屬國)이 되어 조공(朝貢)하러 오는 사람이 아니라면 무역을 허락하지 않는다는 방침을 취하고 있었습니다.

요시미쓰(義滿)는 조선과 외교를 맺은 뒤 얼마 되지 않아 마음대로 명나라에 사신을 보내어, 결국 명분을 잃고 명나라로부터 '일본국왕'이라는 호(號)를 받아 무역을 개시했습니다.

세상의 혼란이 계속되어 대의(大義)의 빛이 가려져있던 결과로, 우리 일본사를 통틀어 이만큼 황국의 명예에 상처를 입힌 적은 그 예가 없었습니다.

요시미쓰(義滿)가 사망하자, 아들인 요시모치(義持)는 참으로 아버지가 국체(國體)를 망각하고 한 행동을 크게 부끄러워하여 명나라에 편지를 보내어, "우리 일본은 예로부터 다른 나라에게 신하(臣)로 칭함 받은 적이 없는데, 아버지 요시미쓰(義滿)는 명나라의 曆(달력)을 받고, '일본국왕'이라는 인(印)을 받았기 때문에 신들의 저주를 받아 돌아가셨다."고 서술하고 단호하게 교류를 단절해 버렸습니다.

그럼에도 그 후, 아시카가가문(足利氏)은 다시 명나라와 교류를 열어 왕래를 계속하였고, 무역선은 감합(勘合)이라는 물표를 받아 소지하며 왕래한다는 약속을 정했습니다. 아시카가가문(足利氏)은 감합(勘合)을 다이묘(大名)나 사찰(寺), 상인에게 나누어주며 무역선을 보내게 하였고, 사들여 온 물건 등을 내놓게 하였습니다. 이로써 아시카가가문의 허가가 없는 사람은 중국에 건너가도 무역을 할 수 없게 되어 왕래(往來)의 단속이 철저해졌습니다.

무역선이 명나라에 갈 때는 대개 선종(禪宗)의 승려가 사신이 되어 중국의 학문이나 미술 등을 전했기 때문에, 문화의 발전에도 상당히 영향이 있었습니다. 사찰(寺)이 중심이 되어 세상이 개화되어 갔으며, 무사(武士)들 사이에도 사찰의 풍습에서 배운 생활이 확산되어 오늘날의 관습의 근원이 된 것이 많이 있습니다.

제10 동아시아의 왕래(2)

남만선(南蠻船)의 왕래   우리 일본국민의 해외진출이 왕성해질 무렵에, 동아시아 각 지역은 상호간에 교류하여 해상교통이 매우 활발했습니다.

명나라는 고코마쓰(後小松)천황 치세에 도읍을 베이징(北京)으로 옮기고, 주변 국가들을 따르게 하여 세력이 왕성해졌는데, 인도차이나, 말레이시아로부터 수마트라, 자바, 나아가 인도양을 넘어 이란이나 아프리카 동해안까지도 사람을 보내어 조공을 권했기 때문에, 모든 나라와 왕래가 열렸습니다. 중국인들이 점차 남방(南方)으로 진출하여 오늘날까지도 계속 활동하고 있어 '화교(華僑)'라 부르고 있습니다.

때마침 타이가 왕성해지고 자바가 세력을 넓히려할 즈음으로, 이 지방의 중국인이 중개상이 되어 멀리 배를 출항하여 우리 일본에 와서 무역을 시작하였습니다. 남방에서 건너왔기 때문에 '남만선(南蠻船)'이라 불렀습니다. 이 무렵 지금의 오키나와현(沖繩縣)은 류큐(琉球)라 하여, 중국에서 이주(移住)한 사람들의 안내로 해상으로 크게 발전하였습니다. 남만선(南蠻船)이나 류큐(琉球)의 배는 때때로 조선에도 왕래하고 있었습니다.

하카타(博多)의 항구는 중국이나 류큐(琉球)의 상선과 남만선이 자주 드나들어 이전보다 훨씬 번화하였습니다. 우리 일본의 다이묘(大名)들이나 하카타(博多)의 상인은 여기에서 수입한 후추나 염료, 향료, 약품 등 남양산(南洋産) 상품을 싣고 조선으로 건너가 쌀이나 마(麻) 그리고 면직물 등을 사들여 돌아와서,

다시금 남방과의 무역을 행한 것입니다. 또 도읍 가까이에서는 지금의 고베(神戸)나 사카이(境, 大阪府), 오바마(小濱, 福井縣) 등의 항구에서 해외와의 왕래를 펼쳤습니다.

동아시아의 친교 고코마쓰(後小松)천황 치세 중반이 지나 아시카가 요시미쓰(足利義滿)가 사망하던 해에, 오바마항(小濱港)

에 남만선(南蠻船)이 도착했습니다. 지금으로부터 약 530년 전의 일로 지금의 팔렘방(수마트라)에서 온 배입니다.

팔렘방 근처에는 원래 스리비쟈야(三佛齊)라는 나라가 있어서 오랫동안 번성했습니다만, 멸망한 후에 자바의 세력이 확산되었습니다. 자바는 일찍이 원나라 쿠빌라이의 침공을 받았을 때, 그 군대를 쳐부수고 난 후 점차 강해진 나라입니다.

이 무렵 팔렘방은 구항(舊港)이라 불리며 명나라에서 선위사(宣慰使)라는 관직을 받은 중국인이 다스리고 있었습니다.

팔렘방의 배는 우리 정이대장군(征夷大將軍)에게 진상할 각양각색의 진귀한 진상품을 준비하여 아득한 바닷길을 멀다하지 않고 하카타(博多)로 들어왔으며, 더 나아가 오바마(小濱)로 온 것입니다. 남만선(南蠻船)의 선물은 바로 육지로 올려져 비와호(琵琶湖)에서 교토(京都)로 운반되어졌습니다. 그 중에서도 사람들의 눈을 놀라게 한 것은 잘 길들여진 코끼리가 한 마리와 아름다운 공작(孔雀)과 앵무새 등이었습니다.

정이대장군 아시카가 요시모치(足利義持)는 이 뜻하지 않은 선물에 대단히 기뻐하며 사신을 정중하게 대접하여 보냈습니다.

머잖아 조선에서는 아시카가 요시미쓰(足利義滿)가 사망하였다는 소식을 듣고 특별히 위로 사신을 보내왔습니다. 요시모치(義持)는 이 답례로 사신을 보냈는데, 그때 팔렘방에서 보내온 코끼리를 진상물로 조선왕에게 보내기로 했습니다.

코끼리는 요시모치(義持) 가신의 보호아래 다시 배에 실려 세토나이카이(瀬戸內海)에서 하카타(博多)로, 이키(壹岐)와 쓰시마(對馬)를 거쳐 조선의 진해만(鎭海灣) 부근 제포항(薺浦港)에

도착하였고, 육로로 경성(京城)에 보내졌습니다. 조선왕도 처음 보는 남만(南蠻)에서 건너온 선물에, 요시모치(義持)의 따뜻한 마음 씀씀이에 감사하며 융숭한 연회(宴會)를 베풀어 사신을 대접하였습니다.

이와 같이 동아시아 각 지역은 남쪽도 북쪽도 조류(潮流)나 계절풍(季節風)의 은혜로 왕래가 빈번하였고, 무역은 번성하여 유무(有無)가 서로 상통(相通)하는 친밀감이 점차 깊어져 갔습니다.

해외진출의 기세 동아시아의 왕래가 빈번해짐에 따라 우리 일본인이 해외로 진출하는 일이 점차 많아졌습니다. 제103대 고쓰치미카도(後土御門)천황 치세 때 '오닌의 난(應仁の亂)'이 일어나고부터는, 다이묘(大名)가 서로 경쟁하여 실력을 양성하는데 주력하였기 때문에 지방의 산업이 개발되었으며, 그 중에서도 금, 은이나 동 등의 산출이 많아져 조선이나 중국 또는 남방으로 팔리게 되어 무역은 한층 왕성해졌습니다.

명(明)나라와의 감합무역(勘合貿易) 제도는 이와 같은 해외진출에 방해가 되었습니다. 그러나 해외진출의 기세는 막을 수가 없어서, 아시카가가문(足利氏)의 규정에 구애 받지 않고 자유자재로 중국에 건너가는 사람이 해마다 늘어갔습니다.

중국 상인은 이익이 많은 까닭에, 비밀리 우리 일본 상선(商船)과 무역을 시행하여 관리와의 사이에 분쟁이 일어나는 일도 많아졌습니다. 명나라는 이미 옛날의 세력이 없어지고 단속도 허술했기 때문에 중국의 해안이 소란스러워질 뿐이었고, 마침내 중국 해적(海賊)이 일본인 모습으로 변장하여 도처에서 횡행(橫行)하는 양상이 되어, 도저히 통제할 수 없게 되어버렸습니다.

제105대 고나라(後奈良)천황 치세에 명나라는 결국 감합무역을 중단하고 표면적으로 무역은 완전히 금지되었습니다. 그러나 우리 일본국민의 해외진출 기세는 점차 활발해졌으며, 중국 상인과는 오랜 왕래로 인해 깊은 관계가 맺어져 있었습니다. 상호간에 타이완(臺灣)이나 인도차이나의 항구로 진출하였고, 그곳에서 무역을 영위하기 시작하면서 그 방면이 대단히 번화해졌습니다.

이 무렵 류큐(琉球)나 타이 그리고 자바 등은 점차 쇠퇴해져 우리 일본국민이 활동하는 무대는 동아시아 해상 전체로 확대되게 되면서, 발전 진취정신이 크게 발휘되었습니다.

제11 세계의 동향

유럽인의 동경(憧憬) 몽고내습의 시기에는 아시아와 유럽의 왕래가 빈번했습니다. 이탈리아 상인 마르코 폴로(*Marco Polo*)는 머나먼 지금의 베이징(北京)에 와서 쿠빌라이를 섬기다가 고국으로 돌아가서 동아시아의 모습을 사람들에게 자세하게 이야기하였기 때문에, 나중에 그 견문록(見聞錄)이 유럽으로 퍼져나갔습니다. 그 안에 우리 일본에는 황금이 넘쳐나는 것이나, 금은보화를 많이 캘 수 있다는 것이 쓰여 있었습니다. 이것은 송나라 시대부터 우리 일본의 금이나 진주가 중국으로 많이 수출되었기 때문입니다.

아라비아인이 활동한 이래, 유럽 각국으로 동아시아의 진귀한 산물이 전해지게 되어, 직접 왕래하고 싶다고 희망하는 사람들이 있었을 뿐만 아니라, 상업이 발달하여 금이 중요시되고 있었기 때문에, 유럽인은 우리 일본을 황금의 섬으로서 매우 동경하게 되었습니다.

세계의 변화 그 후 200년쯤 지나서 이탈리아인 콜럼버스(*Christopher Columbus*)는 마르코 폴로의 견문록(見聞錄)을 읽고 이 황금의 섬 일본에 오고 싶어 했습니다.

그 무렵 유럽에서는 때마침 '세계가 둥글다'고 주장하는 사람이 나타났고 또 항해술(航海術)도 발전되었기 때문에, 콜럼버스는 유럽에서 서쪽을 향하여 나아가면 동아시아에 갈 수 있다고 생각했습니다. 그래서 스페인에 요청하여 배를 지원받고 대서양(大西洋)을 서쪽으로 나아가, 생각지도 않았던 지금의 미국에 도착했습니다. 대략 450년 전으로 우리 고쓰치미카도(後土御門)

천황 치세 때의 일입니다.

　머지않아 남북아메리카의 탐험도 이루어져, 태평양을 횡단하여 동아시아에 오는 사람이 나타났습니다. 비슷한 시기에 포르투갈(葡萄牙)인은 아프리카의 남쪽을 돌아 인도로 왕래하는 항로(航路)를 열었습니다.

　그래서 유럽인들 사이에 탐험 바람이 일었고, 점차 세계동향을 조사하여 세력을 넓힐 실마리를 열었습니다. 스페인은 남북아메리카에 있는 나라들을 멸망시키고 세력을 넓혀 많은 금(金)과 은(銀)을 손에 넣어 풍요롭게 되었고, 포르투갈은 아시아의 남부나 아프리카 각지에 영토(領土)를 넓혀 무역을 행함으로써 왕성해졌습니다.

유럽인의 방문

이와 같이 유럽인이 점차 해상(海上)으로 진출하게 되어 세계 형세가 완전히 바뀌었습니다.

유럽인의 방문

유럽인의 방문 때마침 우리 일본국민이 활발하게 동아시아의 해상으로 진출하고 있을 무렵에, 유럽인의 세력이 남양(南洋)방면에서부터 육박해왔습니다. 포르투갈인은 인도의 고아(Goa, 인도 남서부 아라비아해에 접한 강)를 근거지로 하여 점차 동쪽으로 세력을 확장하여 말레이반도의 말라카로 왔습니다. 우리 일본국민은 이 지역에서 금(金), 은(銀), 동(銅) 등의 거래를 개시하였습니다.

이윽고 고나라(後奈良)천황 치세에 포르투갈 상선(商船)이 폭풍을 만나 지금의 가고시마현(鹿兒島縣) 다네가섬(種子島)에 표류하여 총포(鐵砲)를 전했습니다. 이것이 유럽인이 우리 일본을 방문한 최초의 일입니다.

그 무렵 포르투갈인은 중국의 마카오(澳門)를 탈취하여 근거지를 만들고, 가고시마현(鹿兒島縣)의 항구에 왕래를 개시하여 무역을 시작하였습니다. 포르투갈인은 남만(南蠻)이라 일컫는 지방에서 왔기 때문에 남만인(南蠻人)이라 하고, 그 배는 남만선(南蠻船) 또는 흑선(黑船)이라 하였습니다.

때마침 우리 일본에서는 전쟁이 계속되고 있었기 때문에, 총포류(鐵砲)가 순식간에 퍼져나가 다이묘(大名) 중에는 이 새로운 무기를 수입하여, 다시 무역 이익을 챙기고자하는 사람이 많아졌습니다. 그래서 히라도(平戸, 長崎縣), 나가사키(長崎, 長崎縣), 오이타(大分, 大分縣) 등의 항구에도 포르투갈 선박이 출입하게 되었고, 세계각지의 진귀한 물건이 수입되어 온 나라에 퍼졌습니다.

기독교의 전파 포르투갈 선박의 왕래가 시작되고 얼마되지 않아 선교사(宣敎師)인 프란시스코 하비에르(*Francisco Xavier*)가 왔습니다. 예전의 기독교는 신(新) 구(舊) 두개의 파로 갈라졌는데, 하비에르는 열렬한 구교(舊敎) 신자로, 동지들과 '예수모임(ヤソ會)'을 조성하여, 새롭게 왕래가 확대된 세계 각지에 교리를 확산시키려고 계획하였습니다. 포르투갈 왕에게 부름받아 인도에 파견되어 교리를 전파하고 있는 사이에 우리 일본이 개화되고 있는 것을 알고, 자진하여 지금의 가고시마현으로 건너왔습니다. 먼저 시마즈가문(島津氏)의 허락을 얻어 교리를 전파하였고, 이

어서 규슈(九州)나 주고쿠(中國) 각지를 순회하였고, 도읍에도 올라와서 교리를 전파하였습니다.

하비에르는 우리 일본국민이 명예를 중시하고 정직하고 예의 바른데다 학문에 열심인 것에 대단히 감탄하였습니다. 그 보고를 듣고 선교사(宣敎師)가 잇달아 건너와서 각지에 교회를 세우고 학교나 병원을 개설하였기 때문에 기독교가 확산되었고 열렬한 신자가 늘어갔습니다.

그 무렵 우리 일본에는 기독교를 '기리시탄(キリシタン)교'라 부르고 있었습니다. 나중에는 천주교(天主敎)라고도 했습니다.

기독교의 확산(난반사)

기독교의 확산 제106대 오기마치(正親町)천황 치세에 오다 노부나가(織田信長)는 교토(京都) 부근의 큰 사찰이 명령을 듣지 않은 것을 미워하여, 선교사(宣敎師)를 따뜻하게 보호하고 기독교를 권장하였으며, 교토에 난반사(南蠻寺)를 건립하고 아즈치(安土)에 학교를 여는 것을 허락하였습니다.

그래서 기독교는 교토에도 전파되어 점차 널리 확산되었고, 다이묘(大名) 중에도 신자(信者)가 많아졌습니다.

이 무렵 지금의 오이타시(大分市)에 있던 오토모가문(大友氏)을 비롯하여 열심이었던 다이묘(大名)들은 소년사절(少年使節)을 유럽에 파견하여 교황에게도 인사를 시켰습니다. 사절(使節)은 아프리카의 남쪽을 돌아서 이탈리아로 향하여 로마로 들어가, 융숭한 대접을 받은 데 더하여 각지를 구경하고 돌아왔습니다. 실로 국민의 기백이 드러난 것입니다.

동아시아 해양의 경쟁 이와 같이 기독교가 확산되고 유럽문화가 전파됨에 따라 무역이 더욱 더 번창하여, 포르투갈 선박의 왕래는 점점 더 빈번해졌습니다.

또 일본 산업은 크게 발전하여 국민이 해외로 진출하는 기세가 왕성해져서 필리핀제도나 인도차이나반도로 건너가, 장기간 주재하며 장사를 하고 있는 사람도 있었습니다. 이윽고 스페인 사람은 필리핀에 세력을 심고, 마닐라에 근거지를 만들었습니다.

이와 같이 동아시아의 해양에서는 우리 일본국민과 유럽인이 서로 경쟁하며 활동하고 있었습니다.

제12 영웅의 의지

통일의 선물 도요토미 히데요시(豐臣秀吉)는 단지 지혜와 용기가 뛰어났을 뿐만 아니라 대의(大義)에 밝았고, 일본의 긍지를 몸에 익힌 훌륭한 영웅이었습니다. 제107대 고요제이(後陽成)천황 치세에 히데요시(秀吉)는 다이묘(大名)를 공격해 복종시키고 천황의 위광에 따르게 하여 태평성대의 근간을 쌓았습니다.

전 일본을 통일이 이루어지자, 다이묘(大名)들이 각자의 나름대로 길러온 힘을 합쳐서 국력이 충실해졌습니다. 전 일본이 안정되고 토지제도가 정비되어 농업이 부흥되었고, 광산(鑛山) 채굴(採掘)이나 제련기술도 발달하여 금, 은, 동 등의 산출이 많아졌으며, 화폐제도가 갖추어져 상업이 발전하여 해외 무역은 한층 왕성해졌습니다.

이 눈부신 통일의 선물은 오사카성(大阪城)이나 주라쿠다이(聚樂第) 그리고 후시미성(伏見城) 등의 훌륭한 구조물로 강력하게 드러나 화려한 세상으로 진보되었을 뿐만 아니라, 동아시아에 국위(國威)를 찬란히 빛낼 근간이 되었습니다.

사해일가(四海一家)의 목표 도요토미 히데요시(豐臣秀吉)가 온 일본을 평정했을 무렵 국민이 해외로 진출하려는 기세는 더욱더 왕성해지게 되어, 남만선(南蠻船)의 왕래도 빈번해졌고 사카이(堺, 大阪)와 나가사키(長崎)는 대단히 번화했습니다.

남만선(南蠻船)의 왕래에 따라 기독교가 확산되었는데, 신자(信者) 중에는 나라의 풍속을 어지럽히는 자가 있었고, 선교사

(宣敎師) 중에도 자기 나라의 세력을 심으려는 의심스런 사람이 있었습니다. 히데요시(秀吉)는 신국(神國)의 긍지를 모독해서는 안 된다고 생각하여 기독교를 금하고, 선교사(宣敎師)를 추방시켜 버렸습니다. 그러나 상선(商船)이 연이어 들어오는 것은 막을 수 없었습니다.

히데요시(秀吉)는 세계의 동향을 알아감에 따라서 해외로 출국하는 자에게는 올바른 방법을 제시하고 이를 잘 인도하여, 황국의 명예를 손상하지 않도록 해야 한다고 생각하였습니다. 그래서 해적(海賊)을 단속하고, 교토(京都)나 사카이(堺), 나가사키(長崎)의 상인이 해외로 무역선을 보낼 때는 허가증(許可證)을 주기로 했습니다.

또 히데요시(秀吉)는 동아시아 나라들이 제각각이어서 통일성이 없고, 또 유럽인의 세력이 점차로 뻗어오는 것을 보고, 사해일가(四海一家)의 목표아래 동아시아 정벌을 시행하여 각국을 각성시키고, 황실의 은혜를 전파하여 완전한 일체(一體)를 이루고자 마음먹었습니다.

일찍부터 그 준비에 착수하여 포르투갈에 선박을 주문하거나 다이묘(大名)에게 선박을 만들게 하였고, 나고야(名護屋, 佐賀縣)에 성을 구축하기도 하였으며, 원래부터 자신의 가신이었던 사람을 규슈(九州)나 시코쿠(四國)의 다이묘(大名)로 임명하기도 하였습니다.

중국진출 계획 도요토미 히데요시(豊臣秀吉)는 동아시아를 하나로 통일하기 위해서는 먼저 중국을 천황의 위엄으로 굴복시키지 않으면 안 된다고 생각하여, 류큐(琉球)와 조선을 길안내로 해서 중국으로 진출할 계획을 세우고 있었습니다.

규슈(九州)가 평정되자, 히데요시(秀吉)는 바로 지금의 가고시마(鹿兒島) 다이묘(大名)로서 류큐(琉球)와 관계가 깊은 시마즈가문(島津氏)과, 쓰시마(對馬) 다이묘로서 조선과 가까운 소가문(宗氏)에 명하여, 각각 우리 일본이 평정되어 온 나라가 잘 통치되고 있는 것을 알리고, 사해일가(四海一家)의 목표를 제시하여, 국왕의 조정 입궐을 권하게 했습니다. 류큐(琉球)와 조선의 국왕을 다이묘와 동급으로 생각하고 있었기 때문에 만약 이 권고에 따르지 않을 경우에는 군사를 내어 진압할 작정이었습니다.

그 무렵 류큐나 조선은 명나라의 지배를 받았을 뿐만 아니라 우리 일본 국체(國體)를 알지 못했기 때문에, 단지 히데요시(秀吉)가 온 일본을 평정한 것을 축하하는 사신을 보내왔을 뿐이었습니다.

그러나 히데요시(秀吉)의 의지는 더욱더 견고해져서 조선을 통해 명나라로 향할 준비를 진행하고 있었습니다.

남진(南進) 계획 도요토미 히데요시(豊臣秀吉)는 오다와라(小田原)정벌에서 돌아와 주라쿠다이(聚樂第)에서 조선사신을 맞이하였고, 온 일본이 완전히 평정된 기쁨을 만끽함과 더불어 중국 진출을 실행에 옮겼습니다.

마침 그 무렵 포르투갈의 인도총독으로부터 선교사(宣敎師)를 사신으로 하여 정중한 선물과 편지를 보내왔습니다. 히데요시의 공적을 칭송하고, 기독교의 보호를 부탁하기 위해서였습니다. 다음해가 되어서 히데요시는 주라쿠다이로 그 사신을 맞이하

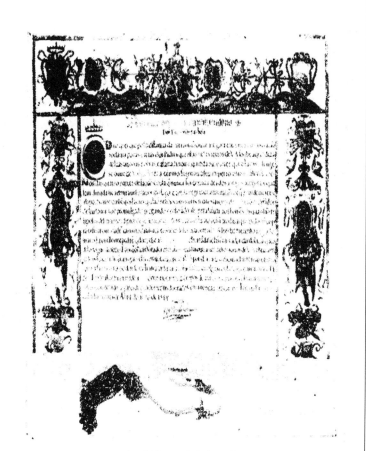

인도총독으로부터의 편지

여 엄숙하고 정중한 의식을 갖추고 후하게 대접하였습니다. 사신의 선물 중에서도 아라비아 말 두필은 매우 히데요시(秀吉)의 마음에 들었습니다.

　앞서 규슈(九州)의 다이묘가 로마에 보낸 소년사절(小年使節)

들도 이 일행과 함께 귀국하였고, 같은 날 히데요시(秀吉)의 부름을 받아 자세하게 여행 과정을 아뢰었고, 유럽음악을 연주하며 노래를 불러 흥을 돋우었습니다.

히데요시는 이미 기독교를 금하고 있었기 때문에 사신에게 내린 답신에 우리 일본이 신국(神國)인 것을 서술하고 황국(皇國)의 도리도, 공자의 가르침도, 불교도 인간으로서 지키지 않으면 안 되는 도리가 근본으로 되어 있는 것을 설명하며 선교사가 신이나 부처를 공경하지 않는 것을 책망하고, 단지 상인의 왕래에 한하여 이를 허락하는 것으로 정했습니다.

이때의 편지에는 「지금 천황의 조서(詔書)를 온 세계에 전하여, 사해일가(四海一家)를 이루기 위해 명나라에 들어가고자 한다. 그 다음에 인도로 향하는 것은 손쉬운 일이다」라는 의미의 글이 적혀져 있어, 히데요시(秀吉)가 대륙으로 건너갈 준비가 되었을 뿐만 아니라, 해상(海上)에서 남진(南進)할 방법도 기획되어 있었음을 미루어 알 수 있습니다.

이 무렵부터 히데요시는 마닐라에 사신을 보내고, 스페인령 필리핀 총독에게도 자주 편지를 보내어, 천황의 위광에 복종하도록 권하였습니다.

영웅의 의지　도요토미 히데요시(豐臣秀吉)는 또 중국으로 진출하여 중국을 진압하고 나서, 이어서 동아시아를 하나로 통합할 것에 대해 확실한 계획을 세우고 있었습니다.

먼저 지금의 베이징에 고요제이(後陽成)천황의 행차를 청하고, 이곳을 도읍으로 해서 동아시아의 중심으로 정하여 널리 황실의 은혜가 펼쳐지게 하고, 나아가 다이묘(大名)들을 인도로 파견하고, 자신은 지금의 닝보(寧波)로 향하여 해상(海上)에서 부터 남방(南方)의 경영에 임하려고 생각했던 것입니다.

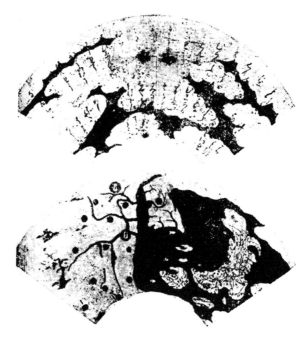

영웅의 의지(도요토미 히데요시의 부채)

　이러한 원대한 계획은 히데요시가 세계의 동향과 국민의 해외 진출의 기상을 함께 생각하여 세운 것으로, 오늘날 우리 일본이 지향하고 있는 대동아공영권(大東亞共榮圈) 건설과 매우 흡사한 것입니다.

　지금도 히데요시(秀吉)가 사용하였던 부채가 전해지고 있는데,

한쪽 면에는 간단한 일상적인 말이 중국어로 표기되어 있고, 그 의미가 일본어로 병기되어 있으며, 다른 한쪽 면에는 동아 시아지도가 그려져 있습니다. 이것을 보면 영웅의 의지를 목전에서 그려볼 수 있습니다.

제13 찬란한 국위(國威)

동아시아 통일의 단초   도요토미 히데요시(豐臣秀吉)는 조선으로부터 일본 국내의 평정에 대한 축하사절이 왔기 때문에, 우리 일본 국위에 굴복했다고 생각하여 서둘러 중국진출의 길안내를 명하였습니다. 그 무렵 조선에서는 대신을 비롯한 모든 관리들이 당파싸움으로 의견이 일치되지 않았기 때문에, 히데요시의 명령에 대하여 여러 가지로 서로 대립할 뿐, 방침이 정해지지 않았습니다.

히데요시는 바다를 건널 준비가 완전히 끝났는데도, 조선으로부터 아무런 연락이 없었기 때문에, 먼저 조선으로 건너가서 자신이 뜻하고 있는 사해일가(四海一家)의 목표를 제시하고 방해되는 자가 있으면 이를 평정하고서 중국진출을 단행하기로 결심했습니다.

그래서 다이묘들에게 역할을 정해주고, 도항(渡航)명령을 하달함과 동시에, 스스로 고요제이(後陽成)천황에게 작별 인사를 아뢰고 도읍을 출발하여 나고야(名護屋)로 가서, 중국진출 준비를 하기로 했습니다. 지금으로부터 약 350년 전의 일입니다.

여러 장수로는 고니시 유키나가(小西行長), 가토 기요마사(加藤淸正), 구로다 나가마사(黑田長政) 등이 선봉장이 되어, 바다를 건너 조선으로 계속 투입되었습니다. 조선이 히데요시의 목표를 깨닫지 못한 까닭에 전쟁이 일어났고, 여러 장수는 잇달아 지금의 부산에 도착하여 경성을 향하여 나아갔습니다. 유키나가(行長)와 기요마사(淸正)는 불과 20일이 채 못되어 경성에 들어갔습니다.

히데요시는 서둘러 역할담당을 정하여 조선의 각 도를 평정하게 하였습니다. 우키타 히데이에(宇喜多秀家)는 경성에 남았고, 평안도를 담당한 유키나가(行長)는 진군하여 평양(平壤)으로 들어갔으며, 함경도(咸境道)를 맡은 기요마사(淸正)는 함흥(咸興)으로 들어가서 더 나아가 회령(會寧, 咸鏡北道)에서 지금의 간도(間島)까지 진군하였습니다.

이와 같이 하여 대략 16만 대군이 조선으로 건너가 3개월 남짓 사이에 조선은 대부분 평정되었고, 점차 천황의 위광이 확산되어 동아시아가 통일될 실마리를 열어갔습니다.

그래서 히데요시는 계획을 더한층 진척시키기 위해 칙허(勅許)를 받아 베이징(北京)에서 행차를 맞이할 준비를 하였고, 신하들에게도 수행 준비에 착수하게 하였습니다.

명나라군(明軍)과의 전투 앞서 조선의 왕은 전쟁이 일어나자, 경성(京城)을 나와 의주(義州, 平安北道)로 향하면서 명나라에 사신을 보내어 구원을 요청하였습니다.

명나라는 일찍부터 우리 일본에 있는 중국인의 통보로, 도요토미 히데요시의 계획을 알고 걱정하고 있었습니다. 조선에서 전쟁이 시작되었다는 소식을 듣고 매우 두려워하여, 조선에 명하여 전력을 다해 우리 일본군을 막게 하고, 서둘러 대군(大軍)을 조선으로 보냈습니다.

명나라 대군은 평양(平壤)으로 쳐들어와서, 고니시 유키나가(小西行長)를 격퇴시키고 여세를 몰아 경성으로 육박해 왔습니다. 우리 일본군은 경성에 모여 의논한 후, 고바야카와 다카카게(小早川隆景) 등은 황국(皇國)의 명예를 손상하면 안 된다고 생각하여 떨치고 일어나 결사(決死)의 각오로 진군하여, 적군을 벽제(碧蹄, 京畿道)에서 맞아 싸워 처참하게 쳐부수었습니다.

명나라의 불신　벽제(碧蹄)전투 후에 명나라는 화친을 청해왔습니다. 도요토미 히데요시는 일단 화친하려고 생각하여 약속을 정하고 군(軍)을 철수시켰고, 나아가 칙허(勅許)를 받아서 화친의 조건을 제시했습니다.

그 후 2년 남짓 사이에 여러 가지 교섭이 있었습니다만, 명나라는 끝내 히데요시(秀吉)에게 일본국왕의 호(號)를 내리고, 다이묘(大名)들에게도 명나라의 관직(官職)을 하사하는 것으로 결정하고, 화친의 사신을 보내왔습니다.

그 때 히데요시(秀吉)는 오사카성(大阪城)으로 돌아와 있었습니다만, 명나라가 전혀 약속을 지키지 않은데다, 우리 일본국체(國體)를 분별하지 못한 무례한 태도를 보였기 때문에, 크게 분노하여 그 사신을 되돌려 보내버렸습니다.

순천성(順天城)의 돌담

히데요시는 재차 전쟁을 개시하여 못 믿을 나라 명나라를 공격하기로 결심하고, 다이묘들에게 명하여 준비를 서두르게 했습니다. 우선 가토 기요마사(加藤淸正)를 보내어 명나라의 성의를 확인시킴과 동시에, 다이묘들에게 대략 14만의 군(軍)을 이끌고 조선으로 건너가게 하였습니다. 여러 장수는 남부조선의 해안에 성을 구축하고 근거지를 다졌습니다. 지금도 동쪽은 가토 기요마사(加藤淸正)가 구축했던 서생포(西生浦, 慶尙南道)나 울산(蔚山, 慶尙南道)의 성으로부터, 서쪽은 고니시 유키나가(小西行長)가 구축했던 순천(順天, 全羅南道)의 성까지, 그 때 쌓았던 돌담(石垣)이 뚜렷하게 남아있습니다.

이윽고 여러 장수는 조선의 남부를 평정하고 직산(稷山, 忠淸南道)까지 전진하여, 명군(明軍)과 싸워 이를 무찔러 격퇴시켰습니다. 그 후에도 각지에서 명군(明軍)과 격전을 벌여, 번번히 쳐부수었습니다만, 히데요시(秀吉)가 병으로 사망하자 유언에 따라 군대를 철수시켰습니다.

이렇게 수십만의 대군이 두 번이나 바다를 건너, 전후 7년에 걸쳐 치룬 큰 전쟁은 끝이 났습니다. 당시의 연호(年號)에 따라 '분로쿠·게이초의 전쟁(文祿·慶長の役, 임진왜란과 정유재란)'이라 불리고 있습니다.

찬란한 국위(國威)   일찍이 호소카와 후지타카(細川藤孝)는 도요토미 히데요시가 중국진출을 위하여 동원(動員) 명령을 내렸을 때,

> 日の本の 光をみせて 遙かなる、 もろこしまでも 春や立つらむ。
> (일본의 찬란한 위광을 보여주면, 머나먼 중국까지도 봄이 오려나)

라고 칭송하며, 국위를 빛냈던 일을 축하하였습니다.

　이윽고 히데요시는 동아시아 통일의 실마리를 열었습니다만, 안타깝게도 목적을 이루지 못한 사이에 사망하였습니다. 그러나 바다를 건너 조선으로 향한 장수와 병사들은 용감하게 싸워서 무사의 명예를 떨치고, 히데요시의 명령을 지켜 황실의 은혜를 확산하는데 진력하여 황위를 해외에 크게 빛냈습니다.

무사도정신의 발현
(고야산의 공양비)

　또 시마즈 요시히로(島津義弘)는 남원(南原, 全羅南道)과 사천(四川, 慶尚南道) 전투에서 명나라 군대를 쳐부수고 대승하여 개선한 뒤, 적군의 전사자를 애도하기 위하여 고야산(高野山, 和歌山縣)에 공양비(供養碑)를 세운 일은, 앞서 몽고내습 후에 호조 도키무네(北條時宗)가 적군 전사자를 가마쿠라(鎌倉)의 엔가쿠사(圓覺寺)에 모신 일과 함께 우리 무사도정신의 발현으로, 대국민(大國民)으로서의 마음가짐을 오늘날에도 자랑할 수 있습니다.

제14 무역의 번성

도쿠가와 이에야스(德川家康)의 구상   고요제이(後陽成)천황 치세에 도요토미 히데요시(豐臣秀吉)가 세계일가(四海一家)를 목표로 동아시아 통일을 구상하였기 때문에, 해외와의 왕래가 더욱더 왕성해졌습니다.

도쿠가와 이에야스는 히데요시(秀吉)의 뒤를 이어 온 나라를 평정하고, 해외 각 나라들과 친교를 맺어 평화로운 왕래를 계속하면서 무역을 권장하여 장사 이익을 취하려고 구상하고 있었습니다. 도쿠가와막부의 가신이나 다이묘들도 이를 따르는 자가 많아서 무역이 대단히 번창하였습니다.

조선통신사(朝鮮通信使)와 부산의 무역   도쿠가와 이에야스는 우선 조선과 외교를 맺으려고, 쓰시마(對馬)의 도주(島主)인 소가문(宗氏)에게 주선토록 하였습니다. 소가문이 여러 번 조선에 사신을 보내어 교섭한 결과, 고요제이(後陽成)천황 치세 말엽에는 조선에서 사신이 와서 도쿠가와막부와 교류를 시작하였습니다.

이후에는 대대의 정이대장군(征夷大將軍)이 직(職)을 이어받았을 때 조선에서 통신사가 와서 축하인사를 하게 되었습니다. 황공하게도 제112대 레이겐(靈元)천황이,

我國の　かぜをやあふぐ、　こま人も、　ことしちきとの　波ぢわけきて。
(우리 일본의 미풍을 우러르는 조선 사람들도 천리나 되는 먼 곳을 올해도 거친 파도 헤치고 건너왔구려.)

라고 읊으셨던 것은, 도쿠가와 쓰나요시(德川綱吉)가 정이대장
군(征夷大將軍) 직에 오른 것을 축하하는 사신이 왔을 때의 일
입니다.

부산무역의 번성(왜관)

조선에서는 부산에 왜관(和館)을 설치해 쓰시마(對馬)의 소
가문(宗氏)과 무역을 영위하였는데, 쓰시마에서는 일본에서 산
출되는 동(銅)이나 남방(南方)에서 수입한 물품을 송출하였고,
조선에서 면직물(綿織物)이나 쌀을 사들여 거래가 상당히 번성
했습니다.

부산무역의 번성(왜관)

　이처럼 조선과의 관계는 메이지(明治)천황이 조선과 국교를 여실 때까지, 오랫동안 계속되었습니다.

　나가사키(長崎)의 무역　도쿠가와 이에야스는 나아가 시마즈가문(島津氏)에 명하여 류큐(琉球)를 쳐서 복종하게 하여 명나라와의 교류중개자로 삼으려고 시도하였습니다. 그러나 명나라에서는 이 무렵 우리 일본과의 교통이나 무역을 엄하게 금하였기 때문에, 교섭(交涉)은 성립되지 않았습니다.

그런데 중국인은 우리 일본과의 생사(生絲) 거래가 이익이 많은 것을 알고 자주 건너왔습니다. 결국 제108대 고미즈노오(後水尾)천황 치세 초에, 나가사키항(長崎港)에서 무역을 허락하게 되었습니다.

이처럼 중국과의 관계도 메이지천황이 청나라와 교류를 열기까지 오랫동안 계속되었습니다.

유럽의 나라들 가운데 포르투갈인은 계속하여 왕래가 빈번하였고, 그것도 나가사키(長崎)에서 무역을 영위하고 있었습니다. 주로 마카오에서 사들인 중국의 생사를 팔러 왔습니다. 이에야스(家康)는 나가사키에 관리를 두어 단속하게 하였고, 상인조합을 결성케 하여 거래를 편리하게 하였습니다만, 중국 상선이 많이 왕래하게 되자 포르투갈인의 무역은 점차 쇠퇴해갔습니다.

스페인과의 왕래 도쿠가와 이에야스는 일찍부터 유럽인을 논의상대로 하여 세계의 동향을 조사하였고, 나아가 널리 유럽 나라들과 교류를 열어 무역을 왕성하게 하고 싶다고 생각하여 사신을 보내어 교섭하게 하였습니다.

앞서 스페인의 국왕은 포르투갈 국왕을 겸하고 있었고, 세계의 도처에 식민지가 있어서 상당히 세력이 왕성했습니다. 스페인 사람들은 루손에서 왕래하고 있었습니다만, 이에야스(家康)는 더 나아가 스페인 본국이나 그 영지(領地)인 멕시코에도 자주 편지를 보내어 무역을 요청하였습니다.

교토(京都)의 상인 다나카 쇼스케(田中勝介)도 멀리 태평양을 건너 멕시코를 상대로 통상할 것을 도모하였고, 센다이(仙台, 宮城縣)의 다이묘였던 다테 마사무네(伊達政宗)도 가신 하세쿠라

쓰네나가(支倉常長)로 하여금 멕시코에 가게 하였으며, 나아가 대서양(大西洋)을 넘어 스페인으로, 또 이탈리아로 들어가 전후(前後) 7년 동안 각지를 돌아다니며 교류를 심화했습니다.

이와 같은 노력이 거듭되었습니다만 도쿠가와막부가 기독교를 엄하게 금지하고 있었기 때문에 스페인과의 관계는 머지않아 끊겼습니다.

히라도(平戸)의 무역 이 무렵 유럽에서는 스페인의 영지(領地)에서 네덜란드(和蘭)가 발흥하였고, 또 영국이 스페인을 쳐부수어 강해지면서 동아시아에도 세력을 넓혀왔습니다.

도쿠가와 이에야스는 고요제이(後陽成)천황 치세에 네덜란드와의 무역을 허락하여 히라도(平戸) 항구에 상관(商館)을 두게 하였고, 5년 후 고미즈노오(後水尾)천황 치세에도 영국이 히라도(平戸)에 상관(商館)을 설치하여 무역을 행하는 것을 허락하였습니다.

그런 중에 네덜란드는 동인도제도를 점령하여 왕성해져서 차츰 스페인과 포르투갈을 능가하게 되었습니다.

당시 중국인은 금지사항을 어기고 슬그머니 타이완이나 필리핀, 인도차이나, 말레이 등으로 건너가서 무역을 영위한 일이 많았기 때문에 네덜란드인은 인도차이나에 세력을 넓혔으며, 더욱이 고미즈노오(後水尾)천황 치세에는 타이완에 질란디아성(*Zeelandia*城, 台南)을 구축하여 근거지로 만들어 중국인과 무역해서 발전하였고 사들인 생사(生絲)를 우리 일본에 팔러 왔습니다.

이 무렵 타이완의 무역을 행하고 있던 나가사키(長崎)의 스에쓰구 헤이조(末次平藏)는 네덜란드인에게 방해를 받아, 선장인

하마다 야효에(浜田弥兵衛)가 네덜란드인 타이완총독(台湾總督) 노이쓰를 징계한 일은 잘 알려져 있습니다.

그 후 네덜란드는 타이완에서 물러났습니다만, 바타비아(자카르타)의 근거를 확고히 하여 점차 영국 세력을 견제했습니다. 영국은 고작 10년 정도 있다가 우리 일본에서도 물러났습니다.

이윽고 우리 일본에서 포르투갈인의 왕래가 금지되고 나서부터는 도쿠가와막부가 다시 유럽 나라들과 널리 교류를 맺을 때까지, 300년 가까이나 네덜란드가 단독으로 우리 일본과의 무역을 영위하고 있었습니다.

제15 남방진출(南進)의 선구

해외웅비의 기세 도요토미 히데요시(豐臣秀吉)가 중국진출 계획과 함께 남방진출(南進)을 기획하여, 사해일가(四海一家)를 목표로 국위를 빛냈기 때문에, 국민의 기세는 더욱 고조되었습니다.

특히 몽고내습으로부터 이후 300년에 걸쳐 해외진출의 의지를 품어온 국민은 비로소 올바른 길로 인도되어, 해외웅비의 정신이 불타올라 발전의 기세가 한층 더 두드러졌습니다.

가메이 시게노리(龜井玆矩)가 일찍이 히데요시(秀吉)에게 부탁하여 류큐태수(琉球守)가 되자, 훗날 중국진출을 위하여 조선에 건너갈 무렵에는 중국의 타이저우태수(臺州守)라 칭하며 이미 명나라를 복속시킨 듯한 의기(意氣)를 나타내었고, 나베시마 나오시게(鍋島直茂)가 조선의 진중에서 중국의 다이묘가 되기를 청원한 것 등은 이때의 시대정신을 드러낸 선례입니다.

해외와의 왕래가 활발해지고, 동남아시아의 정세가 확실해졌기 때문에, 도쿠가와 이에야스(德川家康)는 더욱 남방(南方) 나라들과도 교류를 확대했습니다. 베트남(安南), 캄보디아, 타이, 말레이, 참파(고대 인도차이나 왕국) 등과 왕래가 있었고, 다이묘(大名)들도 가신을 보내는 사람이 나타났습니다.

고요제이(後陽成)천황의 치세부터 제109대 메이쇼(明正)천황 대까지 50여 년에 걸쳐, 무역이 번성함과 더불어 동아시아의 왕래가 점점 활발해지게 되어, 우리 일본국민은 남으로 남으로 진출해갔습니다. 실로 남방진출(南進)의 선구로서 일본사에 빛나고 있습니다.

주인선(朱印船)의 남진(南進) 도쿠가와 이에야스(德川家康)는 국민의 해외진출을 장려한 도요토미 히데요시(豊臣秀吉)의 제도를 배워서 무역선에는 허가증(許可證)을 주도록 규정하였고, 방문하고자 하는 나라에도 이것을 알려서 해외 왕래를 단속하였습니다. 이 허가증에 빨간 도장(朱印)을 찍었기 때문에, 이 배를 '주인선(朱印船)'이라 합니다.

배의 선주는 도쿠가와막부의 가신이나 규슈(九州)의 다이묘를 비롯하여 교토(京都)의 사찰이나 각지의 상인 등으로, 나가사키(長崎)의 스에쓰구(末次)와 아라키(荒木), 오사카(大阪)의 스에요시(末吉), 교토(京都)의 스미노쿠라(角倉)와 자야(茶屋) 등은 유명한 사람들입니다.

항해의 즐거움(스미노쿠라선 액자)

　이 무렵은 조선(造船)이나 항해술도 발달하여, 주인선(朱印船)은 거친 파도 몰아치는 동중국해(東支那海)나 암초가 많은 남중국해(南支那海)를 헤쳐 나가, 가까이는 타이완이나 루손으로, 중국에서는 포르투갈령 마카오로 건너갔으며, 더 남쪽으로 나아가서 멀리는 인도차이나에서 말레이반도나 동인도의 섬들까지 왕래하고 있었습니다.

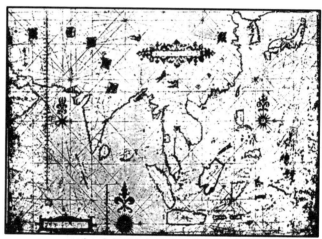

스에요시가문(末吉家)의 동아시아 항해도

　지금 교토의 기요미즈사(淸水寺)에는 스에요시가문(末吉家)이나 스미노쿠라가문(角倉家)에서 주인선(朱印船)의 평안한 항해를 기원하며, 무사히 무역을 끝내고 돌아온 답례로 바친 주인선(朱印船) 그림을 그려 넣은 액자가 전해지고 있어, 당시의 모습을 떠올릴 수가 있습니다. 배 위에 그려져 있는 남자나 여자의 모습은 모두 즐거운 듯 보이고, 카드나 주사위놀이를 하거나 샤미센을 켜고 노래를 부르는 사람도 있어서, 뱃길 저 멀리 남쪽으로 나아가는 항해의 즐거움이 넘치고 있습니다. 진실로 해외로 웅비하는, 남진(南進)의 선봉이 된 선조의 모습을 바로 앞에서 보는 듯합니다. 또 스에요시가문(末吉家)에 전해지고 있는 동아시아 항해도(航海圖)는 주인선의 항해술이 발전된 것을 나타내고 있습니다.

일본촌(日本町)의 변성　주인선(朱印船)의 규정이 만들어지자 지금까지 우리 일본국민이 왕래하고 있던 항구는 무역으로 더욱 번성했습니다. 우리 일본무역선은 그 지방에서 생산된 직물(織物)이나 설탕(砂糖) 등을 매입했을 뿐만 아니라, 명나라에서 나온 중국인과의 사이에 생사(生絲) 등의 거래를 왕성하게 행하고 있었습니다. 주인선이 도항하는 항구에는 해외웅비의 의지를 품고 이주(移駐)하는 사람이 이전보다도 훨씬 많아졌습니다. 그중에는 우리 일본국민만이 생활하는 시가지(市街)가 조성되어 일본촌(日本町)으로 불리며 번성된 곳도 있습니다.

일본촌의 번성(다낭)

　　필리핀에서는 스페인사람이 점령하기 전부터 각지에 살고 있는 일본인이 많았는데, 근래에 와서는 마닐라에 일본촌(日本町)이 생겨났습니다. 인도차이나반도 방면에서 베트남의 다낭에 있던 일본촌(日本町)은 주인선을 출항시켜, 이곳을 왕래하고 있던 자야가문(茶屋家)으로 항구나 마을 모습 등 무역 양상을 그린 그림이 전해져, 유적(遺跡)과 함께 당시 번화했던 모습이 상상되기도 합니다. 또 가까운 페포에는 니혼진바시(日本人橋)라 불리는 유적이 남아있습니다. 더욱이 캄보디아의 프놈펜이나 타이의 아유타야 등의 일본촌(日本町)도 그 유적이 뚜렷하게 남아 있습니다.

고미즈노오(後水尾)천황 치세에 야마다 나가마사(山田長政)가 아유타야의 일본촌(日本町) 수장이 되어, 의용군(義勇軍)을 거느리고 타이의 내란을 진압했던 크나큰 공을 세운 일은 사람들에게 잘 알려져 있습니다.

루손 정벌(征伐) 계획 우리 일본국민의 남방진출이 왕성해지자, 유럽인과의 사이에 해양(海洋) 경쟁이 더욱 더 격심해졌습니다.

먼저 스페인사람은 필리핀을 점령하는 데 대항하는 우리 일본국민이나 중국인을 괴롭혔습니다만, 이 무렵에는 주인선에 자주 난폭하게 굴었습니다. 또 타이에 와서 무역을 방해하였고, 종국에는 나가사키(長崎)에서 건너온 주인선을 격침시키려는 짓까지 했습니다.

시마바라(島原, 長崎縣)의 다이묘 마쓰쿠라 시게마사(松倉重政)는 이것을 듣고 대노하여, 루손을 공격해 스페인사람의 근거지를 뒤엎어서 화근을 제거하지 않으면 안된다고 생각하고, 우선 도쿠가와막부의 허락을 받아 사자를 보내어 루손의 동태를 염탐하게 하였습니다. 그러나 그 사자가 돌아오지 않은 사이에 시게마사(重政)가 사망하였기 때문에, 루손 정벌 계획은 실행되지 않았습니다.

그 후 도쿠가와막부는 다시 루손 정벌을 계획한 적이 있었습니다만, 이것도 계획만으로 끝났습니다. 메이지천황 치세에 필리핀을 미국에 빼앗기고, 지금의 쇼와천황 치세가 되어서 천황의 위광 아래 가까스로 필리핀 국가가 독립된 것을 생각해보면 아무리 생각하여도 유감스런 일입니다.

제16 신국(神國)의 수호

기독교의 금지 앞서 도요토미 히데요시(豊臣秀吉)는 신국(神國)의 수호를 굳히기 위하여 기독교를 금지하였고, 도쿠가와 이에야스(德川家康)도 이 방침을 이어받았습니다. 그러나 무역(貿易)이 번창함에 따라 선교사(宣敎師)가 몰래 들어오기도 하고, 또 해외로 나가서 신자(信者)가 되어 돌아오는 사람도 있었습니다.

그러자 네덜란드인은 포르투갈이나 스페인이 교리에 의해 인심(人心)을 현혹하여 결국에는 나라를 탈취할 우려가 있다고 보고했기 때문에, 이에야스(家康)는 고요제이(後陽成)천황 치세 말엽에 더욱 더 엄한 금지규정을 만들었고, 교토의 남만사(南蠻寺)를 불태우고 신자를 벌하였으며, 선교사를 쫓아 돌려보냈습니다.

이때 명령의 서두에 "일본은 원래 신국(神國)이다."라 하여, 해 뜨는 나라 일본의 금지를 확실히 하였습니다.

해외도항의 금지 이윽고 고미즈노오(後水尾)천황 치세에 정이대장군(征夷大將軍) 도쿠가와 이에미쓰(德川家光)는 태평의 근간을 굳건히 하고 신국(神國)의 수호를 완수하기 위해서는, 기독교를 근절하지 않으면 안된다고 생각하여 단속을 엄하게 하기도 하고, 유럽 서적의 수입을 금지하기도 했습니다. 그러나 해외와의 왕래를 지금까지의 상태로 해서는 도저히 그 목적을 이룰 수 없었기 때문에, 결국 비장한 결심을 했습니다.

메이쇼(明正)천황 치세가 되자 이에미쓰(家光)는 포르투갈인을 나가사키(長崎)의 데지마(出島)에 가두어 무역을 단속하고 신자(信者)를 엄하게 벌하였으며, 나아가 국민의 해외 도항(渡航)을 일절 금하였고, 해외에 이주(移駐)해 있던 사람이 돌아오는 것마저도 금지해버렸습니다. 지금부터 대략 300년 전의 일입니다.

이 때문에 해마다 왕성해가던 국민의 해외진출 기세는 완전히 억압되었고, 각지의 일본촌(日本町) 등과도 왕래가 끊겨서 점차 쇠퇴하여 갔습니다.

네덜란드인의 무역(데지마상관)

포르투갈선 도래의 금지 도쿠가와 이에미쓰(德川家光)는 더 나아가 선교사가 도래(渡來)하는 본거지인 루손을 정벌하여 재앙의 근원을 없애려고 생각하고 있었습니다만, 마침 그 무렵 규슈(九州)의 시마바라반도(島原半島)나 아마쿠사섬(天草島, 長崎縣) 등에 있던 기독교신자들이 엄격한 금지 때문에, 결국 난(亂)을 일으켰습니다. 이에미쓰(家光)는 즉각 이를 진압하도록 했습니다만, 의외로 오래 걸렸습니다.

그래서 더욱더 규제를 엄격하게 하여 데지마(出島)의 포르투갈인을 쫓아내고 포르투갈선이 도래(渡來)하는 것도 금했습니다. 그 후 유럽인으로는 네덜란드 사람만이 중국인과 마찬가지로 나가사키항(長崎港)에 상관(商館)을 설치하여 무역을 영위하는 것을 허락받았습니다. 이와 같이 해외와의 왕래가 거의 끊겨있었기 때문에 후세에 쇄국(鎖國)이라 일컫게 되었습니다.

신국(神國)의 수호 도쿠가와 이에미쓰(德川家光)가 기독교의 금지를 위하여 과감한 방침을 취한 것은, 그 교리가 우리 일본에 전해지고 난지 오래되었지만 전혀 국체에 부합하지 않았고, 신자가 어쨌든 국내통일에 방해가 되어 신국(神國)의 명예를 손상시킬 우려가 있었기 때문이었습니다. 그러나 도쿠가와 막부가 자진하여 해외로 웅비하는 국민을 인도하지 못하고 신국의 수호를 위해서라고 해도, 오랫동안 진출의 기세를 꺾어버린 것은 유감스런 일입니다.

도쿠가와막부는 그 후 매년 엄격히 조사하여 기독교를 근절하기 위해 힘썼고, 사찰에서는 불교를 믿고 있는 자를 보증하게 하였기 때문에 국민은 모두 불교라는 하나의 종파를 믿고 조상

대대의 위패를 모실 사찰을 정하게 되어, 불교가 확산되었습니다. 불교는 이미 우리 일본 국체에 맞는 교리로 되어 있었고, 부처도 신과 마찬가지로 신국을 수호한다고 믿고 있었기 때문에, 온 나라를 안정시키는 데 유용하였던 것입니다.

태평의 은혜 국민은 해외로부터 어지럽혀지는 일 없이 태평의 은혜를 받을 수가 있었습니다. 신국(神國)의 긍지를 자각하며 국풍(國風)의 뛰어난 정신을 기반으로 새롭게 선진 문화를 창조하였습니다. 중국의 학문이 자주 일본 국체(國體)에 적합하도록 주창되어 왔던 것도, 일본사(國史)나 일문학(國文) 연구가 진전된 것도 모두 그 현상인 것입니다.

대부분 국민은 세계의 동향에 어두웠습니다만, 해외와의 왕래로 나타난 진취발전의 정신은 평상시 나가사키(長崎)의 항구를 통하여 전해오는 세계의 동향과 유럽문화 흐름이 결합되어 어느덧 강력하게 양성되었고, 메이지(明治)천황 치세부터 세계로 웅비(雄飛)하는 근간이 되었습니다.

제17 발전의 토대

정이대장군(征夷大将軍)과 다이묘(大名)　고요제이(後陽成)천황이 태평성대의 토대를 굳히고 나서부터 오랫동안 국민은 태평의 은혜를 받아 우리 일본 발전의 토대를 구축하였습니다.

도쿠가와 이에야스(德川家康)의 자손은 대를 이어 정이대장군(征夷大將軍)의 직을 하사받아, 선조 이에야스의 법도를 굳게 지켜, 온 나라를 안정시켰습니다. 정이대장군의 아래로는 다이로(大老, 에도시대 무가정치에서 장군을 보좌했던 최고 직명)나 로주(老中, 에도막부에서 장군에게 직속되어 정무를 총찰하고 다이묘를 감독하던 직책) 등의 직이 있어, 에도(江戶, 東京都)의 막부(幕府)에서는 로주(老中)가 의논하여 대사(大事)를 결정하였으며, 교토(京都)의 쇼시다이(所司代)가 도성의 방어를 담당하며 조정과 에도의 연락을 취하고 있었습니다.

지방에는 대략 270개의 번(藩)이 있어서, 다이묘(大名)가 각각의 영지(領地)를 다스리고 있었습니다. 도쿠가와막부는 대단히 엄격하게 번을 단속하였고, 나라 안의 중요한 곳에는 친번(親藩)이라 불리는, 도쿠가와 일족(一族)이나 또는 원래부터 가신(家來)이었던 후다이(譜代, 에도시대 이전부터 대대로 도쿠가와가문을 섬겨 온 다이묘)를 두어, 새롭게 도쿠가와막부에 따르게 된 도자마다이묘(外樣大名)를 다스리게 하였습니다. 그래서 정이대장군의 명령이 고루 미치게 되어 온 나라가 잘 다스려졌습니다.

　그리하여 무사(武士)가 사회의 중심이 되었고, 농업이나 상공업을 영위하는 사람은 농민(百姓)이나 조닌(町人)이라 하여 정치나 군사(軍事)에도 관여할 수가 없었습니다. 게다가 신분이나 직업을 바꾸는 것은 좀처럼 허락되지 않았습니다. 그러나 세상이 발달하여 감에 따라서 농민이나 조닌의 힘도 신장되어 갔습니다.

　조카마치(城下町)의 변성　태평의 은혜를 받아 교토를 비롯하여 원래 도요토미가문(豊臣氏)이 있던 오사카(大阪)와 막부(幕府)가 있는 에도(江戸)가 번화하여 문화의 중심지가 되었습니다.

　　지방에서는 다이묘(大名)가 살고 있는 성의 주변에, 이전부터 마을이 이루어져 있었습니다. 이것을 조카마치(城下町)라 하는데, 태평성대가 되자 점점 더 번성하여 지역개발의 토대가 되었습니다. 발전이 계속되어 지금도 현청(縣廳)의 소재지(所在地)나, 산업 교통의 중심지, 상공업이 왕성한 지역이 되어 있는 곳이 많습니다.

화폐의 종류(상업의 발전)

또한 다이묘들이 '참근교대(參勤交代)'라 하여 정이대장군에게 인사하기 위하여 성대한 행렬(行列)을 갖추고 자주 에도(江戶)에 왕래하는 일도 생겼으므로, 교통이 복잡해지게 됨에 따라 도로도 크게 넓혀져서, 문화의 흐름이 지방에까지 전해지게 되었습니다. 현재 일본 철도에는 그 무렵의 도로를 따라 연결되어 있는 것이 적지 않습니다.

화폐(貨幣)제도 등도 점점 더 정비되어 물건의 매매가 활발해졌으며, 상업이 발전함에 따라 점차 조닌(町人)의 세력이 사회에서 중요해지게 되었습니다.

농업의 발전 우리 일본의 산업 중에서 농업이 가장 중요시되고 있는 것은 어느 시대에나 변함없었습니다. 도쿠가와막부를 비롯하여 다이묘들은 계속해서 농업을 장려하였고, 농민들에게는 근면하게 노동할 것을 권장하였습니다.

농학자의 연구나 독농가(篤農家)의 노력에 의해, 농사개량이 행하여지고, 식림(植林)도 널리 시행되었습니다. 또한 수리(水利)시설도 보급되어 쌀이 많이 생산되었으며 작물의 종류도 증가하였습니다.

점차 쌀 생산량이 늘고 교토나 오사카 및 에도를 비롯하여 다이묘의 조카마치(城下町) 등이 번성해짐에 따라, 쌀의 운송이나 매매도 확산되었습니다. 레이겐(靈元)천황의 치세에는 에도(江戶)상인 가와무라 즈이켄(河村瑞賢)이라는 자가 도호쿠(東北)지방의 쌀을 오사카나 에도로 운송하는 항로를 열었으므로 거래가 매우 활발해졌습니다.

그 무렵 오사카는 이미 다이묘(大名)가 영지(領地)의 생산품(産物)을 매매하였으므로 대단히 번화했습니다만, 점차 발전하여 전국 상업의 일대 중심으로 되어 오늘날의 토대가 구축되어졌습니다. 발전된 상업 규칙이나 거래 관습이 생겨나 각지로 확산되었고, 한편으로는 상인에게 훌륭한 마음가짐이 양성되어 갔습니다.

지방의 개발 세상이 개화되어감에 따라 각 지방에서 여러 가지 산업이 발달하였습니다. 게다가 제114대 나카미카도(中御門) 천황 치세에 정이대장군 도쿠가와 요시무네(德川吉宗)는 태평세상에 익숙해져서 여러모로 느슨해지기 쉬운 인심을 다잡았습니다. 선조(先祖) 이에야스(家康)의 규범을 굳게 지켜 검약(儉約)을 권장하고 산업개발을 장려했기 때문에, 다이묘(大名)도 이를 본받아 지방은 더욱더 발전하였습니다.

면(綿) 재배가 확산되어 오랫동안 조선에서 수입하여오던 면직물(綿織物)도 국산으로 대체할 수 있게 되었습니다. 양잠(養蠶)이 확산되어 나가사키(長崎)에서 활발하게 수입되고 있던 생사(生絲)도 마침내 수출할 정도가 되었고, 더욱이 견직물(絹織物)이 다양하게 제조되었습니다. 메이지천황 치세에는 더욱더 발전하여 생사(生絲)나 견직물(絹織物)은 우리 일본에서 가장 주된 수출품이 되었습니다.

또 도자기(陶磁器)나 칠기(漆器)와 같은 공예품(工藝品)도 도처에서 제조(製造)할 수 있게 하여, 각지의 특산품이 다양하게 생산되었고, 태평성대의 은혜에 의해 점차로 산업발전의 토대가 완성되어 갔습니다.

제18 국민의 자각(1)

세계의 동향 우리 일본에서 발전의 근간이 구축되어가는 동안에 세계의 모습은 크게 변하였습니다.

유럽에서는 포르투갈이나 스페인, 네덜란드 등이 쇠퇴하였고, 프랑스(佛蘭西)와 영국이 번성하게 되었으며, 또 러시아(露西亞)의 세력이 강해졌습니다.

유럽 각국에서는 새로운 학술이 진행되어 기계가 발명되었고 공업이 시작되어 산업에 크나큰 변화가 있었습니다. 이에 따라 원료(原料) 구입이나 제품(製品) 판매를 위해 세계 각지에서는 서로 식민지(植民地)를 쟁탈하게 되었습니다.

아시아에서는 앞서 만주에서 발흥한 청나라 세력이 강해져 지금의 펑톈(奉天)을 수도로 하여 만주와 몽고(蒙古)를 평정하고 조선을 정복하려 했습니다. 더욱이 명나라가 멸망하고부터는 제110대 고코묘(後光明)천황의 치세에 남진하여 수도를 베이징(北京)으로 정하고 중국을 통일하였고, 옛날 당나라에 뒤지지 않는 강국이 되었습니다. 또 인도에는 무굴제국이 있어서 한때는 크게 번성했습니다.

인도나 중국은 물자가 풍족했기 때문에 유럽인의 세력이 이 방면으로 뻗쳐왔습니다. 러시아는 시베리아에서 오호츠크해 연안으로 나타나서, 점차 청나라를 압박하였습니다. 영국은 프랑스와 앞 다투어 인도로 세력을 뻗쳐, 포르투갈인을 진압하고 프랑스인을 쳐부수며 무굴제국을 정복하였고, 나아가 청나라와도 무역을 개시하였습니다.

또 제119대 고카쿠천황의 치세에는 북아메리카에 있던 영국 식민지에서 미국이 발흥하여, 멀리 대서양을 넘고 아프리카를 돌아서 동아시아에 나타나려 하고 있었습니다.

새로운 학술의 전수　우리 일본에서는 태평스런 은혜에 의해 여러 가지 학문이 크게 발전하였습니다. 레이겐(靈元)천황 때부터 제113대 히가시야마(東山)천황 치세에는 시부가와 노리마사(澁川順正, 春海, 安井算哲)가 천문학(天文學)에 정통하여 중국에서 전해진 달력의 오류를 바로잡아 새로운 달력을 만들었으며, 책을 저술하면 반드시 정서하여 고다이(皇大)신궁에 바쳤고, 또 도쿠가와막부의 부름을 받아 에도에 천문대(天文臺)를 설치하였습니다. 같은 무렵 세키 다카카즈(關孝和)는 수학자로서 당시 세계 어느 곳보다 진전된 연구를 남겼습니다.

이와 같은 때에 정이대장군 도쿠가와 요시무네(德川吉宗)는 유럽에서 새로운 학문이 발전하고 있는 것을 알고, 우리 일본에도 받아들이고 싶다고 생각했습니다. 나카미카토(中御門)천황 치세에 기독교와 관계가 없는 유럽 책을 읽는 것을 허락하였고, 아오키 아쓰노리(靑木敦書, 昆陽)를 나가사키(長崎)에 보내어 네덜란드어를 배우게도 했습니다.

에도(江戸)의 천문대(天文臺)

그 후 네덜란드에서 들여온 책을 번역하거나, 나가사키에 가서 네덜란드인에게 학문을 전수받는 사람이 나타나는 등 새로운 학술이 확산되어 갔습니다. 네덜란드사람에게 전수받았기 때문에 '난학(蘭學)'이라 불렀습니다. 그중에서도 의학(醫學)이 제일 발달하였고, 전기(電氣)를 연구한다든지, 측량 기술을 배운다든지 세계의 동향을 조사하는 사람도 있었습니다.

국민은 점차로 억압받고 있던 진취발전의 기상을 발휘할 수 있게 되어 메이지천황의 치세에는 유럽 문화를 받아들이는 근간이 열려갔습니다.

선각자(先覺者)의 대두   새로운 학술을 연구한 사람들 중에 드디어 선각자(先覺者)가 출현하여, 해외와의 왕래에 대해서 지금까지의 방침을 개혁하지 않으면 안된다고 생각하는 사람이 나왔습니다.

고카쿠(光格)천황의 치세에는 하야시 도모나오(林友直, 子平)가 새로운 학문을 배웠는데, 특히 지리를 좋아하여 온 나라를 다니며 실지(實地)를 조사하였습니다. 나가사키(長崎)에서 네덜란드인으로부터 해외 동향을 듣고, 세계의 경쟁은 해상교통을 중심으로 이루어지게 될 것이라는 것을 깨달았으며, 우리 일본은 사면이 모두 바다로 둘려 싸여있기 때문에 바다의 방어를 소홀히 해서는 안된다는 생각으로, 『가이코쿠헤이단(海國兵談)』을 저술하여 해상방어의 필요성을 주장하였습니다.

그런데 도쿠가와막부는 세상을 소란스럽게 하는 자라 하여, 그 책과 판본(板本)을 몰수하고 도모나오(友直)를 벌하였습니다. 얼마 후 러시아와 교섭이 시작되어 도모나오(友直)의 생각이 틀리지 않았음이 증명되었으므로 국민은 각성하기 시작하였습니다.

또 혼다 도시아키(本多利明)는 세계의 추세에 뒤떨어지지 않기 위해서는 산업을 크게 일으키고, 해외와의 교통을 허락하여 해운(海運)을 활성화시켜서 태평양으로 진출해 가는 것이 가장 좋다고 주장하였습니다.

하야시 도모나오(林友直)

더욱이 사토 노부히로(佐藤信淵)는 국학(國學)을 근간으로 중국이나 유럽의 학문을 종합하여 여러 가지 책을 저술하였는데, 우리 일본의 발전을 도모하는 데는 황국을 건국하신 조상신들의 뜻을 받들어, 생활의 기반인 농업을 개량하고 국력을 양성하여, 우선 국방을 굳건히 하고, 나아가 만주(滿洲)로 들어가 대륙을 경영할 것과, 또 중국과 협력하여 외국의 오랑캐를 무찔러서, 동아시아의 수호를 굳건히 하지 않으면 안된다고 주장하였습니다.

이 무렵 일본사(國史)와 일문학(國文)의 연구가 확산되어 국체(國體)의 존엄함을 깨닫는 사람이 많아졌으며, 국민은 서로 여러 가지 주장을 하면서도 하나같이 신국(神國)의 명예를 실추해서는 안된다고 생각하고 있었습니다.

제19 국민의 자각(2)

북방(北方)의 방비 앞서 러시아인은 캄차카에서 지시마(千島)열도로 들어왔습니다. 그 무렵 홋카이도(北海道)나 지시마에서부터 사할린(樺太) 주변은 에조지(蝦夷地, 메이지 이전 홋카이도, 지시마, 사할린의 총칭)라 불리며 아직 개발되어 있지 않았습니다. 도쿠가와막부는 러시아인이 지시마에 왕래하는 것을 알고 관리를 파견하여 지시마나 사할린을 조사하게 하였습니다.

이윽고 고카쿠(光格)천황의 치세에 러시아에서 사신이 와서 통상(通商)을 요구했습니다. 지금으로부터 약 140년 전의 일로, 그때부터 러시아와의 교섭이 시작되었습니다.

바다의 수호(이노 다다타카의 측량)

때마침 도쿠가와 이에나리(德川家齊)가 정이대장군이고, 마쓰다이라 사다노부(松平定信)가 로주(老中)였을 때였습니다. 도쿠가와막부는 선조(先祖)의 법도를 거역할 수는 없다며 러시아의 교섭 신청을 거절했습니다. 그 후에도 러시아의 사신이 왔습니다만, 마찬가지로 받아들이지 않았기 때문에 그 중에는 이를 원망하여 난폭한 짓을 한 사람도 있었습니다.

그래서 도쿠가와막부는 관리를 파견하여 에조지(蝦夷地)를 수습하고, 서둘러 바다의 방비를 굳건히 하였습니다. 사다노부(定信)는 직접 사가미만(相模灣) 연안(沿岸)을 순시하였고, 곤도 모리시게(近藤守重, 重藏)는 홋카이도(北海道)와 지시마(千島)의 해안을 조사하였으며, 다카타야 가헤(高田屋嘉兵衛)는 이투루프섬(擇捉島)에 어장(漁場)을 설치하였고, 이노 다다타카(異能忠敬)는 홋카이도의 남동해안부터 시작하여, 마침내 전국에 걸쳐서 자세히 측량하여 훌륭한 지도를 완성시켰으며, 그 제자인 마미야 도모무네(間宮倫宗, 林藏)는 홋카이도 서해안을 측량하여 사할린으로부터 연해주(沿海州)에 걸친 탐험(探險)을 시도하였습니다.

이때부터 에조지(蝦夷地)의 개척경영에 대해서 의견을 주장하는 사람이 잇달아 나타나게 되어, 북쪽지방의 방비는 점차 진전되었습니다. 그러나 지시마열도의 북반부(北半分)는 이미 러시아에 점령당하여, 사할린에도 러시아인이 건너왔습니다.

이국선(異國船)의 격퇴　러시아 세력이 북쪽으로부터 압박해 올 무렵에 남쪽에는 영국 세력이 뻗쳐 왔습니다. 영국의 군함이 마음대로 우리 일본의 연안을 측량한다든가 해안을 어지럽힌다든가 하는 일도 있었습니다.

그래서 해안방어의 주장은 더욱 고조되어, 제120대 닌코(仁孝)

천황 치세에 도쿠가와 막부는 이윽고 이국선(異國船)이 접근해 올 때에는 즉시 이를 격퇴하기로 결정했습니다. 때마침 이 무렵 영국은 싱가포르(昭南島)를 점령하여, 중국방면으로 진출할 근거를 마련하였습니다.

국토의 수호(에가와 히데타쓰의 반사로)

　도쿠가와막부는 국토의 방어를 굳건히 하기 위해서는 충분한 군비(軍備)가 없으면 안 되므로, 새로운 무기나 전술 연구를 활발하게 하였습니다. 에가와 히데타쓰(江川英龍, 太郎左衛門)가 유럽의 기술을 받아들여서 지금의 누마즈(沼津, 靜岡縣) 근처에 반사로(反射爐, 금속의 용융에 쓰이는 용광로)를 만들어 대포를 주조하기도 하고, 에도에서 다이묘의 가신들에게 새로운 전술을 전수하여 오늘날 시행되고 있는 군사훈련의 기초를 열었던 것도 이 무렵입니다.

　다이묘 중에서도 미도(水戶)의 도쿠가와 나리아키(德川齊昭), 가고시마(鹿兒島)의 시마즈 나리아키라(島津齊彬), 사가(佐賀)의 나베시마 나오마사(鍋島直正)와 같이 유럽의 문물을 도입하여 군비(軍備)를 가다듬고, 외적을 격퇴하여 신국(神國)의 방비를 굳건히 하지 않으면 안 된다고 열심히 주창하는 자가 나타났습니다.

　개항(開港)의 의견(意見)　국민 중에는 외국과의 관계가 복잡해졌음에도 불구하고 도쿠가와막부가 이미 무신정권으로서 황국(皇國)을 방어할 힘이 없는 것과, 태평한 시대에 익숙해져 인심이 느슨해지고 있는 것을 걱정하는 사람도 있었으며, 해외 형세를 잘 고려하여 함부로 이국선(異國船)을 격퇴하는 것은 오히려 황국을 위하는 것이 아니라고 판단하고 개항하여 외국과 화친하지 않으면 안 된다고 주장하는 사람도 나타났습니다.

　다카노 조에이(高野長英)와 와타나베 데이세이(渡辺定靜, 華山)는 개항을 주장하여 도쿠가와 막부로부터 중벌을 받았습니다.

　마침 그 무렵 해외의 정세는 더욱더 급박해졌습니다. 중국에 아편전쟁이 일어나서, 영국은 청나라를 공격해 무너뜨리고 홍콩을 탈취하여 점차 세력을 뻗쳐 왔습니다.

　이런 사실을 들은 도쿠가와막부는 더욱 더 해안방어를 굳건히 함과 동시에, 이국선(異國船) 격퇴 명령을 완화하였습니다. 머잖아 네덜란드 국왕으로부터 사신이 와서 영국이 무력으로 세력을 넓히려고 하는 것을 알리고, 증기선(蒸氣船)이 발명되어 해상의 왕래가 편리해졌는데, 세계 여러 나라가 서로 가까워져 있는 때에 해외와의 왕래를 하지 않는 것에 대한 불리함을 설명하며 외국과의 교류를 열도록 권장하였습니다.

고메이(孝明)천황의 의지   도쿠가와막부는 정이대장군으로서 가장 중요한 국방(國防)의 의무에 대하여는 확실한 방침을 정할 수 없었으므로 강력한 명령을 내릴 수 없었습니다.

얼마되지 않아 제121대 고메이(孝明)천황이 황위에 즉위하여 이 양상을 보시고 도쿠가와막부를 훈계하시어, 신국(神國)의 명예를 실추시키는 일이 없도록 국방(國防)을 견고히 하게 하시고, 이국선(異國船)이 건너왔을 경우에는 조정에 보고하도록 명령하셨습니다. 그래서 국민이 천황의 위광을 우러르며 모두가 각성할 단초가 열렸습니다.

> あさゆふに たみやすかれと 思ふ身の こころにかかる 異國の船。
> (아침 저녁으로 백성이 편안하길 바라는 천황의 마음에 걸린 외국선)

고메이천황이 지으신 이 와카를 대하면, 우라야스노쿠니(浦安の國, 일본의 미칭) 해안에 파도소리 요란하게 끊임없이 왕래하는 외국선(異國船)을 보시고, 조석으로 노심초사하시는 천황의 어심이 느껴져, 오직 백성의 평안을 기원하는 은혜만큼은 진실로 황공하기 그지없습니다.

제20 양이(攘夷)의 성심

외교(外交)의 실체(失體)　　고메이(孝明)천황의 치세가 되어
미국은 영지(領地)를 태평양연안으로 넓혀서 중국과의 통상도
왕성해 졌기 때문에 태평양에 주목하기 시작하였습니다.

외국선의 방문(미국 동인도함대)

가에이(嘉永) 6년(서기1853) 6월 3일, 우라가(浦賀, 神奈川縣) 앞바다에 4척의 외국선(異國船)이 나타났습니다. 미국의 동인도 함대로, 사령관 페리(*Matthew Calbraith Perry*)가 미국 대통령의 국서(國書)를 가지고 우리 일본의 개항(開港)을 압박하러 온 것이었습니다. 전투태세를 갖추고 몰려오자 나가사키(長崎)로 돌아가도록 권하였지만 받아들여지지 않았습니다.

우리 일본에서는 오랫동안 대형선박의 입항이 금지되어 있었기 때문에, 미국 함대를 본 사람들은 대단히 놀랐습니다. 기함(旗艦)은 2500톤의 외륜증기선(外輪蒸氣船)이었으며, 다른 3척도 1700톤의 증기선과, 2500톤과 900톤의 대형 범선(帆船)이었습니다. 유난히 연기를 뿜어 올리며 노(櫓)와 삿대도 사용하지 않는데도 진퇴(進退)가 자유로운 증기선에 눈이 휘둥그레졌습니다. 배에서 쏘아대는 호포(號砲)에 태평스러운 꿈은 깨어졌고, 해안을 지키는 무사도 그저 당황해 할 뿐이었습니다.

도쿠가와막부는 싸울 힘을 지니고 있지 않았기 때문에 회신을 이듬해로 넘기고, 일단 국서(國書)를 받았습니다. 이때 페리는 우리 일본이 끝까지 요구를 받아들이지 않으면 전쟁으로 해결하겠다고 윽박지르며, 전투에 졌을 때의 준비라며 도쿠가와막부에 백기(白旗)를 보내는 등 오만하기 그지없었습니다. 게다가 돌아가는 길에는 정지하라는 명령도 듣지 않고, 마음대로 도쿄만(東京灣)으로 들어가 연안(沿岸)을 측량하고 유유히 철수하여 돌아갔습니다.

이듬해 페리는 7척의 함선(艦船)을 이끌고 다시 우라가(浦賀)에 나타나, 억지로 도쿄만(東京灣)으로 들어와 가나가와(神奈

川, 神奈川縣) 앞바다로 와서 담판을 벌였습니다. 도쿠가와막부는 마침내 정이대장군의 체면을 버리고, 선로가 신국의 수호를 위해 세운 법도도 깨뜨린 채 미국과 화친조약(和親條約)을 맺었고, 시모다(下田, 靜岡縣), 하코다테(函館, 北海道) 두 항구를 개항하여, 미국배가 연료나 식료품을 구하기 위해 접근하는 것을 인정했습니다.

미토(水戶)의 아이자와 야스시(會澤安, 正志齋)는 예전부터 옛날 몽고내습에서 배운대로, 오랑캐를 물리치고 온 백성이 한마음 한뜻이 되어 부국강병(富國强兵)을 도모하지 않으면 안된다고 외치고 있었습니다만, 이때 우리 신국(神國)이 이와 같은 모욕을 받은 것은 처음이라고 하면서 도쿠가와막부의 한심스러움을 개탄하였습니다.

그 후 4년이 지나 도쿠가와막부는 미국의 시모다(下田) 총영사(總領事)인 해리스의 권유로 통상조약(通商條約)을 맺을 것을 결심하고, 국내외의 동향이 평온하지 않았으므로 조정에 칙허를 요청하였습니다.

그러나 다이로(大老) 이이 나오스케(井伊直弼) 등은 해리스의 이야기를 듣고 영국과 프랑스가 청나라를 쳐서 무너뜨린 기세를 타고 우리 일본을 압박해 올 것을 염려한 나머지, 천황의 칙허를 기다리지 않고 마음대로 통상조약의 조인(調印)을 마치고, 또 다시 하코다테(函館), 가나가와(神奈川, 橫浜), 나가사키(長崎)를 무역항으로 정했습니다. 안세이(安政) 5년(서기1858)의 일입니다. 뒤이어 러시아, 네덜란드, 영국, 프랑스와도 같은 조약을 맺었기 때문에 <5개국 조약(五箇國條約)>이라 합니다. 연

호(年號)로 말미암아 <안세이가조약(安政の假條約)>이라고도 합니다.

도쿠가와막부는 무신정권으로서의 임무를 완수할 수 없었던 상황에서 국체(國體)를 무시하고 통상을 연 것은, 더없이 크나큰 실책입니다.

존왕양이(尊王攘夷)의 이론(理論) 도쿠가와막부의 잘못된 일 처리를 보고, 애국의 성심에 불타는 지사(志士)들은 오랑캐의 모욕을 받은 것을 유감으로 생각하여, 국력을 회복하여 황국의 명예를 되살릴 길을 열심히 생각하였습니다. 모두가 유럽이나 미국 등의 각 나라들이 더더욱 동아시아를 해치게 될 것을 간파하고, 이에 대비하기 위해 옛날로 돌아가서 조선과 하나가 되고, 중국과 손을 잡고 나아가지 않으면 안 된다는 훌륭한 의견을 수립하였습니다.

구루메(久留米, 福岡縣)의 마키 야스오미(眞木保臣, 和泉)는 고전(古典)을 철저히 연구하여 정치를 올바른 상태로 되돌려놓기를 희망하며 항상 구스노키 마사시게(楠木正成)를 사모하고 있었습니다. 그래서 동아시아의 형세를 고려하여 우리 일본이 먼저 사할린을 개척하여 만주나 조선으로 하여금 따르게 하며, 청나라와 협력하여 자바를 취하고, 서양 오랑캐들을 쫓아내지 않으면 안 된다고 주장하였습니다.

하기(萩, 山口縣)의 요시다 노리카타(吉田矩方, 松陰)는 야마가 다카오키(山鹿高興, 素行)의 학문을 이어받은데다 서양의 포술(砲術)과 군사학에 정통한 사쿠마 히라키(佐久間啓, 象山)에게 배워서, 대단히 진보된 사고를 지니고 있었습니다. 그래서 우리 일본은 외국과 친교하여 부국강병에 진력함과 동시에 에조지(蝦夷地)를 개척하고 만주를 경영하여 러시아에 대비하고, 조선을 초치하여 청나라에 대응하게 하며, 남방(南方)을 통합하고 인도로 진출하여 마침내 유럽이나 미국의 세력을 꺾는 것이야말로 천하만세(天下萬世)이며, 서로 이를 계승하여 완수하지 않으면 안 되는 사업이라고 주장하였습니다.

노리카타(矩方)는 이 일에 적합한 인재를 양성할 것을 목표로 쇼카손주쿠(松下村塾)를 열었습니다. 이곳에서 구사카 미치타케(久坂通武, 玄瑞), 다카스기 슌푸(高杉春風, 晋作)를 비롯하여 야마가타 아리토모(山縣有朋), 이토 히로부미(伊藤博文) 등 훌륭한 사람들이 배출되었습니다.

또 후쿠이(福井, 福井縣)의 하시모토 쓰나노리(橋本綱紀, 左內)는 난학(蘭學)을 배워서 세계 형세를 연구하여, 우리 일본은 지금의 연해주(沿海州)나 만주에서부터 조선을 합하고, 나아가서는 미국이나 인도 등으로 세력을 확장하지 않으면 안된다고 생각하여, 이를 위해 러시아와 동맹을 맺는 것이 좋다고 주창하고 있었습니다.

이이 나오스케(井伊直弼)는 노리카타(矩方)나 쓰나노리(綱紀) 등의 지사(志士)를 싫어하였으므로, 엄하게 처벌하여 무신정권의 위세를 회복하려 했습니다. 노리카타(矩方)는,

討たれたる われをあはれと 見む人は、 君を崇めて 夷攘へよ。
(처형당하는 나를 불쌍하다고 생각하는 사람은, 천황을 받들어 오랑캐를 쫓는데 전력하라.)

라고 읊어 존왕양이(尊王攘夷)의 희생이 되었고, 다부진 뜻을 남기어 후진들을 인도하였습니다.

지사(志士)들은 일제히 분기하여 나오스케(直弼)를 베었고, 차례로 존왕(尊王)의 대의(大義)를 부르짖으며 새로운 시대의 선구가 되어 갔습니다.

신국(神國)의 수호를 다지기 위해서는 천황의 위광 아래 온 나라가 일체가 되고, 나아가 동아시아에서 오랑캐를 무찔러 쫓아내지 않으면 안 된다는 생각은 점차로 왕정복고(王政復古)의 토대를 구축하며 메이지유신의 근간이 되었고, 오늘날에 전승되어 대동아건설을 인도하고 있습니다.

양이(攘夷)의 기획　도쿠가와막부가 유럽과 미국 등의 나라들과 외교를 열었기 때문에, 공사(公使)나 영사(領事)가 에도와 무역항에 주재(駐在)하게 되었고 거류민(居留民)도 형성되었습니다. 그런데 외국인은 우리 일본을 경멸하고 잘난 체하며 뽐냈기 때문에 국민은 대단히 분개하였고, 양이(攘夷)의 목소리는 나날이 고조되어 갔습니다.

존왕양이(尊王攘夷)를 부르짖는 지사(志士)들은 먼저 무신정권을 무너뜨려 정치의 방해요인을 제거하지 않으면 안 된다고 생각하게 되었습니다. 구루메(久留米)의 마키 야스오미(眞木和臣)와 후쿠오카(福岡)의 히라노 구니오미(平野國臣) 등은 사이고쿠(西國, 규슈지방)의 지사(志士)를 권유하여 모았고, 조정대신 중에서도 동지(同志)를 규합하였습니다. 온 나라는 더욱더 소란스러워져서 도쿠가와막부의 힘만으로는 진정되지 않게 되었습니다.

고메이(孝明)천황은 어떻게든 조정대신도 정이대장군도 다이묘도 모두 일체가 되어 오랑캐를 쫓아내고, 황국(皇國)의 명예를 회복하고 싶다고 생각하셨습니다. 조슈(長州, 山口縣萩), 사쓰마(薩州, 鹿兒島), 도슈(土州, 高知) 등 여러 번(藩)의 다이묘(大名)들은 교토(京都)로 올라와서 각자의 의견을 조정(朝廷)에 상신하였습니다.

양이결행의 명령(칙사 산조 사네토미)

천황은 분큐(文久) 2년(서기1862)에 우선 칙사(勅使) 오하라 시게토미(大原重富)를 에도로 보내시어, 정이대장군 도쿠가와

이에모치(德川家茂)에게 정치가 고루 미치도록 개혁을 실행할 것을 명하셨습니다. 이윽고 산조 사네토미(三條實美)를 칙사(勅使)로 하여, 이에모치(家茂)에게 양이(攘夷)의 결행을 분부하시고, 또 여러 다이묘(大名)를 불러들이셨습니다. 구사카 미치타케(久坂通武), 다카스기 슌푸(高杉春風) 등이 대어심(大御心)을 받들어 진력한 결과입니다.

다음해 3월 이에모치(家茂)는 직접 교토에 올라와서 양이(攘夷)에 대한 분부를 받들었습니다. 정이대장군의 교토 상경은 도쿠가와 이에미쓰(德川家光) 이래 처음 있는 일입니다.

그래서 천황은 조정대신을 비롯해 정이대장군과 여러 다이묘를 따르게 하시고 친히 가모(賀茂)신사에 행차하시어, 양이(攘夷)를 기원하셨습니다. 고미즈노오(後水尾)천황으로부터 이때까지 행차하신 일이 한 번도 없었기 때문에, 거창한 행렬을 배견하고 봉련(鳳輦, 천황의 가마)을 맞이한 사람들은 천황의 위광을 마주하는 과분함에 모두 지면에 엎드려 배례하고, 손을 마주치며 절하였습니다.

이어서 4월에는 이와시미즈하치만궁(石淸水八幡宮)에 행차하시어, 황공하게도 밤새 집중하여 기도하셨습니다. 국민은 거듭하여 과분한 대어심(大御心)을 삼가 받들고, 국체(國體)의 존엄함을 자각하였습니다.

이윽고 양이(攘夷)의 기일(期日)은 5월 10일로 정해졌습니다. 천황은 황공하게도 진무(神武)천황이나 진구(神功)황후의 정벌을 교훈삼아 친정(親征)의 대어심(大御心)까지도 결심하시고 계셨습니다.

조약(條約)의 칙허(勅許) 　조슈번(長州藩)은 시모노세키(下關) 해협을 굳건히 하고 양이(攘夷)의 기일(期日)을 기다리고 있었습니다. 마침 그날 미국선박을 겨누어 양이(攘夷)의 포격이 시작되었고, 그 후 프랑스 선박이나 네덜란드 군함에도 포격을 가하였습니다. 미국과 프랑스 군함이 즉각 대응하기 위하여 내습(來襲)하여 시모노세키(下關, 山口縣)의 포대(砲臺)를 함락시켰는데, 외국에서 사들인 군함 2척을 격침되었기 때문에 일이 커졌습니다. 다카스기 슌푸(高杉春風) 등은 새로 기병대(騎兵隊)를 조직하여 방비를 가다듬었습니다.

같은 무렵 영국의 군함 7척이 가고시마만(鹿兒島灣)에 접근해 왔습니다. 전년에 요코하마(橫濱) 인근에서 영국인이 시마즈가문(島津氏)의 가신에게 살해당했기 때문에 그에 담판하러 온 것입니다. 결국 전쟁이 되었고, 사쓰마번(薩摩藩)과 조슈번(長州藩)에서는 노인도 젊은이도 양이(攘夷)의 결의를 가다듬고 떨치고 일어나서 파란을 일으키며 격전(激戰)을 주고받아 적에게 큰 손해를 입히고 격퇴하였습니다만, 모처럼 외국에서 구입한 증기선 3척을 잃었고, 가고시마(鹿兒島)의 시가지(市街)가 불태워졌습니다.

조정에서는 조슈(長州)와 사쓰마(薩摩) 두 번의 분전(奮戰)을 칭찬하였지만, 도쿠가와막부는 칙명(勅命)을 받고서도 양이(攘夷)를 실행할 자신이 없었기 때문에 여러 다이묘 사이에 의견 차이만 생겨 내분이 일어났습니다.

그래서 고메이(孝明)천황은 8월이 되어, 양이(攘夷)를 잠시 보류하도록 명령하셨습니다. 그런데 지사(志士)들은 무신정권이 확실하게 하고 있지 않았기 때문에 양이의 기세가 수그러드는 것을 개탄하여, 도쿠가와막부나 막부에 편드는 자들을 제거하지 않으면 안 된다고 주창하며 각지에서 거병하였습니다. 이 무렵 구사카 미치타케(久坂通武)를 비롯하여, 히라노 구니오미(平野國臣)나 마키 야스오미(眞木和臣) 등도 대의(大義)를 위하여 존엄한 생명을 바쳤습니다.

천황은 이듬해 초에 다시 정이대장군 도쿠가와 이에모치(德川家茂)를 부르시어, 정치를 일신하도록 타일렀습니다.

그 무렵 영국이 미국, 네덜란드, 프랑스를 설득하여 끌어들여, 다이묘 중에서 가장 양이(攘夷)에 주력하고 있는 조슈번(長州藩)을 쳐부수려고 계획하고 있었습니다. 8월이 되자 위의 4개국의 연합함대(聯合艦隊) 17척이 시모노세키(下關)를 공격해 왔습니다. 조슈번(長州藩)은 3일에 걸쳐서 분전(奮戰)하였습니다만, 유감스럽게도 완전히 패배하였습니다.

개항(開港) 이후, 양이(攘夷)의 계획이 계속되었기 때문에 외국과의 관계는 대단히 복잡해졌습니다. 그러나 우리 일본에 있어서 다행스러운 것은 유럽에 전쟁이 이어지고 미국에도 내란(內亂)이 있었으므로, 큰 전쟁이 되지는 않았습니다.

외국의 공사(公使)들은 점차 우리 국체(國體)를 깨닫게 되어, 정이대장군에게는 온 나라를 평정할 힘이 없다는 것을 알고, 조약을 올바로 실행하기 위해서는 천황의 칙허(勅許)를 청하는 것 밖에 없다고 생각하게 되었습니다. 영국, 프랑스, 미국, 네덜란드의 공사들은 게이오(慶應) 원년(서기1865) 10월에, 군함을 이끌고 효고(兵庫) 앞바다에 와서 오사카(大阪)에 체재(滯在)하고 있던 이에모치(家茂)에게 조약의 칙허를 요구하였습니다.

천황은 이 일을 들으시고 내외의 형세를 깊이 고려하시어, 조서(詔書)로서 조약을 허락하셨습니다. 통상조약(通商條約)은 조인(調印) 후 8년이 지나서야 비로소 정식으로 인정되어 우리 일본의 외국에 대한 근본 방침이 정해졌습니다.

　이윽고 이듬해인 게이오(慶應) 2년(서기1866)이 밝아오자, 사쓰마(薩摩), 조슈(長州)의 두 번이 손을 잡고, 도사번(土州藩)의 사카모토 료마(坂本龍馬) 등의 동료들인 사이고 다카모리(西鄕隆盛), 오쿠보 도시미치(大久保利通)와 기도 다카요시(木戶孝允) 등이 모두 존왕양이(尊王攘夷)의 성심에 불타올라 먼저 도쿠가와가문의 막부(幕府)를 무너뜨릴 계획을 진행하여 유신의 근간을 수립해 나아갔습니다.

제21 세계웅비의 토대

국위선포의 의지 게이오(慶應) 3년(서기1867)이 밝아오자, 메이지(明治)천황의 치세가 되었습니다. 황송하게도 국난(國難)을 극복하고 국력을 회복하기 위해 한결같이 정무(政務)의 일신(一新)을 구상하신 고메이천황의 의지는 새로운 시대에 그대로 전해졌습니다.

정이대장군 도쿠가와 요시노부(德川慶喜)는 이 대어심(大御心)을 받들어 대정봉환(大政奉還)을 청원하였고, 메이지천황은 그해 12월 9일, 왕정복고(王政復古)를 하명하시어, 진무(神武)천황의 창업에 근거해 정무(政務)를 올바른 모습으로 되돌리셨습니다. 국민은 관민 모두 국위 회복을 목표로 진충보국(盡忠報國)의 진심을 받들게 되었습니다.

더욱이 천황은 이듬해 3월, 일신(一新) 맹세의 날에 하사하신 친서(親書) 중에는,

> 列祖の御偉業を繼述し、一身の艱難辛苦を問ず、親ら四方を經營し、汝億兆を安撫し、遂には萬里の波濤を拓開し、國威を四方に宣布し、天下を富岳の安きに置んことを欲す。
> (선대의 위업을 이어받아, 일신의 괴로운 고난과 쓰라린 고생을 따지지 않고 친히 온 세상을 경영하여, 그대들 억조창생을 평안하게 하고, 결국에는 모든 고난을 타개하여 국위를 온 세상에 선포하고, 천하를 편안하게 함을 바라노라.)

라고 기록되어 있습니다.

천황은 황공하게도 국정치세의 초기에 임하여 스스로의 고통은 돌아보지 않고 친히 정무(政務)를 행하셨고, 국민을 사랑하시어 10만리 파도 넘어 해외로 국위를 넓히시어, 오로지 천황이 천하를 다스리는 천업(天業)을 넓힐 것을 꾀하는 대어심을 굳히신 것입니다. 진실로 국위선포의 유지야말로 메이지 치세에 우리 일본이 세계로 웅비하는 토대가 되었습니다.

천황은 또 같은 해 8월, 시신덴(紫宸殿)에서 즉위의 예식을 거행할 때, 큰 지구의(地球儀)를 쇼메이몬(承明門) 안에 장식하시어 국위선포의 대어심을 표명하였습니다. 이 지구의(地球儀)는 천황이 탄생하시던 해에, 도쿠가와 나리아키(德川齊昭)가 해외진출의 의지를 담아 궁중에 바친 것이었습니다.

국경(國境)의 방비 먼저 영국은 청나라의 내란을 틈타, 프랑스와 힘을 합쳐 중국을 압박해 홍콩(香港) 건너편의 주룽(九龍)을 양도받았고, 또 양쯔강(揚子江) 유역으로 세력을 넓혀왔습니다. 프랑스는 청나라에 의지하고 있던 인도차이나 방면의 나라들에 세력을 심고 중국으로 접근하여 왔습니다.

같은 무렵 러시아는 청나라로부터 헤이룽강(黑龍江) 하류 유역을 빼앗아 연해주(沿海州)의 블라디보스토크에 근거지를 만들어 일본해로 진출하였고, 영국과 쓰시마(對馬)의 점령을 경쟁하며 조선에 세력을 펼치려고 도모하였으며, 미국은 러시아로부터 알라스카를 사들여 북태평양(北太平洋)으로 진출하였습니다.

이렇게 되어 신국(神國)의 수호를 위해 존왕양이(尊王攘夷)의 지사(志士)들이 가슴에 그리고 있던 해외진출 계획이 점차 허무해져 갈 때, 대정(大政)의 일신(一新)이 행하여진 것입니다.

메이지 치세의 초기에 우리 일본은 먼저 북방의 방비를 굳건히 하기 위하여, 개척장관(開拓使)을 두어 에조지(蝦夷地)의 개발을 꾀하였고, 나아가 러시아와 교섭하여 사할린(樺太)를 양보하고 지시마(千島)를 우리 일본영토로 하여 국경을 정하고, 홋카이도(北海道)의 개척에 주력하게 되었습니다.

또 남방(南方)에서는 유럽이나 미국의 나라들이 자주 점령을 계획했던 류큐(琉球)와 오가사와라제도(小笠原諸島)가 우리 일본의 영토인 것을 분명히 밝히고, 함부로 외부로부터 침범당하지 않도록 하였습니다.

단지 이 무렵 하와이가 우리 일본과 병합(倂合)을 희망하고 있었음에도 불구하고, 미국에 방해받은 것은 유감스런 일이었습니다.

중국, 조선과의 외교　메이지천황은 예로부터 관계가 깊은 중국, 조선과 외교를 맺고 협력하여 동아시아의 방비를 굳건히 하지 않으면 안된다고 생각하게 되었습니다.

우리 일본은 메이지 4년(서기1871)에 청나라에 사신을 보내어 수호조약(修好條約)을 맺음으로써 견당사(遣唐使)가 중단된 이후 천년 남짓 동안 단절되어 있던 중국과의 국교를 열었습니다.

조선에 대해서는 메이지원년(서기1868)에 쓰시마(對馬)의 소가문(宗氏)이 조정(朝廷)의 명을 받아 왕정복고(王政復古)를 알리고, 새롭게 국교를 열도록 권장하였습니다.

조선은 청나라의 지배를 받고 있을 무렵부터 당파싸움이 심해져 완전히 쇠락하고 있었기 때문에, 유럽이나 미국의 나라들이 허점을 틈타 세력을 뻗쳐 왔습니다. 프랑스군함이 선교사가 살해당한 것을 구실로 강화도를 포격해 왔고, 미국의 배가 통상을 요구하러 와서 평양 부근을 휩쓸고 다녔기 때문에, 조선에서는 완고하게 양이(攘夷)의 방침을 취하고 있었습니다.

그래서 우리 일본이 유럽이나 미국의 나라들과 국교를 맺고 있는 것을 꺼려하여, 소가문의 권유를 받아들이지 않았습니다. 그 후 조정에서 종종 사자(使者)를 보내어 교섭을 계속하였습니다만, 우리 일본이 유럽풍습을 받아들이는 것을 얕잡아보고 무례한 행동을 하는 사람이 나타나 점차 뒤틀어지게 되어, 마침내 우리 일본에서는 정한론(征韓論)이 일어났습니다.

사이고 다카모리(西鄕隆盛)의 생각　그 무렵 사이고 다카모리(西鄕隆盛)는 우리 일본이 섬나라인 상태에서는 도저히 황국(皇國)의 목표를 향해 전진할 수 없기 때문에, 러시아의 세력을 막아내고 대륙으로 진출하기 위해서, 한편으로는 홋카이도의 방비를 굳히고 한편으로는 서둘러 조선과 힘을 합하여 연해주로 진출하지 않으면 안된다고 생각하고 있었습니다.

다카모리(隆盛)는 조선과의 관계가 원활하지 않은 것을 걱정하여 자진해서 조선에 들어가 국교(國交)의 필요성을 잘 설명하고, 아무리해도 받아들여지지 않을 경우에는 무력으로 해결하겠다고 주창하였습니다. 메이지 6년(서기1873)의 일입니다.

마침 그 무렵 해외에서 돌아온 이와쿠라 도모미(岩倉具視)를 비롯하여 오쿠보 도시미치(大久保利道), 기도 다카요시(木戸孝充) 등은 세계 각국의 동향을 고려하여 이 의견에 반대하였으므로, 우리 일본에서는 우선 국내 정치를 정리하고 국력 충실을 꾀하기로 하였습니다.

다카모리는 관직을 사임하고 가고시마(鹿兒島)로 내려와서, 학교를 설립하여 청년교육에 매진하면서도, 항상 대륙의 형세를 마음에 담아두고 러시아에 대비한 각오를 굳히고 있었습니다.

메이지(明治)천황의 오사카 육군병원 행차

다카모리를 따르며 가르침을 받은 청년들은 조정의 정치를 관장하는 사람들의 의견에 불만을 품고, 다카모리를 부추겨 난(亂)을 일으켰습니다. 아리스가와노미야 다루히토(有栖川宮熾仁)친왕이 정토총독(征討總督)으로서, 약 7개월 만에 다카모리 일당을 진압하였습니다. 메이지 10년(서기1878)의 일로 '세이난 전쟁(西南の役)'이라 합니다.

이 내전에는 징병령(徵兵令)이 시행되고 나서 새로운 조직으로 훈련된 황군(皇軍)이 처음으로 전장에 나가서 용감하게 싸워 강병(强兵)의 명예를 드높여 국민개병(國民皆兵)의 근간이 굳어지게 되었습니다.

박애사(博愛社)(일본적십자사의 기원)

황실의 자애(慈愛)   세이난전쟁(西南の役)때 메이지천황은 황공하게도 오사카의 육군병원에 행차하시어 친히 부상병을 위로하시고, 황후(皇后, 昭憲皇太后)와 황태후(英照皇太后)는 몸소 붕대를 만들어 부상병에게 하사하셨습니다. 국민은 모두 황실의 자애로움에 깊이 감격하였고, 사노 쓰네타미(佐野常民) 등은 총독인 다루히토친왕의 허락을 받아 박애사(博愛社)를 창설하여 전상자(戰傷者) 구호(救護)에 노력하여 일본적십자사(日本赤十字社)의 근간을 열었습니다.

그 후 천황은 제국헌법(帝國憲法) 발포의 날에, 다카모리(隆盛)가 왕정복고(王政復古)를 위해 애쓴 공적을 생각하시어 그 죄를 용서하셨고, 게다가 정삼위(正三位)를 하사하셨습니다.

부국강병(富國强兵) 국위를 빛내고 세계로 웅비하기 위해서는 군비(軍備)를 굳건히 하여 외국의 경멸을 받지 않도록 하지 않으면 안 됩니다. 이것에는 산업을 일으켜 국력을 충실히 하는 것이 근간이 됩니다. 그래서 대정개혁(大政御一新)에 임하여 부국강병(富國强兵)을 주창하게 되었습니다.

오쿠보 도시미치(大久保利通)는 예전부터 식산흥업(殖産興業)에 관해 훌륭한 의견을 가지고 있었습니다. 메이지 6년(서기1873)에 이와쿠라 도모미(岩倉具視) 등과 해외문물을 상세하게 조사하고 돌아와, 전력을 다해 산업 개발에 힘썼습니다.

우선 농업에 대해서 개간(開墾)이나 기술개량을 권장함과 동시에 새롭게 기계공업을 도입하여 제사(製絲)나 방적(紡績) 공장을 설립하고, 광산(鑛産)을 개발하여 금(金) 은(銀)이나 동(銅)을 채취하거나 석탄(石炭)을 채굴하여, 철(鐵)의 제련(製鍊)이나 병기(兵器)제작이나 조선(造船)기술 등의 발달을 꾀하였습니다. 또 철도(鐵道)를 부설하고 해운(海運)을 시도하여 무역(貿易)을 왕성하게 하였습니다.

이렇게 새로운 산업이 확산되자 태평시대에 구축되었던 발전의 기반이 빛을 발하게 되어, 제국헌법이 발포될 무렵에는 국력이 대단히 충실해졌고 군비(軍備)도 점차로 정비되어 갔습니다.

메이지천황은 깊은 대어심(大御心)을 국방(國防)에 쓰시어, 친히 대원수(大元帥)로서 황군(皇軍)을 총괄하시고, 또 황족(皇族)

남자들이 반드시 군인(軍人)으로서 국민에게 모범을 보이는 선례까지도 여겼습니다.

육군(陸軍)은 우리 대정개혁(大政御一新) 무렵 새롭게 나라가 통일되어 번성하게 된 독일의 제도를 배워, 메이지 21년(서기1888)에는 근위사단(近衛師團)을 비롯해 7개 사단을 구비하였습니다. 게다가 장병은 모두 사키모리(防人)에서부터 아즈마(東國)무사들에게 전수된, 나아가 오랫동안 단련된 무사도(武士道)정신을 이어받아서 훌륭한 마음가짐을 양성하였습니다.

해군은 진무(神武)천황이 휴가(日向, 南九州)를 나오시게 되었을 때부터, 태평양(太平洋) 거친 파도에 끊임없이 단련된 해양국 정신을 완전히 연마한데다, 세계의 바다를 자신들의 것으로 자랑하고 있던 영국 해군으로부터 새로운 기계나 기술을 도입하여 눈부신 발전을 이루었습니다. 메이지 27년(서기1894)년에는 군함(軍艦) 31척, 수뢰정(水雷艇) 24척으로 모두 6만 톤이 넘는 병력에 달하였습니다. 황공하게도 천황은 일찍이 군함을 건조(建造)하게 하기 위하여 황실의 비용 중에서 매년 많은 돈을 하사하신 일마저 있습니다.

세계의 동향 우리 일본이 이와 같이 세계웅비의 근간을 쌓고 있을 무렵에 영국, 프랑스, 독일 등의 나라들이 앞 다투어 아프리카를 쟁취하고 있었습니다.

앞서 수에즈운하가 개통되어서 지중해(地中海)에서 인도양으로의 지름길이 열리자 영국은 인도를 완전히 자기네 것으로 삼아 더욱더 번창하여 버마를 합하고 보르네오를 뺏었으며, 또 이집트를 정복하여 운하(運河)를 자국의 지배하에 두어버렸습니다.

더욱이 러시아가 중앙아시아에서 남쪽을 향하여 내려오자 서로 경쟁하게 되었습니다.

그 무렵 독일은 태평양(太平洋)의 섬들에 주목하기 시작하였고, 영국은 오스트레일리아에서 파푸아로 세력을 뻗어가며 이에 대비하였습니다.

우리 일본도 세계웅비를 위해서는 태평양을 잊어서는 안 된다고 생각하여 남방진출(南進)을 꾀하는 자가 나타났습니다. 메이지 22년(서기1889)에 필리핀으로 건너간 스가누마 다다카제(菅沼貞風)도 그중 한사람입니다. 그러나 일찍이 사이고 다카모리(西鄕隆盛)가 생각했듯이, 대륙의 형세가 점차로 급박해져서 태평양을 돌아볼 겨를이 없어졌습니다.

제22 동아시아의 방비(1)

조선의 자각 우리 일본은 그 후 여러 차례 조선과 교섭하여 국교를 맺는 것을 권했습니다. 조선에서는 새로운 세계의 동향을 깨닫는 자들이 나와, 메이지 9년(서기1876)에 수호조약(修好條約)을 맺고, 전부터 쓰시마(對馬)와의 무역이 행해지고 있던 부산항(釜山港)과, 인천(仁川, 京畿道)이나 원산(元山, 咸鏡南道)의 항구를 개방하였습니다. 이어서 조선은 유럽이나 미국 등의 나라들과도 외교를 열었습니다.

우리 일본과 조선과의 왕래가 점차 빈번하게 되자, 우리 국민 중에는 동아시아 개발의 의지를 품고 조선으로 건너간 사람이 많아졌고, 거류민의 수도 증가하여 친분이 깊어졌습니다. 그리하여 조선에서는 일본이 신문화를 받아들여 날로 개화되어 가는 것을 보고, 각성한 사람들은 반드시 우리 일본에게 배워서 국력을 증강하지 않으면 안 된다고 생각하게 되었습니다. 이와 같이 일본과 조선이 일체(一體)가 될 실마리가 다시 열려 갔습니다.

그러나 조선 사람들 중에는 옛날 그대로 청나라에 복종하고 그 국력에 의지하여 자신의 세력을 떨치고 싶어하는 사람도 있었습니다. 그 때문에 여전히 내분이 있었고, 이 빈틈을 뚫고 러시아가 점차 세력을 뻗쳐 왔습니다. 우리 일본은 조선이 국력을 회복하여 동아시아 방비가 굳건해질 수 있게 하고자 여러모로 노력했습니다만, 오히려 언제나 청나라에 방해받아서 그 효과가 없었습니다.

청나라와의 개전(開戰)　조선의 정치는 더욱더 혼란스러워졌고, 메이지 27년(서기1894)에는 결국 전라도에 내란이 일어나, 점차 확산되어 좀처럼 진정되지 않았습니다. 청나라는 속국(屬國)의 난(亂)을 돕는다는 구실로, 조선에 군사를 출병시켰습니다. 우리 일본도 공사관(公使館)이나 거류민(居留民)을 보호하기 위하여 조선에 군사를 보냈습니다.

이윽고 내란도 진정되어 갔습니다만, 우리 일본은 이 때 조선이 정치를 근본에서부터 개혁하여, 또다시 이와 같은 우환이 일어나지 않기를 희망했습니다. 그래서 청나라에게 서로 협력하여 조선 정치를 인도하여 치안을 굳건히 하자고 제안하였습니다.

청나라는 이 제안을 받아들이지 않았습니다만, 우리 일본은 결심을 굳히고 단독으로 조선에 충고하여 과감히 개혁하도록 권하였습니다. 하지만 청나라는 여러 가지로 이를 방해하며, 결국 육군과 해군의 대군을 움직여 우리 일본을 위협하였습니다. 조선은 우리 일본의 권유에 응하여 제도를 개혁하는 방침을 세움과 동시에, 청나라를 향해 청나라의 속국이 아님을 확실하게 전했습니다. 메이지 27년(서기1894) 7월말의 일입니다.

마침 그 무렵 우리 일본군함은 풍도(豊島) 앞바다에서, 육군 병사의 수송을 지키는 청나라군함으로부터 포격을 받았기 때문에, 바로 응전하여 이를 격파하였습니다. 이어서 아산(牙山, 忠淸南道)에 상륙한 청나라 병사가 경성(京城)을 목표로 진군해 왔기 때문에, 우리 일본 육군은 이를 성환(成歡)에서 격파하였습니다. 이것이 '청일전쟁(明治二十七八年戰役)'의 시작입니다.

그래서 메이지천황은 어심을 정하시고 8월 1일, 청나라에 대한 선전(宣戰)의 조칙을 내리셨습니다. 우리 일본은 청나라 군대를 조선에서 쫓아내고, 치안을 굳건히 하여 동아시아의 평화를 수립하기 위하여 결국 전쟁을 하게 된 것입니다. 얼마 되지 않아 조선도 우리 일본과 공수동맹(攻守同盟)을 맺고 힘을 합치게 되었습니다.

히로시마(廣島) 대본영(大本營)　우리 일본이 청나라와 개전(開戰)한 것이 세계의 주목(注目) 대상이 되었습니다. 청나라는 동아시아의 대국(大國)으로 알려져 있었고, 북중국의 군비가 충실하여 수도 베이징(北京)의 수비를 단단히 하고 있었으며, 특히 북양수사(北洋水師)는 웨이하이웨이(威海衛)를 근거로 하여 훌륭한 신식 전함 2척을 갖춘 대함대(大艦隊)를 이끌고 뤼순(旅順)이나 다롄(大連)에도 주둔하며, 황해(黃海)를 압박하고 있었습니다. 실로 우리 일본의 국운을 건 큰 전쟁입니다.

메이지천황은 황공하게도 육군과 해군의 장병들과 고생을 함께하려는 생각에서 친정(親征) 명령을 내리시고, 9월에는 대본영을 히로시마(廣島)로 전진 배치하시어, 친히 군무(軍務)를 총괄하셨습니다.

국민은 과분한 의지를 받들고 감격하여 대적(大敵)을 쳐부수어 동아시아를 안정시키고, 황국의 명예를 드높일 때는 바로 이 때라며 모두가 한 마음으로 떨치고 일어났습니다.

그 무렵 육지에서는 육군중장 노즈 미치쓰라(野津道貫)가 이끄는 부대가 평양을 공략하여 조선에서의 청나라 거점을 전복시키고, 바다에서는 해군중장 이토 유코(伊東祐亨)가 연합함대(聯合艦隊)를 이끌고 청나라군을 맞아, 황해해전(黃海海戰)에서 새로운 전술을 사용하여 청나라의 북양수사(北洋水師)에 큰 손해를 입히고 제해권(制海權)을 장악하였습니다.

그래서 육군대장 야마가타 아리토모(山縣有朋)는 제1군을 이끌고 조선에서 압록강(鴨綠江)을 건너 진군하였고, 해군대장 오야마 이와오(大山巖)는 제2군을 이끌고 랴오둥반도(遼東半島) 모퉁이에 상륙하여 상호간에 연락을 취하면서 대륙의 혹한 추위를 견뎌내며 용감하게 싸워 연전연승의 기세로 각지를 점령하였고, 뤼순(旅順)의 요새(要塞)도 함락시켰습니다.

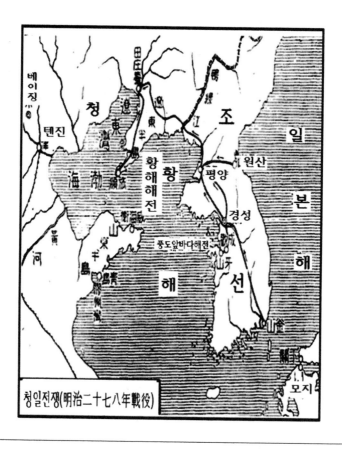

청일전쟁(明治二十七八年戰役)

이듬해인 메이지 28년(서기1895)을 맞이하여 제2군은 해군과 협력하여 웨이하이웨이(威海衛)부대를 함락하여 청나라의 북양수사(北洋水師)를 전멸시켰고, 또 제1군은 톈좡타이(田庄臺)의 격전에서 청나라를 격파하여 랴오둥반도(遼東半島)를 완전히 점령하였습니다. 그리하여 우리 일본군은 드디어 베이징(北京)을 향해 진격하게 되었고, 고마쓰노미야 아키히토(小松宮彰仁) 친왕이 정청대총독(征淸大總督)의 임무를 맡으셨습니다.

시모노세키조약 청나라는 이 형세를 보고 크게 놀라, 이홍장(李鴻章)을 사신으로 하여 화친을 제의해 왔습니다. 우리 일본은 이에 응하여 내각총리대신 이토 히로부미(伊藤博文)와 외무대신 무쓰 무네미쓰(陸奧宗光)를 전권대신으로 하여 시모노세키(下關)에서 담판을 시도하여, 마침내 강화조약을 체결하고 청나라와 화친을 했습니다. 메이지 28년(서기1895) 4월의 일로, 이것을 시모노세키조약(下關條約)이라 합니다.

이 조약에 의해 청나라는 조선을 속국으로 취급하지 않을 것을 확실하게 약속하였고, 랴오둥반도(遼東半島)와 타이완(臺灣), 펑후열도(澎湖列島)를 우리 일본에 양도하기로 하였습니다.

개전 이래 대략 10개월에 걸쳐 20여만의 병사를 움직이고, 2억 엔이 넘는 비용을 쓴 대전쟁은 우리 일본의 승리로 종전이 선언되었습니다. 메이지천황은 조서(詔書)를 내리시어, 국민의 충성심에 의해 경사스럽게 전쟁의 목적을 달성하고 국위를 빛낸 것을 기뻐하시며, 함부로 승리에 자만하는 일 없이 전후(戰後)의 경영에 진력하도록 국민을 훈계하셨습니다.

와신상담(臥薪嘗膽)의 맹세 국민이 조서를 받들어 평화를 되찾은 것을 기뻐한 것도 잠시, 곧바로 일대 국난이 닥쳐왔습니다.

러시아가 프랑스, 독일과 규합하여 우리 일본이 랴오둥반도(遼東半島)를 영유(領有)하는 것은 동아시아 평화를 해치는 것이라 하여, 랴오둥반도를 청나라에 되돌려줄 것을 권하였습니다. 정말로 뜻하지 않은 제안이었습니다.

러시아는 전부터 조선과 만주로 세력을 넓힐, 훌륭한 근거지를 구축하려 하고 있었기 때문에, 우리 일본의 힘으로 동아시아가 굳건해지는 것을 두려워하여 이와 같은 간계를 구상하였던 것입니다. 그리하여 태평양함대(太平洋艦隊)에 군함을 증강하고, 우리 일본이 받아들이지 않을 경우에는 독일이나 프랑스의 함대(艦隊)와 연합하여 협박하러 올 준비까지도 갖추고 있었습니다. 이것을 '삼국간섭(三國干涉)'이라 합니다.

그래서 우리 일본은 전후(戰後)의 일도 그렇고, 내외의 형세를 깊이 고려하여, 일을 확대하여 평화를 어지럽히지 않으려고 삼국의 권유에 응하게 되었습니다. 황공하게도 메이지천황은 조서를 내리시어 랴오둥반도를 되돌려줄 뜻을 표하셨고, 더불어 국민의 각오를 일깨웠습니다. 메이지 28년(서기1895) 5월의 일입니다.

랴오둥반도는 청나라가 조선을 협박하고 있던 근거지로서, 황군(皇軍) 장병이 동아시아 평화를 굳건히 하기 위해 피 흘리며 싸운, 수많은 동포의 영령이 잠들어 있는 곳입니다. 전승의 명예에 상처를 입은 국민의 분노는 비할 데가 없었습니다.

온 국민이 모두 눈물을 삼키며 조서를 받들며 이 수치를 씻을 날을 목표로 와신상담의 맹세를 하였고, 굳게 끝까지 참고 견딜 마음의 자세를 가다듬고 전후의 경영에 매진하였습니다.

전후(戰後)의 경영　국민이 마음을 합하여 전후의 경영에 매진한 효과가 있어서 산업은 크게 일어났고, 조선이나 중국과의 무역은 왕성하여 국력이 충실해졌습니다.

새로이 영토가 된 타이완(臺灣)은 우선 기타시라가와노미야 요시히사(北白川宮能久)친왕이 근위사단의 장병을 이끌고, 우리 일본에 따르지 않는 자를 진압하여 치안을 굳건히 하셨고, 뒤이어 타이완총독(臺灣總督)은 오로지 황실의 은혜를 펼쳐 나갔으므로, 10년이 채 되지 않은 사이에 몰라볼 정도로 발전되어 세계를 놀라게 하였습니다.

국력의 충실은 군비(軍備)에서도 확실히 나타났습니다. 육군은 메이지 29년(서기1896)에 6개 사단을 증설하여 13사단이 되어 전쟁 전의 거의 2배가 되었습니다. 해군은 차례로 신식 전함이나 순양함을 건조하여 메이지 35년(서기1902)에는 66함대가 완비되어 영국, 프랑스, 러시아에 이어 세계에서 네 번째의 해군 강국이 되었습니다.

제23 동아시아의 방비(2)

동아시아의 암운(暗雲) 우리 일본이 전후의 경영에 진력하고 있을 무렵, 러시아는 더욱더 동아시아로 세력을 넓힐 근거를 굳히고 있었습니다. 삼국간섭(三國干涉)을 핑계로 청(淸)나라를 이용하는데 힘썼는데, 우선 블라디보스토크의 방비를 굳건히 하기 위해 만주에 철도를 부설할 권리를 인정하게 하였고, 시베리아철도를 경유하여 본국과의 연락이 가능하게 하였습니다. 더욱이 부동항(不凍港)을 확보하기를 희망하여 랴오둥반도(遼東半島)를 노리고 관동주(關東州)를 조차하여 뤼순(旅順)에 군항(軍港)을 축조하였으며, 다롄(大連)에 마을을 조성하여 철도를 하얼빈에서 다롄까지 연결하였습니다. 게다가 남만주(南滿洲)에서 광산(鑛山)을 채굴할 권리까지 취하여 세력을 넓혀왔습니다.

같은 무렵 독일은 청나라로부터 자오저우만(膠州灣)을 조차하여 칭다오(靑島)에 근거를 구축하였고, 산둥반도(山東半島)에 철도를 부설하여 광산을 채굴할 권리를 취하였으며, 프랑스도 광저우만(廣州灣)을 조차하여 인도차이나반도에 철도를 부설하는 것을 인정받았습니다. 영국은 러시아와 세력을 다투고 있었으므로 뤼순(旅順)을 방비하기 위하여 웨이하이웨이(威海衛)를 조차하여 새롭게 근거지를 마련하였고, 또 주룽반도(九龍半島)를 조차하여 홍콩(香港)의 수비를 굳혔습니다.

그 무렵 미국은 점점 태평양으로 세력을 뻗쳐 왔습니다. 하와이를 통합하여 자국의 영지(領地)로 하였고, 또 스페인과 싸워서 필리핀제도와 괌을 탈취하여 점차 근거지를 구축하여 청나라로 육박해 왔습니다.

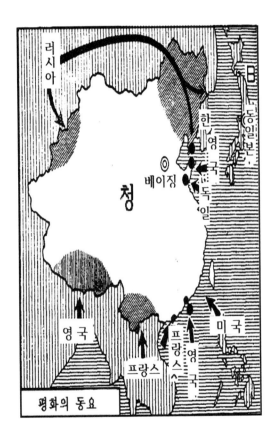

이처럼 동아시아에 덮쳐온 암운은 나날이 심화되어 갔습니다. 유럽이나 미국의 세력이 확장되어감에 따라서, 동아시아의 평화는 혼란해지기 시작했습니다.

한국과 청나라의 혼란 그 후 조선에서는 국왕이 황제의 지위에 올라 국명을 '대한제국(大韓帝國)'이라 개칭하였습니다만, 정치를 담당한 사람 중에는 아직 자각하지 못한 사람이 많아 또다시 내분이 일어났습니다. 이를 틈타서 유럽과 미국 사람들이 점차 들어와 광산(鑛山)을 채굴하거나 철도(鐵道)를 부설하는 권리를 확보했습니다. 그중에서도 러시아는 정치에 개입하기도 하였고, 진해만(鎭海灣)에 해군 근거지(根據地)를 만들려고 도모하기도 하였습니다.

청나라에서는 유럽이나 미국 등 여러 나라들이 중국에 세력을 뻗쳐 왔으므로, 역시 이것을 싫어하는 중국사람이 나타나 메이지 32년(서기1899)에는 보청멸양(保淸滅洋)을 부르짖으며 내란(內亂)을 일으켰고, 베이징(北京)으로 쳐들어가 불법으로 각국의 공사관(公使館)을 포위하며 난폭하게 굴었습니다. 이듬해인 메이지 33년(서기1900)에는 소요가 더욱 심해져서 우리 일본 공사관원(公使館員)도 살해당했습니다.

청나라는 내란을 진압할 수가 없었으므로, 우리 일본이나 영국, 미국, 러시아, 독일, 프랑스 등의 연합군이 이들을 진압하였습니다. 이 사건을 '의화단사건(北淸事變)'이라 하며, 이때부터 각국은 북중국에 군대를 배치하여 공사관(公使館)을 방어하게 되었습니다.

이 사변이 한창일 때 러시아는 군대를 만주(滿洲)에 출동시켜 각지를 점령하고 조선지방으로도 육박하여 들어왔습니다만, 청나라나 대한제국의 힘만으로는 러시아를 도저히 막을 수가 없었습니다. 따라서 황공하게도 메이지천황이 동아시아의 나라들과 힘을 합하여 평화를 굳히기를 바라던 의지도 헛되게 되어 버렸습니다.

영국과의 동맹 이 무렵 영국은 남으로 남으로 넓혀오는 러시아의 세력을 저지하기 위해서는, 우리 일본의 힘을 이용할 수밖에 없다고 생각하였습니다. 그리하여 그때까지는 세계의 도처에 식민지를 만들어 세계의 해상권(海上權)을 거의 독점하다시피 하며, 어느 나라와도 연합하지 않는 것을 자랑삼아왔음에도 불구하고, 자진하여 우리 일본과 동맹을 맺을 것을 결심하였습니다.

우리 일본은 청나라와 대한제국의 영토를 안전하게 하고, 동아시아의 방비를 굳혀 평화를 수립하기 위해 영국과 힘을 합쳐 나가기로 하여, 메이지 35년(서기1902)에 영국과 동맹을 맺었습니다. 지금으로부터 약 40년 전의 일로, 이를 '영일동맹(日英同盟)'이라고 합니다.

러시아와의 개전(開戰) 그 무렵 러시아는 청나라와 약속하여, 만주에서 병력을 철수시킬 시기를 선언하였습니다만, 그 기한이 되어도 좀처럼 실행하지 않았습니다. 우리 일본은 종종 러시아에 충고하여, 청나라와 대한제국의 영토를 침범하는 일이 없도록 요청하였습니다만, 전혀 귀담아 듣지 않고 오히려 뤼순(旅順)의 방비를 가다듬고 육군과 해군의 병력을 증강하였으며, 대한제국의 국경에도 병력을 집결시켜 우리 일본을 위협하려 하였습니다.

우리 일본은 메이지 37년(서기1904) 2월 결국 러시아와 국교(國交)를 단절하고, 무력으로 러시아의 흉계를 꺾어 자위(自衛)를 꾀함과 동시에, 동아시아의 수비를 굳힐 것을 결심하였습니다. 이것이 '러일전쟁(明治三十七八年戰役)'의 시작입니다.

메이지천황은 즉각 육군과 해군에 칙어(勅語)를 하사하여 격려하시고, 이어서 선전(宣戰)의 조칙(詔勅)을 하달하였습니다. 2월 11일에는 대본영(大本營)을 궁중(宮中)에 설치하시고, 고다이(皇大)신궁에 칙사(勅使)를 보내시어 선전(宣戰)을 고하셨습니다.

이때에 천황께서 직접 지으신 와카로,

> よもの海、 みなはらからと 思ふ世に、 なと波風の たちさわくらむ。
> (사해 안에 있는 사람은 모두 다 동포라고 생각되는 세상에, 왜 풍파는 거칠게 일어나는가?)

라고 읊으셨던 자애로운 마음은 진실로 황공하기 그지없습니다.

해군의 출동 개전(開戰) 초, 러시아의 태평양함대는 전함(戰艦) 7척, 장갑순양함(裝甲巡洋艦) 4척, 순양함(巡洋艦) 7척 이하, 함정(艦艇) 모두 77척에 달했는데, 그 주력부대를 뤼순(旅順)에 배치하고, 일부는 블라디보스토크에 두었으며 일부는 다롄(大連)과 조선의 인천에 두고 있었습니다.

우리 일본이 육군 정예(精銳)를 만주로 보내고, 배후의 일에 안심하고 활동하게 하기 위해서는 해상의 수비가 확실하지 않으면 안 됩니다. 사세보(佐世保, 長崎縣)에서 출동명령을 받은 연합함대사령장관(聯合艦隊司令長官) 해군중장(海軍中將) 도고 헤이하치로(東鄕平八郞)는 필승의 신념을 굳히고 곧바로 주력을 이끌고 서둘러 항해하여, 불시에 적을 습격하여 뤼순(旅順)공격을 시작하였고, 함대 일부는 인천에 있는 적함을 공격하여 격침시켰습니다.

이때부터 우리 일본함대는 뤼순(旅順)을 봉쇄(封鎖)하고 간헐적으로 공격을 가하여 적함에 큰 손해를 끼쳤습니다. 항구를 폐쇄(閉鎖)하기 위하여 히로세 다케오(廣瀨武夫)중령을 비롯해 씩씩하고 용감한 결사대가 활동한 것은 이 때의 일입니다. 또 세계의 명장으로서 유명한 적함대의 사령장관 스테판 마카로프(*Степáн Осипович Макáров*)가 우리 일본군의 계략에 걸려 항구 밖으로 나와서 전투에 응전하였는데, 우리 일본군이 부설해놓은 어뢰(魚雷)에 부딪혀 폭침된 기함(旗艦)과 운명을 함께 한 것도 이 때입니다.

만주군(滿洲軍) 편성　일본 육군에서 우선 제1군이 조선으로 갔습니다. 개전과 동시에 대한제국은 러시아가 무섭다는 것을 깨닫고 우리 일본과 힘을 합쳐 군사행동을 하기로 하였습니다. 제1군은 조선에 상륙하여 러시아 군대를 평안도(平安道)에서 격퇴하고, 5월 초에 만주로 쳐들어갔습니다.

한편 제2군은 관동주(關東州)에 상륙하여 북진하였고, 제3군은 다롄에서부터 뤼순요새(旅順遼塞)의 공략을 지향하였습니다. 6월에는 만주군총사령부(滿洲軍總司令部)가 편성되어, 원수 육군대장 오야마 이와오(大山巖)가 총사령관(總司令官), 육군대장 고다마 겐타로(兒玉源太郎)가 총참모장(總參謀長)이 되었습니다. 이윽고 제1군, 제2군에 새롭게 제4군을 추가하여, 삼면에서 랴오양(遼陽)을 목표로 진격하였습니다. 랴오둥반도는 일찍이 황군(皇軍)이 피를 흘리고 시체가 되어 널브러져 뼈를 묻은 땅입니다. 지금 와신상담(臥薪嘗膽) 10년 만에 적을 맞이하여 장병의 사기는 크게 충천하였습니다.

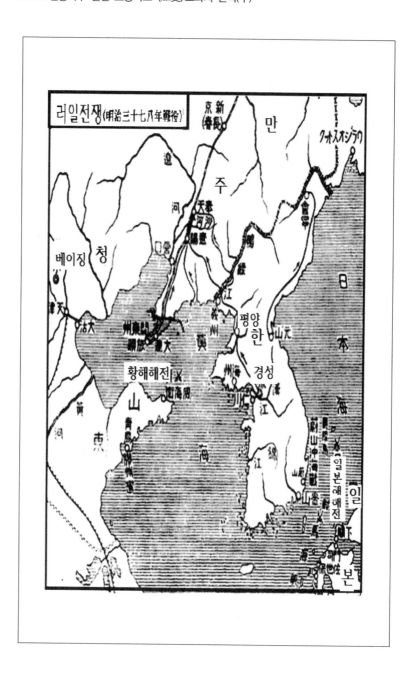

9월에 우리 일본군은 대략 13만 5천의 병력으로 적장(敵將) 크로파트킨(*Алексéй Николáевич Куропáткин*)이 22만의 병사로 사수(死守)하는 랴오양(遼陽)을 공격하여, 불과 10일간의 총공격으로 함락시켰고, 이어서 적의 반격을 샤허(沙河)에서 격퇴하였습니다.

동아시아(東亞)의 제해권(制海權)　일본 제3군사령관 육군대장 노기 마레스케(乃木希典)는 8월 초부터 해군과 연락하여, 목표한 뤼순요새(旅順要塞) 공격에 돌입하였습니다. 항구 내의 적함대는 배후에서 위협당하고 있어서, 틈을 노려 블라디보스토크로 후퇴하려고 했습니다만, 곧바로 우리 일본연합함대에 발견되어 황해해전(黃海海戰)이 되었고, 대부분 전멸했습니다. 파손된 적함의 일부는 뤼순(旅順)으로 되돌아갔습니다만, 완전히 전의(戰意)를 상실해버리고 말았습니다.

그 무렵 제2함대는 블라디보스토크의 러시아함대를 울산(蔚山) 앞바다에서 격퇴하였습니다. 이 해전으로 우리 일본군은 파도사이에서 표류하는 적함 승조원 장병 700명을 구조하여 무사도(武士道)정신의 진수를 발휘했습니다.

이와 같이 하여 동아시아(東亞)의 제해권(制海權)은 개전 이래 반년(半年)만에 우리 일본해군이 장악해버렸습니다. 그래서 러시아는 연전연패(連戰連敗)의 기세를 회복하기 위하여, 유럽방면의 발틱함대를 비롯해 해군의 거의 모든 세력을 집결시켜, 태평양 제2, 제3함대를 편성하여 동아시아(東亞)로 보냈습니다.

우리 일본군은 러시아함대가 도착하기 전에 뤼순(旅順) 요새를 공략하려고, 격심한 돌격을 되풀이하였습니다. 과연 요새(遼塞)

의 태세는 견고하였고 적병의 수비는 탄탄하여 좀처럼 함락되지 않았습니다. 우리 일본군의 충직하고 용감한 장병들의 육탄(肉彈)공격은 차례차례로 적의 견고한 보루를 피로 물들이며 산화되었습니다.

세 번째의 총공격에 임하여 악전고투를 계속해야 하는 9일째 되던 12월 5일, 마침내 요새 203고지(爾靈山)의 포대(砲臺) 높이 일장기(日章旗)가 휘날렸습니다. 이제는 항구 안을 한눈에 멀리 조망할 수 있게 되었습니다. 적함은 바로 바로 격침되어 갔습니다. 또 포대가 계속해서 함락되었기 때문에, 이듬해인 메이지 38년(서기1905) 1월 1일, 적장(敵將) 스테셀은 힘이 다하여 항복을 요청하였습니다. 처음 공격을 개시한지 4개월 반 만에, 여기서 뤼순(旅順)은 성문을 연 것입니다.

펑텐회전(奉天會戰)　만주군은 뤼순(旅順)이 함락되자 곧바로 일대 결전의 준비에 돌입하였습니다. 제3군도 북진하여 이에 가담하였고 새롭게 압록강군도 편성되었습니다.

적장 크로파트킨도 러시아 본국에서 온 원병(援兵)을 합하여, 연패의 수치에서 벗어나고자 점차 우리 일본군을 압박해왔습니다. 우리 일본의 전군(全軍)은 오야마(大山)총사령관의 지휘 아래 수차례 적을 물리쳐 진격하였고, 3월 1일에는 펑텐을 향하여 총공격에 들어갔습니다. 왕성한 공격정신을 발휘하여 격전에 격전을 계속하여 10일에는 드디어 펑텐을 점령했습니다. 우리 일본군은 25만으로 멋지게 32만의 대적(大敵)을 무찔렀습니다. 현재 3월 10일을 '육군기념일'로 정하여, 이 대승리를 기념하고 있습니다.

펑텐회전(奉天會戰)(입성식)

펑텐을 물러난 적병은 눈사태를 헤치고 북으로 북으로 후퇴하여 갔습니다만, 우리 일본군은 유감스럽게도 곧바로 러시아군을 추격하기에는 탄환이나 식량 보급이 원활하지 않았습니다. 만주군은 잠시 군을 정비하여 점령지역을 굳건히 지키기로 하고, 천천히 적을 추격하여 하얼빈으로 몰아서 블라디보스토크를 공격할 계획을 진행하였습니다.

일본해해전(日本海海戰) 이윽고 메이지 38년(서기1905) 5월 27일, 러시아의 태평양 제2, 제3함대는 블라디보스토크를 목표로 우리 쓰시마해협에 다다랐습니다.

우리 일본연합함대는 완벽하게 적을 맞아 공격할 준비를 끝내고, 조선의 진해만에 주력을 집중시키고 이 날을 기다리고 있었습니다. 오전 5시 5분 적함 발견 보고를 받은 도고(東鄕) 사령관은 즉각 전체 함대 40척의 출동을 명령함과 동시에 대본영(大本營)에 타전(打電)하여 적함 격멸을 맹세한 후, 오키섬(沖島) 부근을 결전 장소로 정하고, 오전 6시 30분 기함(旗艦) 미카사(三笠) 이하 모든 주력함대를 이끌고 기지(基地)를 출발하였습니다.

오후 1시 39분, 우리 일본함대의 좌현(左舷)쪽으로 적함대의 모습이 나타나기 시작하였습니다. 전함, 순양함 이하 함정 38척은 사령관 로제스트 벤스키(*Зиновий Петрович Рожественский*)의 인솔을 받으며 당당하게 진격하여 왔습니다.

이윽고 일본 기함(旗艦) 미카사(三笠)의 돛대 꼭대기 높이, 전투기(戰鬪機)와 함께 긴급신호깃발(緊急信号旗)이 휘날렸습니다.

皇國の興廢、 此の一戰にあり。各員 一層奮勵 努力せよ。
(황국의 흥망이 이 일전에 있다. 모두가 더한층 분발 노력하라.)

전 함대의 장병은 너무 감격하여 소리마저 없었습니다. 바야흐로 오후 1시 55분, 적은 1만 미터 저편에서 접근해왔습니다. 도고(東鄕)사령관은 함교(艦橋)에 선채로, 쌍안경(雙眼鏡)을 한손에 쥐고 시시각각 다가오는 적에게서 눈을 떼지 못했습니다.

적전(敵前) 8천 미터, 사령관 도고의 오른손이 획하고 왼쪽으로 반원을 그렸습니다. 별안간 참모장 가토 도모사부로(加藤友三郎)소장의 호령이 날카롭게 울려 퍼졌습니다.

艦長。取舵一杯に。
(함장! 함수(艦首)를 최대한 좌로 급회전하라.)

미카사(三笠)의 함수(艦首)는 갑자기 좌현(左舷)으로 회전하여 적과 같은 침로(針路)를 취하게 되었습니다. 적도 아군도 이 대담한 작전에 눈이 휘둥그레졌습니다. 적이 이때다 하고 포격을 시작하자, 미카사 주변에는 이미 탄환이 낙하하여 함교(艦橋)에는 물보라가 비오듯 쏟아졌습니다. 사령관은 침착하게 응전의 기회를 노리고 있었습니다.

일본해해전(기함 미카사)

　　오후 2시 10분, 마침내 함포(艦砲) 공격개시의 명령이 하달되어, 대해전의 포격이 시작되었습니다. 이윽고 5분, 전 함대의 함수가 완전히 회전하였고, 우리 일본군의 포화는 적의 주력함에 집중하여 점차 격심해졌습니다. 풍파(風波)는 몹시 거칠어졌습니다만, 하늘은 아주 맑게 개어 있었습니다. 우리 포대원(砲員)은 평상시의 훈련에 훈련을 거듭한 솜씨가 나타나 쏘아댄 포탄마다 적함에 멋지게 명중하여, 고작 30분 만에 승패(勝敗)의 운명이 결정되어 버렸습니다.

　　이윽고 교묘한 작전으로 우리 일본군의 전과(戰果)는 계속해서 올라갔고, 적의 기함(旗艦)을 비롯한 많은 함정(艦艇)이 침몰되어 갔습니다. 적은 줄곧 우리 일본군의 공격을 피하여 빠져 나가려고 시도하였습니다. 그러나 밤이 되어도 일본 구축함(驅逐艦)이나 어뢰정(魚雷艇)부대의 어뢰공격은 더욱더 심해졌고 적의 피해는 점점 더 커져 갔습니다.

　　이어서 다음날 28일에는 울릉도(鬱陵島, 慶尙北道) 부근에서 교전하였고, 적함은 포위되어 항복하는 자와 격침되는 자가 속출하였으며, 적 사령관도 체포되어 포로가 되었습니다.

　　이와 같이 이틀 밤낮에 걸친 결전은 우리 일본군의 대승리가 되었고, 적함 19척을 격침시키고 5척을 나포하였습니다. 우리 일본군의 손상은 극히 경미하여, 함정 침몰은 고작 어뢰정 3척이었습니다. 장병들은 모두 천황의 은혜라 믿고, 신의 가호의 위대함에 깊이 감격했습니다.

　　이 결전을 '일본해해전'이라 하며, 우리 일본으로부터 동아시아 제해권(制海權)을 빼앗으려는 적의 계획은 완전히 실패로 끝났습니다. 5월 27일은 훗날 '해군기념일'로 정해졌습니다.

승전보가 천황께 도달되자, 황공하게도 메이지천황은 도고(東郷)사령관에게 칙어(勅語)를 내리시어,

> 朕ハ汝等ノ忠烈ニ依リ、祖宗ノ神靈に對フルヲ得ルヲ懌フ。
> (짐은 그대들의 충성에 의해 황종(皇宗)의 신령을 대할 수 있음에 기뻐하노라.)

라고 말씀하시고 장병들의 공로를 치하하셨습니다.

평화의 회복 펑톈회전(奉天會戰)과 일본해해전에서, 전쟁의 대세(大勢)는 판가름났습니다만, 우리 일본은 더더욱 사단(師團)을 증설하여 군비를 충실히 함과 동시에 두만강을 건너 북부조선(北鮮)으로 들어온 러시아군을 격퇴하였고, 또 사할린(樺太)을 점령(占領)하여 북쪽에서 압박해오는 적의 공격로 방어에 착수하였습니다.

그 무렵 미국의 대통령 루스벨트(*Franklin Roosevelt*)는 우리 일본과 러시아 사이에 서서 강화(講和)를 권유하였습니다. 우리 일본은 이에 응하여 외무대신 고무라 주타로(小村壽太郎) 일행을 전권위원으로 임명하여, 미국의 포츠머스에서 러시아의 전권위원 비테 일행과 담판하게 하였습니다. 그 결과 메이지 38년(서기1905) 9월이 되어 <포츠머스조약>이 체결되었습니다.

러시아는 대한제국의 보살핌을 완전히 우리 일본에 맡기는 것과, 청나라 영토에 손을 대지 않을 것을 약속했습니다. 또 우리 일본은 사할린(樺太)의 남쪽 반을 다시 우리 일본 영토로 하고, 연해주(沿海州) 등의 어업권(漁業權)을 얻었으며, 또한 러시아가 남만주에서 청나라로부터 인정받고 있던 권리를 양도받았습니다.

이로써 개전 이래 20개월에 걸친 전쟁이 종결되고 평화가 회복되었습니다. 10월에 조약의 수속이 완전히 끝나자, 메이지천황은 조서(詔書)를 하달하여 강화를 공표하시고, 국민이 승전에 자만하여 마음이 느슨해지는 일이 없도록 훈계하셨습니다. 또 육군과 해군에 칙어(勅語)를 내리시어, 충성스러움과 용맹무쌍함을 칭찬함과 동시에, 전사자(戰死者)들에 대해 마음아파하시고 부상자를 위로하였습니다. 얼마 후 천황은 고다이(皇大)신궁에 행차하시어 친히 평화의 회복을 고하셨습니다.

온 나라가 평화의 기쁨에 넘쳐 있을 때, 육군과 해군은 차례로 개선(凱旋)하였습니다. 이윽고 가나가와(神奈川) 앞바다에는 해군 정예 165척이 참가하여 관함식(觀艦式)이 행해졌으며, 도쿄 아오야마(靑山) 연병장(練兵場)에도 개선한 전군의 대표부대를 집결하여 대관병식(大觀兵式)이 행해졌습니다. 천황은 황공하게도 친히 왕림하시어, 흐뭇한 심정으로 황군의 훌륭한 모습을 보셨습니다.

승전(戰勝)의 명예 러일전쟁은 세계 최강국의 승패를 판가름하는 큰 전쟁이었습니다. 실로 우리 일본군의 동원 총수는 약 100만을 넘었고, 전비(戰費)는 15억 엔을 초과하였습니다.

우리 일본군이 육지에서도 바다에서도 강적을 쳐부수어 국위(國威)를 선양(宣揚)할 수 있었던 것은, 천황의 위광 아래 국민이 모두가 한마음이 되어, 거국일체의 미풍을 발휘했기 때문입니다. 교육이 잘 보급되어 국민은 황도(皇道)를 잘 분별하고 충군애국의 정신을 양성하고 있었기 때문에, 선전(宣戰)의 조칙(詔勅)을 받고, 일제히 어심을 받들어 동아시아 평화를 어지럽히는 자를 정벌함으로써 대의(大義)의 서광을 세계에 빛내기 위하여 분기하였던 것입니다.

황군 장병은 살아 돌아오지 않을 각오를 다지고, 환호(歡呼)의 함성소리에 용기를 얻어 정벌의 길에 올랐습니다. 국민은 기꺼이 증세(增稅) 부담(負擔)을 완수하고 자진하여 공채(公債) 모집에 응하였으며, 또 전력을 다해 출정군인(出征軍人)의 가족을 돌보고, 부상으로 고통 받는 용사를 위로하였으며, 노인이나 젊은이나 또 남자나 여자나 오로지 신께 기도하고 부처님께 기원하여 오직 일편단심으로 전쟁에 이길 것을 맹세했습니다.

결국 거국봉공(擧國奉公)의 효과가 나타나서 동아시아의 방비는 견고해졌고, 와신상담(臥薪嘗膽)한 노고의 보답으로 찬란한 승전의 명예를 획득한 것입니다.

다음의 결전(決戰) 　우리 일본은 이 전승에 의해, 세계의 추세에 중요한 지위를 차지하게 되었습니다. 특히 동아시아의 수호에는 우리 일본이 중심이 되어갔습니다.

따라서 동아시아를 비롯하여 세계 각지에서 유럽이나 미국 각국들에게 압박받아온 사람들은 이때부터 자각하기 시작하였습니다. 이와 동시에 유럽이나 미국 사람들 중에는 자신들이 세계에서 가장 우수하다고 생각해서는 안 된다는 것을 자각하는 자들도 나타났고, 심지어는 우리 일본의 발전을 막지 않으면 안 된다고 생각하는 사람도 나왔습니다.

<포츠머스조약>의 성립을 전후해서, 미국인은 벌써 남만주 철도경영에 주목하여 이에 참여할 계약을 체결하여, 만주에 세력을 심을 단초를 열려고 계획하였습니다. 고무라 주타로(小村壽太郞)는 돌아오자마자 바로 이 사실을 듣고 장래 국난(國難)이 될 것을 염려하여 단연 이를 거절하고, 우리 일본의 힘으로

남만주철도주식회사를 경영하기로 하였습니다.

그 후 과연 미국은 문호개방의 명목으로 만주에 끼어들어 우리 일본의 만주개발을 방해하여, 중국과의 친선에 해를 끼치게 되었습니다. 이와 같이 전승의 기쁨을 누리는 사이에 다음 결전의 징후가 싹트고 있었던 것입니다.

제24 내선일체(內鮮一體)의 진심

내선일체(內鮮一體)의 근간 메이지천황은 러일전쟁 후, 대한 제국의 세력을 회복시켜 이 지방이 평안하게 다스려질 수 있게 하고 싶다고 생각하여, 이토 히로부미(伊藤博文)를 사신으로 보내어 대한제국의 황제와 의논하게 하셨습니다.

지금까지 우리 일본이 조선을 위해 아낌없는 노력을 하였음에도 불구하고, 외국으로부터 방해받아 그 효과가 없었기 때문에, 논의한 결과 대한제국은 외교에 관한 일체 우리 일본에 위임하였고, 우리 일본의 힘으로 외국 세력을 제어하는 도움을 받기로 새롭게 방침을 세우고, 오로지 내정을 정비해가기로 하였습니다.

황태자(다이쇼천황)의 조선행차

그래서 천황은 히로부미(博文)를 통감(統監)으로 임명하시고, 경성(京城)에 통감부(統監府)를 설치하여 대한제국을 이끌어가게 하기로 하셨습니다. 이윽고 대한제국의 내정에 대해서도 모두 통감이 지도하고 개선을 도모하게 되어, 내선일체(內鮮一體)의 근간이 완성되어 갔습니다.

그 무렵 황태자였던 제123대 다이쇼천황은 조선에 행차하시어 친히 대한제국 황제와 인사를 나누었고, 머잖아 대한제국의 황태자이신 지금의 창덕궁 이은(李垠)전하도 도쿄(東京)로 유학하셨습니다. 이와 같이 우리 일본과 대한제국과의 사이는 점차 친밀감이 깊어져 갔습니다.

한국병합(韓國倂合) 세계의 동향과 동아시아의 상황을 고려한 대한제국 황제는 대한제국을 우리 일본과 병합하여 일가(一家)를 이루고, 국민 모두가 황실의 은혜를 받아 공영(共榮)의 생활을 즐기며 동아시아의 평화를 굳건히 하고자 희망하였습니다. 조선지방의 사람들 중에도 같은 희망을 품은 사람이 점차 많아져 갔습니다.

메이지 43년(서기1910)이 되어 대한제국 황제는 결국 이 일을 메이지천황에게 청원하였습니다. 마침 신대(神代)의 그 옛날에 오쿠니누시노카미(大國主神)가 아마테라스 오미카미(天照大神)에게 국토를 하사하신 것과 같은 생각에서입니다.

천황은 더할 나위없다는 생각으로 조선지방을 병합하시고, 조선과 일본을 완전한 하나로서 다스리며 동아시아(東亞)의 방비를 굳건하게 다지기로 하셨습니다. 지금으로부터 30여 년 전의 일로 이것을 '한국병합'이라 합니다.

일시동인(一視同仁)의 자비 메이지천황은 조선지방을 다스리시기 위해 새롭게 조선총독(朝鮮總督)을 두어 정무(政務)를 총괄하게 하시고, 경성(京城)에 조선총독부(朝鮮總督府)를 설치하여, 데라우치 마사타케(寺內正毅)를 첫 조선총독으로 임명하였습니다. 오늘날 10월 1일을 조선의 '시정기념일(始政記念日)'로 정하고 있는 것은, 메이지 43년(서기1910) 이 날에 총독부(總督府)가 설치되어 신정(新政)이 시작되었기 때문입니다.

또한 천황은 대한제국 황제를 왕(王)으로 하여 창덕궁 이왕(昌德宮李王)으로 칭하게 하였고, 대대로 이를 이어받도록 하였으며, 그 인척들도 모두 황족(皇族)의 예로 대접하고, 내정(內政) 개선에 공로(功勞)가 있는 조선 사람들에게는 화족(華族)의 예우(禮遇)를 하셨습니다.

그리하여 조선지방 사람들을 동일한 황국신민(皇國臣民)으로서 일시동인(一視同仁)의 자비를 베푸셨으며, 특별규정을 만들어 널리 관리들을 발탁하였고, 많은 학교를 설립하여 교육칙어의 뜻대로 교육을 펼치시어, 오로지 선정이 도처에 미칠 수 있도록 은혜를 베푸셨습니다.

그 후 다이쇼천황은 메이지천황의 유지를 이어받아, 일시동인(一視同仁)의 은혜를 널리 펼침과 더불어 경성(京城)에 조선신궁(朝鮮神宮)을 건립하시어 아마테라스오미카미(天照大神)를 모심으로써 정무(政務)의 기초를 표명하셨고, 메이지천황을 모심으로 정무(政務)의 시작을 명확히 하시고자 조선의 수호신으로 모셨습니다.

더욱이 천황폐하는 쇼와 15년(서기1940)에 부여신궁(扶餘神宮)을 백제의 고도(古都)에 건립하게 하셔서, 해외의 정무(政務)에 은혜로운 마음을 쓰신 진구(神功)황후, 오진(應神)천황, 사이메이(齋明)천황, 덴지(天智)천황을 모시게 된 취지를 표명하시어, 내선일체(內鮮一體)의 유래(由來)가 유구함을 나타내셨습니다.

이와 같이 황실의 은혜를 우러르며 내선일체(內鮮一體)의 성심이 점점 배양되어 갔습니다.

내선일체(內鮮一體)의 성심 조선지방은 역대 총독이 일시동인(一視同仁)의 취지를 널리 알리는데 진력하였기 때문에 날로 확산되어 불과 30여 년 만에 몰라 볼 정도가 되었습니다.

산업은 개발되어 그중에서도 농업이나 광업의 발전이 현저하였고, 근년에는 공업도 눈부시게 발전하였으며, 육로나 해로의 교통기관도 갖추어져 상업이 활기차게 되었고 무역은 매년 발전해갔습니다.

또 교육이 확산되고 문화가 진보됨에 따라 풍속(風俗)이나 관

육군지원병들의 야스쿠니(靖國)신사 참배

습 등도 점차 일본(內地)과 다름없게 되었고, 제도도 차차 개선되어 내선일체(內鮮一體)의 모습이 갖추어져 갔습니다.

지방의 정무(政務)에는 자치(自治)가 확산되고, 교육도 일본(內地)과 같은 규정이 적용되었으며, 성씨(姓氏)를 칭하는 것이 허용되어 일본과 동일하게 창씨개명한 성씨(姓氏)를 붙이게도 되었습니다. 또 특별지원병(特別志願兵)제도가 생겨서 조선사람들도 국방(國防)의무를 담당할 길이 열렸고, 이미 전장에 나가 용감하게 전사한 경우 야스쿠니신사(靖國神社)에 모셔져 '호국의 신'이 된 사람도 있으며, 나아가 징병령(徵兵令)이 실시되어 국민개병(國民皆兵)의 영예를 누릴 수 있게도 되었습니다.

특히 중일전쟁 이후부터 현재까지 조선지방의 지위가 대단히 중요해져서 대륙진출 기지로서 동아공영권(東亞共榮圈)을 건설할 근간이 되어, 우리 일본의 발전에 크나큰 역할을 맡게 되었습니다.

조선지방 2천 5백만 주민(住民)은 '국민총력조선연맹'을 조직하여 애국반(愛國班) 생활을 기반으로 일체가 되었으며, 모두 국체(國體)의 존엄함을 깨달아 일제히 황국신민서사를 제창하고, 충군애국의 기개에 불타올라 상호간에 신애협력(信愛協力)하며, 오직 한길 황국의 목표를 향해 씩씩하게 전진을 계속하고 있습니다.

그리하여 스사노오노미코토(素戔鳴尊)가 조선의 기초를 열었던 신대(神代)의 그 옛날을 그리며 천황의 위광 아래 한 뿌리로서 국민의 맹세도 굳건해졌으며, 내선일체의 성심은 더욱더 연마되어 나날이 빛을 더해가고 있습니다.

제25 약진(躍進)의 명예

조약(條約)의 개정(改正) 앞서 도쿠가와(德川)막부가 외국과 외교를 맺을 무렵은 우리 일본의 국력이 융성하지 않았기 때문에, 외국의 업신여김을 받아가며 맺은 조약 중에 여러 가지 미비한 점이 있었습니다.

그 중에서도 우리 일본은 치외법권(治外法權)을 인정하고 있었기 때문에, 외국 거류민이 죄를 저질러도 그 죄를 심판할 수가 없었습니다. 또 외국에서 수입(輸入)하는 상품에 대해 자유롭게 세금을 매기거나 세율을 정하는 것마저도 할 수 없게 규정되어 있었습니다.

이처럼 국가의 체면을 손상하고 이익을 해치는 조약은, 메이지의 치세가 되어서도 그대로 계속되고 있었습니다. 메이지유신의 대개혁에 임하여 국민은 대단히 유감스럽게 생각하였고, 정부도 열심히 조약의 개정을 꾀하여 여러 번 외국의 공사들과 상담(相談)을 거듭하였습니다만, 좀처럼 동의(同意)를 얻지 못했습니다.

그 후 헌법발포(憲法發布)가 있어 제도나 법률은 점차 갖추어졌고 서양문물도 받아들여 문화가 진보해왔기 때문에, 메이지 25년(서기1892)에 황공하게도 메이지천황은 친히 칙어(勅語)를 내리시어, 신속하게 조약의 개정을 완수하도록 명하셨습니다.

이윽고 외교에 관한 경험이 많은 추밀고문관(樞密顧問官) 무쓰 무네미쓰(陸奧宗光)가 외무대신으로 임명되었습니다. 무네미쓰(宗光)는 천황의 어심을 받들어 굳은 결심 아래, 먼저 영국과 담판하여 치외법권을 제외한 새로운 조약을 맺는 것에 동의하게 하였습니다. 마침 청일전쟁이 시작되려던 때의 일입니다.

그리하여 황군(皇軍)의 연전연승(連戰連勝)으로 우리 일본의 실력이 인정되자 전쟁이 한창일 때 차례로 각국과 조약개정이 성사되어, 메이지 32년(서기1899)부터 실시되었습니다. 천황은 다시 칙어(勅語)를 내리시어 이를 매우 기뻐하시며, 국민의 품위를 잘 유지하여 황국의 위광을 빛내도록 깨우쳐 주었습니다.

약진(躍進)의 증표　오랫동안의 큰 문제는 우선 결말이 지어졌고, 각국과의 조약은 형식적으로는 대등하게 되었습니다만, 아직 관세(關稅) 등에 있어서는 불리한 점이 남아있었습니다.

그 후 러일전쟁으로 우리 일본의 지위가 더욱 중요해졌기 때문에, 메이지 44년(서기1911)에 외무대신 고무라 주타로(小村壽太郎)는 각국과 교섭하여, 다시 조약을 개정하여 세계 강국으로서의 면목을 유지하였고 타국으로부터 이익을 침해받는 일이 없게 하였습니다.

우리 일본은 메이지 치세 초부터 40여 년이 넘는 오랜 기간 동안 불리한 조약에 묶여있어 피맺힌 설움을 겪으면서 부국강병(富國強兵)을 꾀하였고, 동아시아(東亞)의 수비를 견고히 하는데 진력하였습니다. 그리하여 훌륭하게 그 어려움을 극복하여 국운(國運)은 눈부신 발전을 이루었으며, 황공하게도 천황의 국위회복(國威回復)의 의지는 경사스럽게 결실을 맺었습니다. 조약의 개정이야말로 진정 약진(躍進)의 광영을 나타내는 천황 치세의 증표입니다.

유럽의 대전(大戰)　이윽고 다이쇼천황의 치세를 맞이하여 국운은 더욱더 발전하였습니다. 특히 다이쇼 3년(서기1914)에는 유럽에서 일어난 '제1차 세계대전'에 참전하여 국력을 크게 발휘하였고, 우리 일본의 지위는 더욱더 약진을 이루었습니다.

앞서 유럽에서는 독일이 점차 강해져서 오스트리아=헝가리, 이탈리아와 삼국동맹(三國同盟)을 맺고 있었습니다. 독일은 학문과 기술이 진보된 데다 산업발전으로 무역이 왕성해져서, 국력이 충실하게 되어 세계 최강을 자랑하는 육군을 갖춘 데다, 해군에서는 세계 제일의 영국을 추월하려고 군함(軍艦)의 제조를 경쟁하고 있었습니다. 영국은 러시아, 프랑스와 동맹하여 이에 대립하고 있었습니다.

다이쇼 3년(서기1914) 7월에 오스트리아=헝가리와 세르비아와의 사이에 전쟁이 일어난 것이 발단이 되어 즉각 러시아, 독일, 프랑스, 영국이 차례로 전단(戰端)을 열었습니다.

그 후 세계의 주요국들이 모두 이 전쟁에 참가하였고, 우리 일본과 이탈리아 그리고 미국 등은 영국과 한편이 되었습니다.

전황은 확장되어 세계의 해상에 미치었고 각국의 식민지로 확대되어 장장 5년에 걸친 큰 전쟁이 되어버렸습니다. 격심한 전투가 계속되었고, 비행기나 잠수함이 처음으로 전쟁에 사용되었으며, 전차(戰車) 등의 새로운 병기(兵器)도 다양하게 고안되었습니다.

동아시아(東亞)의 방비　제1차 세계대전이 시작되자, 독일은 중국의 자오저우만(膠州灣)을 근거지로 해서 동아시아(東亞)의 해상에 군함을 출몰(出沒)시키며 영국배 등을 겨냥하여 무역을 방해하였습니다.

우리 일본은 동아시아를 지키고 평화를 유지하기 위해, 영국과의 친선을 고려해 다이쇼 3년(서기1914) 8월에 독일과 전쟁을 시작하였습니다.

황군(皇軍)은 육해군이 힘을 합하여 곧바로 자오저우만(膠州灣)을 공격하여, 칭다오(靑島)의 요새(要塞)를 함락시켰습니다. 그 사이에 해군은 남양(南洋)방면으로 출동하여 적함(敵艦)을 태평양에서 쫓아내고 마셜, 마리아나, 캐롤라인 등의 섬들을 점령하였습니다. 그 후 더 나아가 적의 잠수함이 인도양이나 지중해를 침범하는 것을 막았습니다.

이와 같이 우리 일본이 동아시아의 방비를 굳건히 하고 태평양을 진압하고 인도양까지 압박하고 있었기 때문에, 영국이나 프랑스는 유럽에서 전력을 다하여 싸울 수가 있었습니다.

또 우리 일본에서는 일본적십자사(日本赤十字社)가 의사와 간호사를 멀리 유럽 전선(戰線)에 파송하여, 부상병의 구호를 담당하게 하여 크게 박애정신(博愛精神)을 발휘하였습니다.

파리 평화회의 전쟁이 한창일 때 러시아에서 내란이 일어나, 독일과 오스트리아=헝가리는 한 때 이에 세력을 얻었습니다만, 다이쇼 7년(서기1918)에는 내란이 일어나 결국 패전했습니다. 이듬해 프랑스 파리에서 평화회의가 열려, 우리 일본에서는 사이온지 긴모치(西園寺公望) 일행이 전권위원(全權委員)으로 참가했습니다.

이 회의에서 각국은 독일과의 강화(講和) 조건을 정했을 뿐만 아니라 세계를 재건하여 영원한 평화를 수립하는 논의를 진행했습니다. 우리 일본은 영국, 미국, 프랑스, 이탈리아와 함께 5대국으로서 그 중심국이 되었습니다.

우리 일본은 평화를 굳건히 하기 위해서는 무엇보다도 먼저 인종에 의한 차별을 철폐하는 것이 중요하다는 것을 주창하였습니다만, 받아들여지지 않았습니다. 영국과 프랑스는 독일이 또다시 세력을 만회하지 못하도록 했는데, 이는 미국과 함께 이제부터 세계를 자신들 것으로 하려는 생각 때문이었습니다.

회의의 결과 〈베르사이유평화조약〉이 완성되었고, 각국은 국제연맹(國際聯盟)을 결성하여 영원한 평화를 꾀할 것을 약속하였습니다.

우리 일본은 독일이 자오저우만(膠州灣)과 산둥성(山東省)에 갖고 있던 이권을 양도받았고, 또 독일령이었던 남양군도(南洋群島)를 통치하게 되어, 널리 태평양으로 진출할 기반을 열었습니다. 그리하여 국제연맹의 상임이사국으로서 그 중심이 되어 영국, 미국과 나란히 세력을 다투게 되었습니다.

황태자의 해외순방(런던의 영접)

황태자(皇太子)의 해외순방　이러한 때인 다이쇼 10년(서기 1921) 3월, 당시 황태자였던 천황폐하는 다이쇼천황의 뜻에 따라 아득한 바닷길 멀리 유럽을 순방하셨습니다.

황공하게도 영국, 프랑스, 벨기에, 네덜란드, 이탈리아 등의 나라들을 순방하여 친히 인사말을 하시며 크게 황위를 빛내셨습니다. 그리고 대전 후의 유럽의 모습을 자세히 돌아보시고, 거의 반 년 만에 경사스럽게 귀국하였습니다.

영국이나 프랑스로부터 바로 답례의 사신이 와서 인사를 아뢰어 친선의 외교가 계속되었습니다.

제26 세계의 경쟁

중화민국과의 약속 앞서 메이지천황 치세 말기에 청나라는 우리 일본을 따라 헌법을 제정하고 정치를 개혁하여 국세를 회복시키려 했습니다. 그런데 청나라를 무너뜨리고 근본부터 나라를 재건하려고 생각한 사람이 나와서, 황제가 황위를 물러나고 새롭게 중화민국(中華民國)이 탄생하였습니다.

우리 일본은 다이쇼(大正) 2년(서기1913)에 이 나라를 인정했습니다만, 그 후 중국에서는 내분이 끊이지 않았습니다. 이에 편승하여 유럽이나 미국 등은 더욱더 세력을 뿌리내려 갔습니다.

그래서 우리 일본은 제1차 세계대전에 참가하여 자오저우만(膠州灣)을 함락시킨 뒤, 중화민국과 힘을 합하여 동아시아의 수호를 굳건히 하기 위하여 다이쇼 4년(서기1915)에 새로운 조약을 체결하였습니다.

이 조약으로 중화민국은 자오저우만이나 산둥반도(三東半島)에 관한 독일과의 교섭을 우리 일본에 위임하였고, 또 만주나 동부 내몽고에 대하여 어느 나라보다도 특별히 관계가 깊은 우리 일본이 장차 오랫동안 그 개발에 진력해 가는 것을 인정하여, 우리 일본은 중국의 정치를 개선하고 치안을 굳히기 위해 힘을 빌려줄 것을 약속하였습니다.

국력의 충실 유럽의 나라들이 오랫동안 교전하고 있는 사이에 우리 일본은 동아시아의 수비를 굳건히 하여 국민은 안심하고 일에 전념하였습니다. 따라서 생사(生絲)나 면사(綿絲)의 방적(紡績) 등이 연이어 번창했을 뿐만 아니라, 제철(製鐵)이나 조선(造船) 등의 공업도 크게 발전하였습니다.

또 중국에서부터 인도나 남양(南洋)방면을 비롯해 세계각지와의 항로가 열려 상선(商船) 왕래도 빈번해졌으며, 무역이 번창하여, 해양(海洋) 발전은 어느 나라에도 뒤지지 않을 정도가 되었고 국력도 충실해졌습니다.

해양(海洋)의 경쟁 다이쇼 3년(서기1914)에 파나마운하가 개통되어 태평양과 대서양의 왕래가 편리해지게 되어 해양의 경쟁이 극심해졌습니다.

미국이 동아시아에 세력을 펼치려는 야심은 더욱 강해져서, 이미 다이쇼 5년(서기1916)에는 세계제일의 해운국을 노리고 거대한 건함계획(建艦計畫)을 세워, 태평양 지배를 경쟁할 준비에 착수하였습니다. 그리하여 제1차 세계대전이 끝나자 전쟁 중에 틈틈이 비축한 국력을 기반으로 군함 제조를 서둘렀습니다.

게다가 미국은 미국 내의 의견이 일치하지 않아 국제연맹(國際聯盟)에 참여하지 않았기 때문에, 영국과 프랑스는 경쟁상대인 독일을 쳐부수고 한숨 돌린 것도 잠깐, 곧바로 국력회복에 전념함과 동시에 미국에 대비하지 않으면 안 되었습니다.

특히 영국은 전 세계를 능가하는 대해군(大海軍)을 갖추고 해양 지배를 자랑하고 있었습니다만, 더욱더 군함(軍艦)을 보충하기 시작했습니다.

전후(戰後) 우리 일본도 태평양에 영토를 넓혔기 때문에, 이와 같은 세계의 동향에 대해, 국방을 군건히 하고 동아시아를 지키기 위해 해군을 충실히 하는 데 주력하였습니다. 앞서 다이쇼 5년(서기1916)에 '84함대(八四艦隊)'의 계획을 수립하였습니다만, 다이쇼 8년(서기1919)에는 이것을 '88함대(八八艦隊)'로 바꾸었습니다. 특히 대함거포(大艦巨砲)의 방침으로, 훌륭한 군함을 차례로 건조하여 미국이나 영국을 능가해 갔습니다.

그래서 태평양이나 동아시아(東亞)에 야심을 품고 있었던 미국이나 영국은 우선 우리 일본의 발전을 억누르지 않으면 안 된다고 생각하게 되었습니다.

워싱턴회의 다이쇼 10년(서기1921) 미국은 우리 일본이나 영국, 프랑스, 이탈리아를 꼬드겨 워싱턴에서 회의를 개최하여 해군 군비를 축소하는 회담을 하였습니다.

다이쇼 10년(서기1921) 11월부터 다이쇼 11년(서기1922) 2월까지 진행된 회의에서는 주력함(主力艦)에 대한 비율이 정해졌는데, 우리 일본은 미국, 영국에 비하여 6할이라는 큰 제한을 받았으며, 또한 태평양방면으로는 새로운 요새(要塞)나 해군 근거지를 만들지 않는 구역을 정하게 되어, 우리 일본은 지시마열도(千島列島)나 오가사와라섬(小笠原島), 류큐열도(琉球列島)나 타이완(臺灣)까지도 방비를 제한 당했습니다.

또한 이 회의에서는 태평양의 평화를 유지하기 위해 우리 일본에 영국, 미국, 프랑스를 추가하여 4개국이 조약(條約)을 맺었습니다. 이로써 영국은 우리 일본과의 동맹을 폐기하고 일본의 태평양진출을 저해할 근거를 만들었습니다.

또한 동아시아의 평화에 대해서도 회담이 진행되어 일본과 중화민국 그리고 미국, 영국, 프랑스, 이탈리아, 벨기에, 네덜란드, 포르투갈을 추가한 9개국 사이에 조약을 맺었습니다. 각국은 중화민국의 영토보전을 꾀함으로써 중국에 세력범위를 설정하거나 특수한 권익을 인정하게 하지 않는 것 등을 약속하여, 우리 일본과 중국의 깊은 관계는 전혀 돌아보지 못하게 되었습니다.

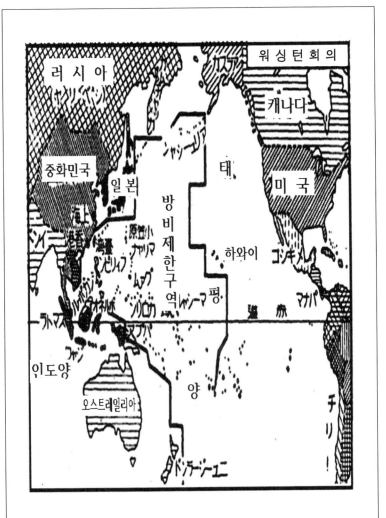

　따라서 우리 일본은 이전에 중화민국과 맺은 조약을 개정하
게 되었고, 독일로부터 양도받은 산둥반도(山東半島)의 이권을
돌려줄 것도 약속하였습니다.

국난(國難)의 징조 워싱턴회의는 그 결과를 보면 알 수 있듯이 원래 미국과 영국이 서로 미리 짜고, 국제회의(國際會議)의 명분아래 우리 일본의 군비를 제한하고 중국과의 관계를 이간질하여, 동아시아를 자기 것으로 할 준비를 위해 구상한 것이었습니다. 우리 일본에 있어서는 진실로 국난(國難)의 징조였습니다.

그 무렵 우리 일본에서는 국운진전에 따라 국민의 마음이 느슨해지는 경향이 되었고, 세계 동향을 표면적인 것만 보고 눈앞의 평화를 즐기는 자가 많아져서, 거국일체(擧國一體)가 되어 동아시아 수비를 굳히려는 의지가 부족했습니다. 이 약점에 휘말려 결국 불리한 조약을 맺은 것은 아무리 생각해도 유감스러운 일입니다.

이때부터 우리 해군 장병은 "훈련에는 제한이 없다"며 분기탱천하여, "항상 전쟁터에 있다"는 결심을 가다듬고, 밤낮없이 국난의 날에 대비하여 목숨 걸고 태평양 거친 풍파에 심신을 단련하고 기술을 연마하였습니다.

미국과 영국의 흉계는 점차 노골적이 되어 갔습니다. 미국은 언제나 중국에 대해서 문호개방(門戶開放), 기회균등(機會均等)을 주장하며, 어떤 나라든 차별하지 않도록 요구하면서도 동아시아 사람들이 미국으로 건너가는 것을 꺼려하여, 이전부터 여러 가지 제한을 추가하고 있었습니다. 다이쇼 13년(서기1924)이 되자 우리 일본인의 이민까지도 배척하며 받아주지 않게 되었습니다.

또한 미국은 태평양에 해군의 대규모 훈련을 시행하며 우리 일본을 위협하였고, 영국은 싱가포르의 방비를 가다듬기 시작했습니다.

이 무렵부터 항공기(航空機)가 눈부시게 발전하였고, 무선전신(無線電信)과 전화(電話) 등의 통신기관(通信機關)이 진보하여 세계의 상황이 변하였고, 각국은 해양(海洋)의 경쟁에서 나아가 하늘의 지배를 경쟁하게 되었습니다. 태평양 여러 섬들의 방비제한은 점차 황국의 수호를 위태롭게 해 갔습니다.

우리 일본해군에서는 보조함(補助艦)을 건조하여 주력함(主力艦)의 부족을 보완하는데 집중하였습니다. 미국과 영국은 도저히 우리 일본을 따라잡을 수 없음을 알고, 쇼와(昭和) 5년(서기1930)에 보조함(補助艦)의 축소에 관해 런던에서 회의를 개최하여, 또다시 우리 일본에게 여러 가지로 자신들 형편에 맞추어 제한을 강요하였습니다.

우리 일본은 회의 때마다 세계평화를 위해 참기 어려운 것을 참아가며 미국이나 영국에 양보하였는데, 결국에는 황국의 방비가 위협받게 된 것이었습니다.

세계의 동향　우리 일본과 미국, 영국이 해양경쟁을 계속하고 있는 사이에, 유럽의 형세가 바뀌어 졌습니다.

앞서 전쟁 중에 내란(內亂)이 일어난 러시아는 그 후 소비에트연방으로 재탄생하였고, 점차 기세를 회복하여 산업진흥(産業振興)계획을 세우고 농업과 공업을 일으켜 국력을 양성하였으며, 군비(軍備)도 정비해 갔습니다.

또 전쟁에 패하여 영국이나 프랑스에 압박받고 있던 독일도 이윽고 국력을 회복하여, 결국에는 <베르사이유조약>에서 수립된 유럽의 질서를 바로잡고 싶다고 희망하게 되었습니다. 더욱이 이탈리아는 전후의 회복을 꾀하며, 지중해(地中海)를 중심으로 세력을 뻗어나가려 하고 있었습니다.

이와 같이 세계의 동향은 복잡하게 얽혀갔습니다. 나라마다 서로 경쟁하여 산업발달을 도모하고 국력충실을 경쟁하였으며, 상품 매매를 본국과 식민지 사이로 제한하기도 하였고, 특별하게 가까운 사이가 아니면 원료 판매를 제한하거나 높은 관세(關稅)를 매겨 타국의 무역이 발전하는 것을 방해하기로 하였습니다.

우리 일본에서는 쇼와(昭和)의 치세를 맞이하고서부터 세계 만방의 협화(協和)를 목적으로 외국과의 교류를 친밀하게 하였고, 세계평화를 위해 진력함과 동시에 황국의 번영에 중차대한 산업을 일으켜 무역을 왕성하게 하는 등 세계경쟁에 뒤떨어지지 않도록 힘썼습니다.

제27 동아시아 안정(安定)의 맹세

만주사변(滿洲事變) 우리 일본이 워싱턴회의에서 불리한 조약을 맺고나서, 중화민국(中華民國)은 점차 우리 일본을 얕보게 되었습니다. 미국과 영국은 이 형세를 이용하여 우리 일본의 발전을 방해하려고 도모하였습니다. 쇼와 2년(서기1927)에 난징(南京)의 국민정부(國民政府)가 생기자, 이를 도와 더욱더 중국에 세력을 심어 일본을 배척하도록 유도했습니다. 그래서 중국에서는 우리 일본에서 만든 상품의 구매를 중지하거나 우리국민의 상업이나 여행을 방해하게 되었습니다.

만주에도 이와 같은 나쁜 풍습이 퍼졌고, 점차 심해지게 되어 결국 군대가 우리 남만주철도(南滿洲鐵道)의 선로를 폭파하는 사건까지 일어났습니다. 쇼와 6년(서기1931) 9월의 일로, 우리 일본은 어쩔 수 없이 관동군(關東軍) 병력을 움직여 이를 응징하였습니다. 이어서 우리 일본군은 거류민(居留民)의 보호를 추가함과 동시에, 난폭한 행동을 하는 군대를 쫓아버리고 완전히 만주를 평정했습니다. 이것이 '만주사변(滿洲事變)'입니다.

만주의 주민들은 우리 일본군 덕분에 치안이 안정된 것을 기뻐하며, 쇼와 7년(서기1932) 3월에 신징(新京)을 중심으로 하여 만주국(滿洲國)을 건설하였습니다. 우리 일본은 동아시아의 수비를 굳건히 하기 위하여 '일만의정서(日滿議定書)'를 교환하여 만주국과 동맹을 맺고 공동방위(共同防衛)를 약속했습니다.

국제연맹(國際聯盟) 탈퇴 만주사변(滿洲事變)이 일어나자 중화민국에서는 국제연맹(國際聯盟)에 호소하여 영국의 힘을 빌렸고,

또 미국에 부탁하여 우리 일본이 만주에서 손을 떼게 하려고
계획하였습니다.

만주는 일찍이 러시아로부터 빼앗기려 했던 땅으로, 우리 일
본이 전쟁을 하면서까지 이를 못하게 막았습니다만, 그 때 청
나라는 이 지방을 내버려둔 채 돌아보지 않았고, 그 후에는 우
리 일본 덕분에 개발된 곳입니다. 새롭게 건국된 만주국(滿洲
國)은 이곳을 기반으로 하여 왕도낙토(王道樂土) 건설을 목표
로 나날이 발전되어 갔습니다.

그런데 국제연맹은 우리 일본에 만주국의 승인을 취소할 것
을 요구해왔습니다. 제네바에서 열린 연맹 총회에서, 우리 일본
대표 마쓰오카 요스케(松岡洋右)는 이에 반대하고, 당당하게 우
리 일본이 신뢰하는 바를 설명했습니다만, 42개국의 대표가 모
두 다 우리 일본의 주장을 인정해주지 않았습니다. 영국과 미
국의 세력이 세계를 움직이고 있었기 때문입니다.

그래서 쇼와 8년(서기1933) 3월, 우리 일본은 13년 남짓에 걸
쳐 언제나 세계평화를 위해 협력해 왔던 국제연맹에 단호하게
탈퇴를 통보하였고, 이것으로 연맹과의 관계를 끊고 우리의 힘
만으로 만주국을 도와서 동아시아 안정(安定)의 토대를 열어가
게 되었습니다.

천황폐하는 칙어(勅語)를 내리시어 우리 일본이 나아가야할
길을 제시하셨고, 국민은 비로소 진정한 세계의 동향을 깨닫고
거국일심(擧國一心)하여 황국의 사명을 목표로 매진(邁進)하였
습니다.

그래서 우리 일본은 워싱턴회의에서 정한 해군의 제한을 유
지해서는 미국이나 영국으로부터 업신여김을 받아 동아시아의

안정을 도모할 수 없었기 때문에, 쇼와 9년(서기1934) 예전에 약속했던 쇼와 11년(서기1936)까지의 제한조약(制限條約)을 폐기할 것을 통보했습니다. 또 이듬해인 쇼와 10년(서기1935) 런던에서 다시 열린 '해군군비축소(海軍軍備縮小)회의'에서는 국방(國防)에 관한 공정(公正)한 의견을 피력했습니다만, 미국과 영국이 들어주지 않자 결국 국제연맹을 탈퇴하는 강력한 태도를 표명하였습니다.

국제연맹 탈퇴(제네바총회)

만주제국(滿洲帝國)과의 친분　만주국(滿洲國)은 쇼와 9년(서기1934)에 황제(皇帝)를 받들어 국가의 근간을 다지고 점차 정치가 구석구석까지 두루 미치게 되었습니다. 쇼와 12년(서기1937)에 우리 일본이 치외법권(治外法權)을 철폐한 것에 의해서도 그 눈부신 발전의 자취를 엿볼 수가 있습니다.

만주가 제국이 되자 지치부노미야 야스히토(秩治宮雍仁)친왕 전하는 천황폐하의 대리인으로서 만주국의 발전을 축하하기 위해, 머나먼 만주에까지 납시어 황제폐하와 친하게 인사를 나누셨습니다.

천황폐하의 영접(만주국의 황제폐하 내방)

그래서 만주국의 황제폐하는 쇼와 13년(서기1938) 예를 갖추기 위하여 자진해서 우리 일본에 내방하였습니다. 이 때 천황폐하는 황공하게도 도쿄정차장(東京停車場)에 행차하시어 친히 만주국 황제폐하를 맞으시고 정성을 다해 대접하셨습니다. 황제폐하는 만주국으로 돌아가서 바로 조서(詔書)를 내리어, 우리 일본황실과 일체(一體)가 되어 만주통치에 임할 것과, 새로운 동아시아(東亞)의 근간을 굳건히 할 결심을 표명하였습니다. 이렇게 하여 두 나라의 친교는 해가 갈수록 깊어져 갔습니다.

우리 일본에서는 많은 사람들이 일가족을 데리고 잇달아 만주로 이주하여 각지에 훌륭한 마을을 조성하였고, 개척에 진력하여 농업의 모범을 보이고 있습니다. 또 석탄이나 철을 많이 채굴하여 공업이 활발해졌으며, 농산물도 풍부하여 우리 일본과의 무역도 번창하고 있습니다.

중일전쟁(支那事變) 만주제국의 기반이 굳건해짐에 따라 몽고(蒙古)나 북중국에서도 우리 일본에 이끌리어 동아시아의 안정을 꾀하려는 나라가 점차 나타나게 되었습니다. 그러나 중화민국(中華民國)정부는 아직 깨닫지 못하고, 오히려 만주의 발전을 방해하거나 우리 거류민(居留民)을 괴롭혔습니다.

게다가 쇼와 12년(서기1937) 7월 7일에는 중화민국의 군대가 베이징(北京) 남서쪽에 있는 루거우차오(蘆溝橋) 근처에서, 훈련 중인 우리 중국주둔군(支那駐屯軍)의 한 부대에 전쟁을 걸어왔기 때문에, 결국 중일전쟁이 일어났습니다.

우리 일본은 전쟁이 확대되어 중국사람들이 괴로워하는 것을 참고 볼 수가 없었으므로, 일단 각지에 있는 우리 일본 거류민을 퇴거시키고 난폭한 행동이 멈추기를 기다리려 했습니다. 그런데 중화민국정부는 유럽이나 미국 등의 나라들을 의지하여 나날이 전쟁준비를 가다듬고 우리 일본군에게 대항해왔습니다.

이대로 가면 오히려 백성의 고통이 커질 뿐만 아니라, 나아가서는 동아시아가 혼란스러워져 버리기 때문에, 우리 일본은 큰 결심을 굳히고 육군과 해군의 대군을 출병시켜, 우리 일본에 반항하는 자를 응징(膺懲)함으로써 중국을 진압하기로 결정하였습니다.

황공하게도 천황폐하는 11월 20일에 대본영(大本營)을 궁중(宮

中)에 설치하시고 밤낮으로 친히 군무(軍務)를 총괄하셨습니다. 전쟁은 북중국에서 중부중국, 나아가 남중국까지 확전되었으며, 황군장병은 연전연승(連戰連勝)의 기세로 각지를 전전(轉戰)하였습니다.

북중국에서는 톈진(天津)과 베이징(北京)을 진압하였고, 중부중국에서는 상하이(上海)에서 시작하여 12월 13일에는 이미 수도인 난징(南京)을 함락시켰으며, 다음해인 쇼와 13년(서기1938) 10월에는 전진하여 한커우(漢口)를 공략하여 함락시켰고, 그 즈음 남중국에서는 광둥(廣東)을 점령했습니다. 또 중국 해안에 선박이 출입하는 것을 금지시키고, 더욱이 비행기는 눈부신 활동을 계속하여 머나먼 적의 근거지를 습격하였고, 교통로를 폭격하여 점차로 외국과의 왕래를 단절시켰습니다.

동아시아 안정의 큰 어심 천황폐하는 쇼와 13년(서기1938) 7월, 중일전쟁 발발 1주년을 맞은 날에 칙어(勅語)를 내리시어 장병들의 감투(敢鬪)와 신민(臣民)의 후방 안정을 치하함과 동시에, 국가가 총력을 다하여 전쟁목적을 완수할 수 있도록 격려하였습니다. 이 때,

> 惟フニ、今ニシテ積年ノ禍根ヲ斷ツニ非ズムバ、東亞ノ安定永久ニ得テ望ムベカラズ。
> (짐이 생각건대, 지금이라도 오랫동안의 화근을 끊지 않으면 동아시아의 안정을 영원히 얻을 수 없을지니!)

라고 말씀하셨습니다. 국민은 모두 어심을 받들어 동아시아 안정의 맹세를 굳건히 하고자 떨치고 일어났습니다.

미국, 영국에 대한 선전포고의 조칙(詔勅)에,

抑ミ、東亞ノ安定ヲ確保シ、以テ世界ノ平和ニ寄與スルハ、丕
顯ナル皇祖考、丕承ナル皇考ノ作術セル遠猷ニシテ、朕カ拳々
措カサル所。
(애초에 동아시아의 안정을 확보함으로써 세계평화에 기여하
는 일은 매우 훌륭한 메이지(明治)천황과 그 유지를 이어받은
다이쇼(大正)천황이 장래를 내다보고 기획한 원대한 구상으로,
짐이 언제나 명심하고 있는 바이다.)

라고 말씀하셨듯이, 동아시아의 안정이야말로 황공하게도 천황폐
하가 조부이신 메이지(明治)천황과 아버지 다이쇼(大正)천황으로
부터 이어받아, 잠시도 잊은 적이 없는 크나큰 유업입니다.

신질서건설(新秩序建設)의 인도 　우리 일본군이 중국의 중심
지방을 점령했기 때문에, 중화민국정부는 난징(南京)에서 한커
우(漢口)로 옮겼고, 이윽고 충칭(重慶)으로 피신하여 이곳을 근
거지로 정하고, 미국이나 영국으로부터 무기와 탄약을 사들여
항전을 계속하기 시작하였습니다.
　우리 일본은 쇼와 13년(서기1938) 메이지절(明治節)을 맞이
하여 중국의 평화를 다지고 신질서를 건설하여 동아시아 안정
을 도모하는 큰 방침을 내세워 중국 사람들을 각성시키고 여러
나라들의 잘못된 생각을 바로잡았습니다.
　중국의 각지에서는 우리 일본군의 힘으로 치안이 유지됨에
따라 진보된 사고를 가진 사람도 나타나, 계속해서 질서 회복
에 힘썼습니다. 우리 일본에서는 더욱이 홍아원(興亞院)을 설치
하여 새로운 중국 건설을 인도하였습니다.

제28 공영(共榮)의 기쁨

황기(皇紀) 2600년 쇼와 15년(서기1940)은 정확히 황기(皇紀) 2600년에 해당합니다. 우리 일본은 동아시아 안정을 목표로 새로운 중국을 건설하기 위해 계속하여 싸우고 있던 중에 올해를 맞이했습니다.

천황폐하는 기원절(紀元節)을 맞아 조서(詔書)를 하달하시어 비상시기에 대처하는 국민의 마음가짐을 표명하시고, 진무(神武)천황의 창업정신을 연모하여 천황의 이상을 상기하며, 어떠한 난관이라도 싸워 극복함으로써 국위를 빛내고 황조황종(皇祖皇宗)의 신령(神靈)에 응답하도록 깨우쳐주셨습니다.

이 해의 11월 10일에 황기(皇紀) 2600년을 봉축하는 식전(式典)이 궁성(宮城) 앞 광장(廣場)에서 엄숙하게 거행되었습니다. 천황폐하는 친히 식장에 나와 칙어(勅語)를 하사하시고, 오직 신의 뜻에 의한 대도(大道)를 세계에 펼쳐 인류 행복을 추구하고, 평화를 확립하도록 깨우치셨습니다.

국민은 거듭하여 감사한 성지(聖旨)를 삼가 받들어 모두 봉축(奉祝)의 기쁨 가운데 천황폐하의 어심을 받들고, 오래 전 진무(神武)천황의 그 옛날을 그리워하며 절실하게 국체(國體)의 존엄함을 새겨 천황의 뜻을 따르는 도(道)에 매진하겠다고 맹세했습니다.

우리 일본에서 황기 2600년을 기념하는 여러 가지 행사가 행해지고 있을 때, 만주제국(滿洲帝國)에서 황제폐하가 직접 내방하여 천황폐하께 축하인사를 하였으며, 고다이신궁과 가시하라

신궁에도 참배하시어 우리 일본 국체에 깊이 감격하고 돌아가
셨습니다.

만주국의 황제폐하는 곧바로 신징(新京)의 황제궁에 건국신
묘(建國神廟)를 건립하여 아마테라스 오미카미(天照大神)를 모
시었으며, 우리 일본과 한마음으로 나아갈 것을 명확히 표명하
였습니다.

만주제국의 건국사당(建國神廟)

세계의 신질서(新秩序)　쇼와 15년(서기1940)은 또다시 세계
정세가 크게 변할 징조가 나타난 해입니다.

앞서 미국으로부터 우리 일본과의 통상조약(通商條約)을 폐기
(廢棄)할 것을 신청해왔기 때문에, 쇼와 15년(서기1940)에 접어

들면서 무조약(無條約)의 관계가 되어버렸습니다.

우리 일본과 미국은 상호간에 가장 중요한 무역 상대였습니다. 그러나 미국은 우리 일본을 괴롭히며 중국으로부터 손을 떼게 하여 동아시아를 자기네 것으로 하는 편이 훨씬 이익이 많다고 생각한 것임에 틀림없습니다. 수십 년 오랫동안 계속되었던 깊은 관계를 파기하고, 이제부터는 우리 일본에 철(鐵)이나 석유나 기계 등을 팔지 않으려고 생각하여 잇달아 제멋대로 제한을 가하게 되었습니다.

이와는 반대로 미국은 영국과 손잡고 충칭(重慶) 정권을 도우며 우리 일본에 대항하게 하였습니다. 그러나 우리 일본의 새로운 중국건설은 토대가 한층 더 굳건해졌습니다.

중국에서는 앞서 우리 동아시아 안정의 대방침에 감격하여, 충칭(重慶)을 도망쳐 나와, 천황에게로 달려온 왕자오밍(汪兆銘)이 쇼와 15년(서기1940) 3월에 중화민국의 새로운 국민정부를 난징(南京)에 수립하여, 각성한 사람들을 한데 모아서 중국의 재건에 착수하였습니다.

유럽에서는 앞서 독일이 신질서건설을 위하여 영국, 프랑스와 전쟁을 벌였고, 금년 들어 이탈리아를 아군으로 참가시켜 프랑스를 항복시켰습니다만, 영국이 미국의 도움을 빌려 반격하려고 기획하여 전운(戰雲)은 점차 짙어지게 되었습니다.

세계 정세가 나날이 복잡하게 뒤얽혀가는 있는 중에, 우리 일본은 쇼와 15년(1940) 9월에 세계신질서 건설을 목표로 일찍부터 방공협정(防共協定)을 체결하였고, 우호국이던 독일, 이탈리아와는 다시 동맹(同盟)을 맺었습니다. 동아시아와 유럽으로

서로 호응하며 공존공영(共存共榮)의 세계를 굳건하게 만들어 가기로 한 것입니다.

더욱이 11월이 되어 우리 일본은 수많은 어려움을 물리치고 중화민국의 신정부를 부흥시킬 방침을 정해 <중일기본조약(日華基本條約)>을 맺음으로써 동아시아신질서를 확립하기 위해 협력해 갈 것을 약속하였습니다. 그리하여 이번 기회에 우리 일본은 만주제국(滿洲帝國), 중화민국(中華民國)과 함께 세계를 향해 대동아공영권(大東亞共榮圈) 건설의 결의를 선언하였습니다.

만반의 대비(태평양 수호)

이와 같이 황기(皇紀) 2600년에 임하여 세계 신질서의 실마리가 열리게 되어, 일본의 책임은 대단히 중요해졌습니다. 그래서 내각총리대신 고노에 아야마로(近衛文麿)공작은 국체(國體)에 근거한 신체제(新體制)를 수립해야 한다고 주창하며, 대정익찬(大政翼贊)의 조직을 정비하여 국민의 생활을 다잡아 황국 수호를 굳건히 할 만반의 준비를 하였습니다.

동아시아 방비 쇼와 16년(서기1941)을 맞이하여 우리 일본은 만주제국(滿洲帝國), 중화민국(中華民國)과 협력하여, 동아시아의 안정을 도모하기 위하여 더욱더 신질서(新秩序)의 중추(樞軸)를 가다듬었고, 더 나아가 대동아공영권(大東亞共榮圈) 건설과 관련하여 물자가 풍부한 남방(南方) 각지에도 협력을 구했습니다.

이미 지난해부터 새로운 관계를 맺어온 타이와 프랑스령 동부인도차이나와의 관계는 더욱더 깊어졌습니다만, 네덜란드령의 동인도는 영국이나 미국 세력을 두려워하여 이에 응하지 않았습니다.

또한 우리 일본은 이런저런 충돌이 일어나기 쉬운 러시아와의 사이에 중립조약(中立條約)을 맺었기 때문에, 만주의 불안이 옅어지고 북방(北方)은 점차 평온해지려 하였습니다.

게다가 미국과도 교섭을 벌여 신중국건설의 장애를 제거하고 하루라도 빨리 평화를 수립하려고 했습니다만, 좀처럼 진척되지 않았습니다.

쇼와 16년(서기1941) 6월 때마침 워싱턴에서 미국과 담판을 계속하고 있을 때, 돌연 독일이 러시아와 전쟁을 벌였습니다. 러시아도 미국의 도움을 얻어 독일과 격전을 주고받게 되어 세계의 동향은 더욱더 복잡하게 얽혀갔습니다.

최후의 인내(隱忍)　미국은 일찍부터 물자가 풍부하여 공업이 발달하고 있는 것을 자랑하며, 동맹국에게는 무기를 대출해주어 가면서 전쟁을 계속하게 하는 식으로, 교묘하게 온 세계에 세력을 심어놓는 방침을 취하고 있었습니다.

미국은 우리 일본이 동아시아를 방비해가는 것을 보고, 쇼와 16년(서기1941) 7월경부터 영국이나 네덜란드와 미리 짜고, 나아가 동아시아의 남방(南方)이나 태평양 각지에 무력을 증강하여 우리 일본을 에워싸고 공격할 준비를 갖추었고, 통상 등도 전혀 할 수 없게 해버렸습니다.

그럼에도 불구하고 우리 일본은 평화로운 가운데 사태를 해결하고자 하여, 인내에 인내를 거듭하여 양보할 수 있는 한 미국에 양보하며 교섭을 계속하였습니다. 하지만 미국은 우리 일본의 입장을 조금도 고려하지 않고 독일, 이탈리아와의 동맹을 파기할 것과 중화민국의 신정부를 포기하고 중국에서 군대를 철수시킬 것까지도 요구하였습니다.

미국은 우리 일본을 얕보고, 중일전쟁(支那事變) 때문에 5년에 걸친 큰 전쟁이 지속되어 완전히 지쳐있을 거라고 생각하여, 이번이야말로 재차 동아시아의 방비를 다질 수 없게 압박할 수 있다고 믿고 있었기 때문입니다.

그러나 우리 일본은 20년 전의 워싱턴회의 무렵과 비교하면, 완전히 면목을 일신하고 있었습니다. 국민은 국체(國體)의 존엄함을 자각하고 황국(皇國)의 목표를 분별하여, 일억 국민이 한 마음 되어 동아시아 안정의 맹세를 굳건히 하고 있습니다. 대의에 빛나는 진정한 세계평화를 바라는 열의는 오히려 이전보다도 한층 더 왕성해져서, 아무리 위협을 받는다 해도, 또 어떤 고통을 당한다 해도 결코 물러서지 않습니다.

마침내 우리 일본이 최후의 인내를 버리고 분연히 떨치고 일어나서 창검을 들고 국난(國難)을 타개할 날이 왔습니다.

서전(緖戰)의 함성 쇼와 16년(서기1941) 12월 8일, 우리 일본은 미국과 영국에 대하여 전단(戰端)을 열고, 동아시아 안정을 위해 결전(決戰)을 시도하게 되었습니다.

황공하게도 천황폐하는 선전(宣戰)의 대조서(大詔書)를 내리어 개전의 연유를 상세하게 말씀하셨고, 일본 건국이념을 실현하는 큰 유업인 것을 표명하시며 국민의 각오를 일깨우셨습니다. 우리들은 매월 대조봉대일(大詔奉戴日)에 삼가 이때 내리신 조서의 취지를 마음에 새기고, 평생의 행실을 성찰하며 전쟁에 임하는 국민의 마음가짐을 연마하고 있습니다.

대동아건설의 성전(聖戰)은 결국 중일전쟁(支那事變)으로부터 대동아전쟁(大東亞戰爭)이 되었으며, 그 목적이 더욱 확실해짐과 동시에 규모가 더욱더 커지게 되었습니다.

연합함대사령장관(聯合艦隊司令長官, 元帥) 야마모토 이소로쿠(山本五十六)대장은, 국난(國難)의 날을 대비하여 단련하고 또 단련한 해군의 정예(精銳)를 이끌고 태평양으로 출동하였고, 남방방면(南方方面) 육군 최고지휘관(元帥) 데라우치 주이치(寺內壽一)대장은 중일전쟁 때부터 이때까지의 실전경험으로 몸과 마음을 연마하고 기예를 완비한 장병을 인솔하여 남진(南進)의 장도에 올랐습니다.

8일 미명(未明)에 이미 일본 해군항공부대와 특별공격대는 하늘과 바다에서 하와이로 접근하여, 진주만(眞珠灣)을 습격하였습니다. 진주만이야말로 오랜 세월에 걸쳐 적 미국이 우리 일본을 공격해왔던 기지로서, 다지고 또 다져온 군항(軍港)입니다. 우리 일본군의 기습은 멋지게 성공하여 미국의 태평양함대는 그 주력(主力)이 거의 전멸하였습니다.

이 해전(海戰)에 적국 미국의 군항(軍港) 깊숙이 잠입한 특별공격대는 모두가 20대의 청년 용사들이었습니다. 모두 칠생보국(七生報國, 일곱 번 다시 태어난다 해도 적을 섬멸하고 나라를 위해 일하겠다는 각오)의 맹세를 굳히고, 정전(征戰)의 날을 목표로 생사를 잊고 훈련을 쌓아온 것입니다.

> 君のため、何か惜まん若櫻、散つて甲斐ある命なりせば。
> (천황폐하를 위해 무엇이 아까울까 젊은 용사! 죽어 보람찬 목숨이 될 수만 있다면.)

> 身はたとへ、異境の海にはつるとも、護らでやまじ大和御國を。
> (몸은 설령, 타향의 바다에서 끝난다 해도 지키지 않을 수 없네 야마토 황국을.)

용사들은 모두 모여서 이와 같은 용감한 각오로 소임에 임하여, 훌륭한 공적을 세우고 머나먼 타국의 바다에서 산화(散花)하였습니다. 우리들은 하루라도 빨리 진주만 주변에 호국영령을 제사하여 진심어린 감사를 올릴 수 있도록 해야 합니다.

같은 날 아침 해군은 싱가포르를 공습하였고, 육군은 홍콩 공격을 시작하였으며, 또한 말레이반도에 적전상륙(敵前上陸)을 감행하였습니다.

10일에는 말레이 앞바다에서 해전이 일어나, 해군항공부대는 적국 영국이 세계에 자랑하는 불침함(不沈艦) '프린스 오브 웨일스'를 동아시아의 해저 깊숙이 격침시키고 '레바르스'를 폭침하여 동양함대(東洋艦隊)의 주력을 전멸시켰습니다. 또 일본 육군과 해군은 필리핀의 각지에 상륙작전을 결행하여, 태평양 여러 섬의 적국 방어선을 공격하여 연락을 단절시켜버렸습니다.

이렇듯 우리 일본은 서전(緒戰)에서 대승리를 얻었고, 빛나는 전과를 거두어 승리의 함성이 온 나라에 들끓어 오르고 있습니다.

대동아전쟁이 일어나자, 곧바로 만주국 황제폐하는 조칙(詔勅)을 하달하여 우리 일본에 협력할 것을 분명히 밝히셨고, 중화민국(中華民國)은 동고동락의 진심을 표명하였습니다. 또 타이는 즉시 황군을 맞아 진격의 편의를 도모하였고, 우리 일본과 공수동맹(攻守同盟)을 맺어 공영권건설에 앞장서게 되었습니다.

더욱이 개전(開戰) 4일째 되는 날에는 독일과 이탈리아도 전쟁에 참가하여 다시금 우리 일본과 협정을 맺고, 최후 승리하기까지 싸울 것과 전후의 건설에도 서로 도울 것을 약속했습니다. 세계의 형세는 이렇게 순식간에 일변하였습니다.

양이(攘夷)의 준비 서전(緒戰)의 승리에 이어서 적국이 오랫동안 동아시아를 침잠해 온 근거지가 차례차례 무너졌습니다.

이미 다이쇼천황제(大正天皇祭) 날에는 홍콩이 함락되었고, 해가 바뀐 쇼와 17년(서기1942) 1월 1일에는 마닐라를 점령하였으며, 말레이전선의 공략도 신속하게 진척되어 2월 15일에 영국이 방비의 충실을 자랑하던 싱가포르가 함락되었습니다. 싱가포르는 곧바로 쇼난(昭南)으로 명명되어, 우리 일본의 남방진출(南進)의 기지로서 중요한 사명을 짊어지게 되었습니다.

또 3월에는 랑군을 점령하여 적군이 충칭(重慶)으로 물자를 보내는 통로를 끊어버렸고, 적국의 아군으로서 전쟁을 수행해온 네덜란드령 동인도를 항복시켰습니다.

황군(皇軍)은 점차 서태평양에서부터 인도양에 걸친 제해권(制海權)과 제공권(制空權)을 쥐고 작전의 범위를 확장하여, 파푸아섬(뉴기니아)에서 오스트레일리아를 향해 진격했습니다.

그리하여 서쪽은 인도양해전에서, 동쪽은 산호해해전(珊瑚海海戰)에서 남은 적함대를 격멸하였고, 5월에는 특수잠항정(特殊潛航艇)이 멀리 마다가스카르섬으로 가서 영국군함을 습격하여 시드니항(오스트레일리아)을 압박하여 세계를 놀라게 하였으며, 더 나아가 다음 달에는 알류산열도를 공격하여 키스카와 애투 두 섬을 점령하여 북쪽에서 공격해오는 적군에 대비했습니다.

이 무렵까지는 필리핀을 비롯하여 남방(南方)의 여러 섬들과 버마의 각지가 대체로 평정되었고, 중부중국 건설도 크게 진척되었습니다.

황군이 고작 반년 만에 이와 같이 대규모의 작전을 완수하여 동아시아를 지켜낼 준비를 훌륭하게 해낼 수 있었던 것은, 원래부터 세계적으로 뛰어난 신예(新銳)의 병기나 발전된 전술의 연구에도 기인합니다만, 또한 양이(攘夷)의 성심에 불타올라 맹렬한 공격정신을 드러낸 결과입니다.

우리 일본국민이 일찍이 신국(神國)의 긍지를 지니고, 양이(攘夷)의 열혈(熱血)을 끓어오르게 한 조상의 의지를 물려받아, 동아시아를 위해 떨치고 일어나 양이(攘夷)에 대한 준비를 쌓아올렸던 까닭입니다.

공영(共榮)의 기쁨　양이(攘夷)의 대비로 지켜진 쇼와 18년(서기1943)에는 대동아건설이 눈에 띄게 진전되었습니다.

만주는 미국이나 영국 세력을 가장 먼저 축출하고 나라를 세위, 대동아(大東亞) 북쪽의 수비를 가다듬으며 약진을 시작한지 벌써 10년이 지났습니다. 중화민국은 쇼와 18년(서기1943)이 되자 미국과 영국에 대해 선전포고를 했기 때문에, 우리 일본은 자진해서 치외법권 철폐나, 조계(租界, 19세기부터 제2차 세계대전까지, 중국의 개항 도시에 있었던 외국인 거주 지역)의 반환(返還)을 약속하였고, 10월에는 새롭게 동맹조약을 맺고 동생공사(同生共死)하는 관계가 되었습니다.

또 우리 일본은 쇼와 18년(서기1943) 8월 남방(南方)의 점령지역 중에서, 일찍이 영국이 타이로부터 탈취한 북부말레이나 타이지방을 원래대로 되돌려 타이의 영토로 정하고, 타이의 발전을 도모했습니다.

더욱이 서전(緖戰)에서부터 이후 남방점령지의 사람들은 황군과 협력해, 양이(攘夷)의 성심을 다하여 건설에 전념해온 효과가 나타나 8월에는 버마에, 10월에는 필리핀에 경사스럽게 새로운 나라가 탄생하였습니다. 또 각지의 정치에는 그 지방의 주민이 참여하여 방위를 위해 의용군이 편성되었고, 인도사람도 국민군을 조직하여 인도임시정부를 수립함으로써 단결을 굳건히 했습니다.

이와 같이 하여 11월에는 각국의 대표가 우리 일본의 도쿄에 모여, 대동아회의(大東亞會議)를 개최하여 공동선언(共同宣言)을 결의했습니다. 대동아전쟁으로 동아시아는 본래의 모습으로 되돌아왔으며, 서로가 아끼고 양보하고 베풀고 격려하며, 공존공영(共存共榮)의 세계를 건설하기 위하여 전력을 다할 것을 맹세한 것입니다.

쇼와 19년(서기1944)이 되어 황군의 정예(精銳)는 인도 국민군(國民軍)과 손을 맞잡고 용감한 진격을 시작하여, 버마에서 국경을 넘어 인도로 들어갔습니다. 양이(攘夷)의 방비를 더욱더 굳건히 하고, 새로운 인도 건설을 도와 4억 인도인들과 공영의 기쁨을 나누기 위함입니다.

앞서 메이지천황 치세에 러시아와의 전쟁에 앞서 오카쿠라 가쿠조(岡倉覺三, 天心)가 일본사를 연구하고 문화의 근원을 탐색하기 위해 중국을 유람하고 인도를 내방하여, 마침내 "아시아는 하나다"라고 주창하며 세계에 호소하였습니다. 그 후 40년. 바야흐로 아시아 10억 인구의 총력은 대동아건설을 목표로 하나로 결집하려 하고 있습니다.

적국항복(敵國降伏)의 맹세　대동아의 광대한 지역은 천황의 위광을 우러르며 공영(共榮)의 기쁨에 넘쳐있고, 우리 일본은 풍부한 인력과 물자를 연결시켜 일본의 국격에 걸맞게 나날이 전력을 증강하며 양이(攘夷)의 방비를 다져가고 있습니다. 유럽에서는 독일이 강인한 건설력을 발휘하며 중추적 방비를 굳건히 하고 있습니다.

적은 갑자기 되살아난 동아시아의 용장한 모습을 보고 대단히 놀라 풍부한 물자를 무기증산에 치중하였고, 필사적인 몸부림으로 공격하여 왔습니다.

일찍이 쇼와 17년(서기1942) 8월부터 적은 남태평양방면의 우리 일본기지를 목표로 육군과 해군의 대병력을 움직이기 시작하여, 솔로몬제도를 둘러싸고 격심한 전쟁이 되풀이되었습니다. 적은 잇달아 전함(戰艦)과 항공모함(航空母艦)을 비롯한 수많은 함정(艦艇)과 항공기(航空機)를 잃었습니다. 우리 일본군 또한 수없이 많은 존엄한 희생을 치렀습니다.

원수 야마모토 이소로쿠(山本五十六)해군대장

쇼와 18년(서기1943) 4월, 전선(前線)에서 작전 지휘에 임하고 있던 연합함대 사령장관 야마모토 이소로쿠(山本五十六)대장은 마침내 단독으로 나아가, 적과 교전하다가 비행기 위에서 장렬하게 전사하였습니다. 대장은 우리의 무적해군 건설에 진력하였고, 이 결전을 목표로 훈련을 계속하여 개전(開戰) 이래 역사에 없는 대작전을 수행하며 양이(攘夷)의 방비를 굳혔습니다.

황공하게도 천황폐하께서는 다년간에 걸친 대장의 공훈을 치하하시고 대훈위공일급(大勳位功一級)을 하사하여 원사부(元帥府)에 추서하였고, 특히 국장(國葬)을 치르도록 하명하였습니다. 원수의 전사가 발표되자 국민은 '꿈인가 생시인가' 하며 놀랐으나, 전황의 중차대함을 생각하여 "모두 원수를 따르자"고 외치며 분연히 떨치고 일어섰습니다.

바로 그때 알래스카의 군비를 가다듬고 북에서 공격해오던 적은 끝내 애투섬에 상륙하게 되었고, 육군중장 야마자키 야스요(山崎保代)를 비롯한 우리 수비부대 용사들은 대의(大義)로 살아가는 기쁨을 가슴에 새기고 전원 모두 옥쇄(玉碎)하여 북방수비에 목숨을 바쳤습니다.

바다에도 육지에도 하늘에도 밤낮없이 전쟁은 계속되었습니다. 항공기 발달이나 전파병기의 진보는 일각일초가 승패를 결정하는 상황이 되어, 적도 아군도 상호간에 과학의 힘을 경쟁하며 생산의 능률을 다투고 있습니다. 공격하는데도 수비하는데도 이제까지 인류가 경험한 적이 없는 격렬함이 더해졌습니다.

적은 예전부터 부르짖어온 인도(人道)도 정의(正義)도 완전히 잊어버린 채, 오로지 황국일본의 모습을 지구상에서 제거해

버리겠다고 외치면서, 공격에 공격을 더하며 최고의 난폭을 자행하고 있습니다.

항공기의 발달(폭격기 돈류의 멋진 모습)

이 해 11월말이 되어 적은 신예(新鋭) 대기동부대(大機動部隊)를 움직여, 하와이에서 태평양 중부 길버트제도에 기습을 시작하여, 연이은 항공전(航空戰)에 크나큰 손해를 입으면서도, 이틀간에 포탄(砲彈)과 폭탄(爆彈)을 무려 2천 톤이나 쏟아 부으면서 상륙을 시작했습니다. 마킨과 타라와 두 섬의 우리 수비부대는 5만의 대적을 맞아 분전하다가, 전원 4500명이 한꺼번에 옥쇄했습니다.

그 후 2개월 남짓 후인 쇼와 19년(서기1944) 1월말에 적은 또다시 항공모함(航空母艦)과 전함(戰艦)을 주력으로 하는 대기동부대를 출동시켜, 우리 마셜제도로 기습해왔습니다.

그 무렵 남태평양방면의 우리 일본군 기지에는 연일연야(連日連夜) 적기의 습격이 이어졌으며, 북태평양방면에서는 지시마(千島)가 자주 공습을 받고 있었습니다. 한편 적군은 인도에서부터 버마와 중국으로 공격로를 열려고 안달하고 있습니다.

2월 초, 마셜제도의 우리 일본 육군과 해군 수비부대 6천 5백 명은 대적을 맞아 싸우기를 7일, 유감스럽게도 연락이 끊기고 힘이 쇄진하여, 콰잘레인과 루오토 두 섬에 애국의 열혈을 쏟아 붓고 옥쇄하였습니다. 천황이 다스리는 영토의 한 부분을 끝내 지켜내지 못하고 오랑캐의 발에 더럽혀졌기 때문입니다.

연이은 황군 정예의 옥쇄 소식에 일억 국민의 가슴은 찢어질 뿐입니다. 오늘날에 이르러 신국(神國)의 명예를 훼손하는 것은 조상에 대한 면목이 서지 않는 일입니다. 눈물을 삼키고 마셜의 하늘을 쏘아보면서 몽고내습의 그 옛날을 떠올리며 적국을 항복시킬 맹세를 가다듬었습니다.

필승의 자세 그 옛날 진무(神武)천황은 야마토(大和)정벌에 임하여, 황공하게도 형님 이쓰세노미코토(五瀨命)가 전사(戰死)한 슬픔을 견디시고, 굳은 필승의 신념으로 황군을 격려하며 격렬한 전투를 계속하셨습니다.

대동아전쟁이 시작되고부터 국민은 언제나 천황의 시문(詩文)을 대하며 '공격해 멸망시키자'는 대어심을 받들어 모두가 필승의 신념을 굳히고 있습니다.

황군장병은 견적필살(見敵必殺)의 정신을 불태우며 출진하였고, 추위와 더위를 개의치 않고 역병을 두려워하지 않았으며, 태평양의 거친 파도를 헤쳐나가 열대의 밀림을 견뎌내고, 한대(寒帶)의 눈보라를 무릅쓰고 비바람을 헤치고 검은 구름사이를 빠져나와 용감하게 전투를 계속하고 있습니다.

일억 국민은 많은 용사를 전선(前線)에 보내고 수많은 영령(英靈)을 후방에서 맞이했습니다만, 야스쿠니(靖國)의 신전 앞에 공손히 절하고, 호국 신사 앞에 엎드려 절하며, 진심으로 감사를 바치면서 젊은이나 늙은이나 마음을 하나로 하였고, 남자도 여자도 모두 각자가 전투의 마음가짐을 가다듬었습니다.

산업전사로서 씩씩하게 광산으로 공장으로 출동한 사람도, 육지로 바다로 시각을 다투는 물자수송에 진력하는 사람도, 농촌이나 어장에서 식량 증산을 꾀하는 사람도, 모두가 각자의 자리에서 전력을 기울이며 생산의 진영에서 필승을 다짐하고 있습니다. 비행기나 전차를 비롯하여 병기와 탄약 등을 제조하거나 선박을 건조하는 일은 모두 다 현저한 능률을 올리고 있습니다.

생산의 진영(비행기의 제조)

전황이 심각해짐에 따라 적의 습격에 대비하여 하늘이나 바다의 수비도 더욱 중요해졌습니다. 우리들의 집도 학교도 모두 전쟁터임이 확실해졌습니다. 애국반(愛國班)은 집집이 모여서 일체(一體)되어 전투준비를 갖추는 토대입니다. 그러므로 이곳에서 영위되고 있는 공존공영(共存共榮)의 생활이야말로 아시아는 하나라는, 더 나아가 세계는 한 가족이 되는 근원이 됩니다. 우리들은 맑고 밝고 강직한 마음으로 필승의 태세를 지켜가지 않으면 안 됩니다.

굳건한 국토건설(修理固成)의 대사명(大使命)　신대(神代)의 그 옛날 다카마노하라(高天原)의 신들이 아마노누보코(天瓊矛)를 이자나기노미코토(伊弉諾尊)와 이자나미노미코토(伊弉冉尊)에게 하사하셨을 때, 신의 명령으로서,

> このただよへる國を 修理固成せ。
> (이 표류하는 나라를 굳건한 국토로 건설하라)

라고 분부하셨습니다.

두 신은 분부하신대로 오야시마구니(大八洲國, 일본의 미칭)를 창조하셨고, 아마테라스 오미카미(天照大神)를 세상의 주인으로 정하셔서 우리 일본의 기초를 열게 하였습니다. 굳건한 국토건설(修理固成)의 큰 사명을 짊어진 신국(神國)은 이렇게 해서 창조된 것입니다.

황공하게도 아마테라스 오미카미(天照大神)는 천양무궁(天壤無窮)의 신칙(神勅)을 하사하여 국체(國體)를 굳건히 하였고, 온 우주에 널리 비춘 신덕(神德)은 만세일계(萬世一系)의 황통

(皇統)과 함께 고금(古今)을 관철하였으며, 진무천황이 팔굉일우(八紘一宇)를 황국의 목표로 정하시고 일본건국의 이상의 실현을 꾀하게 되신 뜻은, 역대 천황의 큰 어심으로 올곧게 전해지고 있습니다.

국민은 어느 때나 성덕(聖德)을 우러러 황국의 목적을 깨닫고 황운부익(皇運扶翼, 전심전력으로 황실을 받들 것이며 황은을 만분의 일이라도 보답할 것)의 길에 진력하였으며, 특히 비상시에 임해서는 모든 것을 바쳐 신국(神國)의 수비를 굳건히 하고 국난(國難)을 극복하였으며, 대의(大義)의 빛을 빛내며 훌륭한 일본사(國史)를 남겼습니다.

우리들은 조상의 유지를 잘 이어받아 굳건한 국토건설(修理固成)의 크나큰 사명을 완수하기 위하여, 신명(身命)을 바쳐 천황폐하를 섬기고, 오로지 동서를 화목하게 만들어 번영해 가는 세상이 되기를 바라는 어심을 받들어, 동아시아의 안정과 세계 신질서 건설을 도모하여 우리 일본 역사가 한층 빛을 발할 수 있도록 항상 명심합시다.

역대의 모습(연대표)

역대 순서	천황명	역대 시작 (기원년)	중요 사건	연대 (기원년)
1	진무(神武)천황	원년	가시하라(橿原)의 도읍 – 아마토 정벌 – 팔굉일우의 사상 – 황국의 목적. 천황 즉위의 시작. 정사의 역할과 규칙 – 인베가문(齋部氏)과 나카토미가문(中臣氏), 오토모가문(大伴氏)과 모노노베가문(物部氏).	원년
2	스이제이(綏靖)천황	80		
3	안네이(安寧)천황	112		
4	이토쿠(懿德)천황	151		
5	고쇼(孝昭)천황	168		
6	고안(孝安)천황	269		
7	고레이(孝靈)천황	371		
8	고겐(孝元)천황	447		
9	가이카(開化)천황	503		
10	스진(崇神)천황	564	아마테라스 오미카미(天照大神)의 제사 – 신궁의 시초 신사(神社)의 규칙. 농업의 권장 – 농사는 천하의 근본.	
11	스이닌(垂仁)천황	632	고다이(皇大)신궁의 기원 – 아마토히메노미코토(倭姬命) 농업의 권장.	
12	게이코(景行)천황	731	야마토타케루노미코토(日本武尊)의 구마소(熊襲), 에조(蝦夷) 정벌 비와호(琵琶湖) 근처의 도읍.	
13	세이무(成務)천황	791	비와호(琵琶湖) 근처의 도읍. 지방의 경계.	

14	주아이(仲哀)천황	852	진구(神功)황후의 신라정벌 - 스미요시(住吉)의 신 - 삼한(三韓)과의 왕래	
15	오진(應神)천황	861	오사카(大阪) 도읍. 해외의 정사(任那) - 신라(新羅), 백제(百濟), 고구려(高麗)를 보살핌. 중국의 학문과 기술의 수용.	
16	닌토쿠(仁德)천황	973	오사카 도읍. 해외의 정사 - 백제를 보살핌.	
17	리추(履中)천황	1060		
18	한제이(反正)천황	1066		
19	인쿄(允恭)천황	1071		
20	안코(安康)천황	1113		
21	유라쿠(雄略)천황	1116	산업의 발달 - 남중국과의 왕래 - 이미쿠라(齋藏), 우치쿠라(內藏), 오쿠라(大藏) 규정. 백제를 돌봄(공주 도읍) - 백제와 친교 도요우케(豊受)대신궁의 기원	1138
22	세이네이(淸寧)천황	1139		
23	겐조(顯宗)천황	1145		
24	닌켄(仁賢)천황	1148		
25	부레쓰(武烈)천황	1158		
26	게이타이(繼體)천황	1167		
27	안칸(安閑)천황	1191		
28	센카(宣化)천황	1195	백제의 도읍이 부여로 옮겨졌다.	
29	긴메이(欽明)천황	1199	신라가 임나(任那)를 합병하였다. 불교의 전래.	1212
30	비다쓰(敏達)	1232		

	천황			
31	요메이(用明) 천황	1245		
32	스슌(崇峻)천황	1247		
33	스이코(推古) 천황	1252	개신(改新)의 선구 – 관직 12계급과 헌법 17조. 신의 제사 – 정사의 근본. 외교의 시작 – 수(隋)나라와 교류 – 오노노이모코(小野妹子) – 해뜨는 나라의 천자(天子). ○수나라가 멸망하고 당나라가 건국되었다. 국사(國史)의 근본 – 국체의 제시.	1267
34	조메이(舒明) 천황	1289	당나라와의 교류 – 견당사.	
35	고교쿠(皇極) 천황	1302		
36	고토쿠(孝德) 천황	1305	개신의 정사 – 다이카개신(大化改新) 나니와(難波) 도읍. 에조(蝦夷)정벌의 성	1305
37	사이메이(齊明) 천황	1315	하야토(隼人)의 복종. 에조의 정벌 – 아베노히라후(阿倍比羅夫) – 슈쿠신(肅愼) – 에조의 인도. 백제의 요청.	1318
38	덴치(天智)천황	1321	오쓰(大津) 도읍. 백제, 고구려가 망하고 신라가 왕성해졌다. 국방의 방비 – 당나라와 교류 – 견당사의 왕래 – 진보된 문화 수용 – 아라비아인의 해상 진출.	
39	고분(弘文)천황	1321		
40	덴무(天武)천황	1332	야마토(大和) 도읍. 남방의 여러섬 왕래. 바른 일본역사의 조사 – 황국의 모습.	
41	지토(持統)천황	1346	후지와라쿄(藤原京). 하야토(隼人)의 인도	

42	몬무(文武)천황	1357	○발해(渤海)가 만주에 건국되었다. 다이호율령(大寶律令). 견당사 아와타노마히토(栗田眞人) – 일본의 긍지.	1361
43	겐메이(元明) 천황	1367	헤이조쿄(平城京) – 도읍의 번영 – 오야시마구니(大八洲國, 일본)의 통일 – 일본의 긍지 『고지키(古事記)』와 『후도키(風土記)』	1370
44	겐쇼(元正)천황	1375	『니혼기(日本紀, 日本書紀)』– 릿코쿠시(六國史)의 시작 하야토의 정벌 – 오토모노타비토(大伴旅人)	1380
45	쇼무(聖武)천황	1384	발해와의 왕래 시작. 아즈마노쿠니(東國)의 사키모리(防人). 오야시마구니의 전도(全圖). 불교의 번영 – 국분사(國分寺)와 도다이사(東大寺) – 정사의 혼란	
46	고켄(孝謙)천황	1409		
47	준닌(淳仁)천황	1418		
48	쇼토쿠(稱德) 천황	1424	우사(宇佐)의 신교(神教) – 와케노키요마로(和氣淸麻呂)의 공적.	
49	고닌(光仁)천황	1430	율령에 기초한 정사.	
50	간무(桓武)천황	1441	율령에 기초한 정사. 헤이안쿄(平安京). 『쇼쿠니혼기(續日本記)』 편찬 – 역대의 모습. 에조의 정벌 – 정이대장군(征夷大將軍) 사카노우에노타무라마로(坂上田村麻呂) – 이사와성(膽澤城)의 진수부(鎭守府). 신라와의 왕래 중지. 견당사 – 전교대사(傳敎大師, 最澄)와 홍법대사(弘法大師, 空海) – 국가수호의 불교	1454
51	헤이제이(平城) 천황	1466		
52	사가(嵯峨)천황	1469		
53	준나(淳和)천황	1483		

54	닌묘(仁明)천황	1493	최후의 견당사.	
55	몬토쿠(文德)천황	1510		
56	세이와(清和)천황	1518	섭정의 시작. 다카오카(高丘)친왕이 당나라로 건너갔다.	1518
57	요제이(陽成)천황	1536		
58	고코(光孝)천황	1544	관백의 시작.	1544
59	우다(宇多)천황	1547	다이라가문(平氏)의 발흥. 국교의 단절(견당사 중지).	1554
60	다이고(醍醐)천황	1557	율령에 기초한 정사 – 엔기(延喜) 성인의 성대(聖代). ○당나라가 멸망하여 중국이 혼란해졌다. ○거란(契丹, 遼)이 건국되고 발해가 멸망했다.	
61	스자쿠(朱雀)천황	1590	고려가 신라를 멸망시켰다. 고려의 간청 – 상인의 왕래.	
62	무라카미(村上)천황	1606	○중국에 송(宋)나라가 건국되었다.	
63	레이제이(冷泉)천황	1627		
64	엔유(圓融)천황	1629	도다이사(東大寺)의 조넨(奝然)이 송나라로 건너갔다.	
65	가잔(花山)천황	1644		
66	이치조(一条)천황	1646	후지와라가문(藤原氏)의 발흥 – 정사의 해이 – 지방의 혼란	
67	산조(三条)천황	1671		
68	고이치조(後一条)천황	1676	도이(刀伊, 東女眞)의 난 – 고려와 친교	
69	고스자쿠(後朱雀)천황	1696		
70	고레이제이	1705	미나모토 요리요시(源賴義)·요시이에(義家)가 도호쿠지	

	(後冷泉)천황		방(東北地方)의 난을 진압하였다.	
71	고산조(後三条)천황	1728	후지와라가문(藤原家)이 쇠퇴하기 시작. 엔랴쿠사(延曆寺)의 조진(成尋)이 송나라로 건너갔다 – 일본의 긍지.	1728
72	시라카와(白河)천황	1732	고려와 친교 – 명의(名醫)를 초빙.	
73	호리카와(堀河)천황	1746	미나모토 요시이에(源義家)가 도호쿠지방(東北地方)의 난을 진압하였다.	
74	도바(鳥羽)천황	1767	○금(金, 女眞)나라가 만주에 건국되었다.	
75	스토쿠(崇徳)천황	1783	○요나라가 멸망하였다. ○송나라가 금나라에 쫓겨 남쪽으로 옮겨갔다. 다이라가문이 세토나이카이(瀬戸内海)의 해적을 진압하였다.	
76	고노에(近衛)천황	1801		
77	고시라카와(後白河)천황	1815	미나모토가문과 다이라가문이 상경하여 조정의 관리로 등용되었다.	
78	니조(二条)천황	1818		
79	로쿠조(六条)천황	1825	다이라가문의 번영 – 태정대신(太政大臣) 다이라노기요모리(平清盛). 무역의 발전 – 송나라와 무역 – 상선의 해외왕래.	1827
80	다카쿠라(高倉)천황	1828	고시라카와(後白河)상황의 이쓰쿠시마(嚴島)신사 행차.	
81	안토쿠(安徳)천황	1840		
82	고토바(後鳥羽)천황	1845	슈고(守護), 지토(地頭) – 미나모토노요리토모(源頼朝)의 가신 – 치안을 굳건히 함. 선종(禅宗)의 전파. 정이대장군 미나모토노요리토모 – 무사의 단속 – 가마쿠라막부(鎌倉幕府).	1845 1852
83	쓰치미카도	1858	○몽고에 칭기즈칸(成吉思汗)이 등장하였다.	

	(土御門)천황			
84	준토쿠(順德)천황	1870	미나모토가문의 친척이 정이대장군 – 호조 요시토키(北條義時)의 집권	
85	주쿄(仲恭)천황	1881		
86	고호리카와(後堀河)천황	1881	조동종(曹洞宗, 禪宗)의 전래.	
87	시조(四条)천황	1892		
88	고사가(後嵯峨)천황	1902		
89	고후카쿠사(後深草)천황	1906	황족의 정이대장군 – 싯켄(執權) 호조 도키요리(北條時賴).	1912
90	가메야마(龜山)천황	1919	몽고(蒙古)의 국서(몽고내습의 시작) – 광각선사(宏覺禪師, 慧玅)의 기도. 싯켄(執權) 호조 도키무네(北條時宗)의 결심 – 거국일치의 준비 – 마음의 목표	1928
91	고우다(後宇多)천황	1934	제1차 몽고내습(文永の役) – 적군상륙 – 장수의 분전(奮戰). 하카다만(博多灣)의 방비 – 적지를 공격해 들어갈 계획. ○몽고가 원나라로 칭해졌다. 제2차 몽고내습(弘安の役) – 적국 항복의 기원(가메야마천황의 어심). 신위의 발현 – 신국(神國)의 긍지 – 국체의 존엄 – 해외진출의 의지.	1934 1941
92	후시미(伏見)천황	1947		
93	고후시미(後伏見)천황	1958		
94	고니조(後二条)천황	1961		
95	하나조노(花園)천황	1968		
96	고다이고(後醍醐)천황	1978	바른 정사 모습으로 되돌리려는 의지 – 국체의 존엄함. 주자학의 권장 – 대의명분의 분별	

			통일의 정사 – 겐무의 중흥.	1993
			미나토가와전투(湊川の戰) – 구스노키 마사시게의 충의 – 칠생보국(七生報國)의 맹세.	
			요시노(吉野) 행궁 – 나라 안의 혼란.	1996
			○원(元)나라의 쇠퇴 – 동아시아의 혼란	
97	고무라카미 (後村上)천황	1999	『진노쇼토키(神皇正統記)』 – 기타바타케 지카후사(北畠親房) – 대일본은 신국(神國)이다. 정서대장군(征西大將軍) 가네요시(懷良)친왕 다자이후(大宰府)에 들어가다.	
98	조케이(長慶) 천황	2028	○명(明)나라가 난징에 건국되어 원(元)나라를 북쪽으로 몰아내다. 명나라의 국서 – 가네요시친왕의 공적.	
99	고카메야마 (後龜山)천황	2043	도읍으로 돌아오다 – 나라안을 진정시킬 의지. 고려가 멸망하고 조선이 건국되었다.	2052
100	고코마쓰 (後小松)천황	2052	태정대신(太政大臣) 아시카가 요시미쓰(足利義滿) – 정이대장군 – 교토무로마치막부(京都室町幕府, 花御所). 지방의 정사 – 각 지방의 수호 – 다이묘(大名)의 시작. 아시카가 요시미쓰와 조선의 교류. 아시카가 요시미쓰와 명나라의 교류 – 일본국왕의 호칭. 남반선(南蠻船, 팔렘방)으로부터의 선물 – 정이대장군 아시카가 요시모치(足利義持).	
101	쇼코(稱光)천황	2072	조선과의 왕래 – 삼포(三浦)의 번성.	
102	고하나조노 (後花園)천황	2088	아시카가가문(足利氏)의 감합무역(勘合貿易) – 명나라와의 교류.	
103	고쓰치미카도 (後土御門)천황	2124	교토의 전란 – 오닌의 난(應仁の亂). 전란의 확대 – 다이묘의 경쟁. ○콜럼버스가 미국에 도착했다. ○포르투갈(葡萄牙)인이 인도(印度)에 왔다.	2127 2152
104	고카시와바라 (後柏原)천황	2160	○포르투갈의 말라카 점령.	
105	고나라(後奈良) 천황	2168	포르투갈인의 방문. 그리스도교(천주교)의 전래 – 선교사 프란시스코 하비에르 도래.	2203

			감합무역(勘合貿易) 중단 – 해외진출의 기세. ○포르투갈의 마카오(澳門) 점령.	
106	오기마치 (正親町)천황		오다 노부나가(織田信長)의 도읍 입성 – 태평의 토대. ○스페인의 마닐라 점령. 교토의 난반사 – 기독교의 확대 – 소년사절의 로마 입성. 오사카성 – 도요토미 히데요시(豊臣秀吉). 스페인 사람의 방문. 도요토미 히데요시(豊臣秀吉)의 관백(關白).	2228
107	고요제이 (後陽成)천황	2246	도요토미 히데요시의 명예 – 태정대신(太政大臣) 도요토미 히데요시. 유럽(歐羅巴)인의 왕래 – 해양의 경쟁 – 무역의 번성. 그리스도교 금지 – 신국의 수호. 조선국왕 입궐 권유 – 영웅의 마음가짐 – 사해일가(四海一家)의 목표. 오다와라(小田原)정벌 – 천하의 평정 – 통일의 선물 – 태평의 토대. 포르투갈의 인도총독으로부터의 부탁. 남진(南進) 계획 – 필리핀(比律賓) 태수(太守) 입공(入貢) 권유.	2250
			중국진출 – 임진왜란(文祿の役) – 동아시아일체(東亞一體)의 단초 – 벽제관(碧蹄館)전투.	2252
			강화의 조건 – 명나라의 불신 – 정유재란(慶長の役).	2257
			도쿠가와 이에야스(德川家康)의 세력 – 다이묘를 복종시켰다. 정이대장군 도쿠가와 이에야스(에도의 막부) – 태평의 세상 – 조카마치(城下町)의 번성.	2263
			기독교의 금지. 해외도항의 발전 – 주인선(朱印船)의 규정 – 일본촌(日本町)의 번성 – 남진의 선구. 조선무역의 시초 – 부산의 왜관(和館). 네덜란드(和蘭)와의 통상 – 히라도(平戶)의 상관(商館). 다나카 쇼스케(田中勝介)의 멕시코 왕래.	

108	고미즈노오 (後水尾)천황	2271	중국인의 나가사키(長崎)무역. 영국(英吉利)과의 통상 – 히라도(平戶)의 상관(商館). 하세쿠라 쓰네나가(支倉常長)의 로마행. ○청나라가 만주에 건국되었다. ○네덜란드인의 바타비아(자카르타)점령. ○네덜란드인의 젤란디아(臺南) 점령	
109	메이쇼(明正) 천황	2289	정이대장군(征夷大將軍) 도쿠가와 이에미쓰(德川家光). 유럽 책의 수입 금지. 마쓰쿠라 시게마사(松倉重政)의 루손 정벌 계획. 참근교대(參勤交代) 제도. 해외도항 금지 – 포르투갈인의 나가사키 데지마(出島)무역. 기독교신자의 난 – 포르투갈인 도래 금지 – 산국의 수호. 기독교의 근절 – 불교의 확산 청나라가 조선을 복종시켰다.	2299
110	고코묘(後光明) 천황	2303	명나라가 멸망하고 청나라가 베이징(北京)을 도읍으로 정하였다.	
111	고사이(後西) 천황	2314	청나라의 중국 통일	
112	레이겐(靈元) 천황	2323	○네덜란드인이 타이완을 떠났다. 가와무라 즈이켄(河村瑞賢)의 해운(海運). 시부카와 준세이(澁川順正, 春海 安井算哲)의 천문학 연구.	
113	히가시야마 (東山)천황	2347	○러시아(露西亞)와 영국이 왕성해졌다. 세키 다카카즈(關孝和)의 산술연구. ○러시아의 캄차카 점령.	
114	나카미카도 (仲御門)천황	2369	정이대장군 도쿠가와 요시무네(德川吉宗) – 인심을 다 잡음. 산업의 장려 – 지방의 개발 서양학문(蘭學)의 유래 – 유럽책의 허용.	
115	사쿠라마치 (櫻町)천황	2395	아오키 아쓰노리(青木敦書, 昆陽)가 네덜란드어 배우다.	2404
116	모모조노	2407	일본역사와 일본문학의 연구 – 국학의 진보	

	모모조노 (桃園)천황			
117	고사쿠라마치 (後桜町)천황	2422		
118	고모모조노 (後桃園)천황	2430	○영국인의 중국무역 시작.	
119	고카쿠(光格) 천황	2439	○미국이 건국되었다. 정이대장군 도쿠가와 이에나리(德川家齊) - 로쥬(老中) 마쓰다이라 사다노부(松平定信). 하야시 도모나오(林友直, 子平) - 『가이코쿠헤이단(海國兵談)』. 러시아인이 사할린과 지시마에 왔다 - 바다의 수호 러시아의 사절이 홋카이도에 왔다. 마쓰다이라 사다노부의 사가미만(相模灣) 순시. 혼다 도시아키(本多利明)의 태평양발전론. 곤도 모리시게(近藤守重, 重藏)의 에조지 조사. 이노 다다타카(伊能忠敬)의 에조지 측량. 다카다야 가헤이(高田屋嘉兵衛)의 에토로후행. 마미야 도모무네(間宮倫宗, 林藏)의 사할린·연해주 탐험. 사토 노부히로(佐藤信淵)의 대륙경영론(陸經營論). 영국인이 나가사키에 왔다.	2452 2460
120	닌코(仁孝)천황	2477	○영국의 말라카 점령. 이국선(異國船)를 쫓아냄. ○영국의 싱가포르 점령. 도쿠가와 나리아키(德川齊昭)의 고도칸(弘道館) - 아이자와 야스시(會澤安, 正志齊), 후지타 다케키(藤田彪, 東湖)의 의견. ○증기선의 대서양 항해. 다카노 조에이(高野長英), 와타나베 사다야스(渡邊定靜, 單山)가 처벌받았다 - 개항의 의견 ○아편전쟁 - 영국의 홍콩 점령. ○네덜란드 국왕의 개항의 권유. 미국과 청나라의 통상.	2500
121	고메이(孝明) 천황	2506	(弘化 3년) 국가수호의 지휘 - 도쿠가와가문에 훈계.	

121	고메이(孝明)[かうめい] 천황	2506	(嘉永6년) 미국 동인도함대(페리)의 방문 - 통상의 요구 - 외교의 실체(失體).	2514
			러시아 사절이 나가사키에 왔다.	
			(安政元年) 화친조약 - 신국의 부정.	
			존왕양이론 - 마키 야스오미(眞木保臣, 和泉), 요시다 노라카타(吉田矩方, 松陰), 하시모토 고키(橋本綱紀, 左內)의 의견 - 쇼카손주쿠(松下村塾)의 교육.	
			(5년) 정이대장군 도쿠가와 이에사다(德川家定) - 다이로(大老) 이이 나오스케(井伊直弼) - 해리스의 권유 - 통상조약 조인	
			미국, 러시아, 네덜란드, 영국, 프랑스 5개국 조약 - 안세이가조약(安政の假條約).	
			(文久元年) ○미국의 내란	
			(2년) 칙사 오하라 시게토미(大原重德) - 정치개혁의 명령.	
			칙사 산조 사네토미(三條實美) - 양이(攘夷)결행의 명령	
			(3년) 정이대장군 도쿠가와 이에모치(德川家茂)의 도읍 입성 - 양이의 지휘.	
			가모(賀茂)신사 행차 - 이와시미즈하치만궁(石淸水八幡宮)행차 - 양이의 기도	
			조슈번(長州藩)의 외국선 포격 - 다카스기 하루카제(高杉春風, 晋作)의 기병대.	
			영국군함의 가고시마만(鹿兒島灣) 내습.	
			양이의 보류 - 지사(志士)의 비탄 - 구사카 미치타케(久坂通武, 玄瑞), 마키 야스오미(眞木保臣), 히라노 구니오미(平野國臣).	
			(元治元年) 도쿠가와 이에모치(德川家茂) 부르심 - 정사일신(一新)의 깨달음.	
			영국, 미국, 네덜란드, 프랑스 등 4개국 연합함대의 시모노세키(下關)의 포격.	
			(慶應元年) 조약의 칙허.	2525
			(2년) 승하(崩御).	
122	메이지(明治)[めいぢ] 천황	2527	(慶應3년) 정이대장군 도쿠가와 요시노부(德川慶喜)의 청원 - 대정봉환(大政奉還).	2527
			왕정복고(王政復古) - 섭정 관백, 정이대장군의 중지 - 바른정사의 모습 - 삼직(三職)의 결정 - 외국과의 친교 시작	

122	메이지(明治) 천황	2527	(明治元年) 일신(一新)의 맹세(5개조의 맹세문) – 억조안 무(億兆按撫) 국위선포(國威宣布)의 서한(宸翰) – 일신 의 정치 – 대정일신(大政一新, 明治維新). 왕정복고(王政復古)를 조선에 고했다. 즉위의 예식. 도쿄(東京)의 도읍.	2528
			(2년) 다이묘(大名)의 종말 – 판적봉환(版籍奉還). 개척사(開拓使) – 에조치의 개척. ○수에즈운하의 개통. (3년) ○이탈리아(利太利)의 통일	
			(4년) 부현(府縣)의 제도 – 폐번치현(廢藩置縣). 청나라와의 수호조약. 유럽과 마국 등 각국과의 교류 – 이와쿠라 도모미(岩倉具 視) 일행의 출발. ○독일(獨逸)의 통일.	2531
			(5년) 학제의 규정 – 국민학교 시초 류큐번(琉球藩)의 제정. 새로운 달력 규정 – 기원년도 규정.	
			(6년) 징병령(徵兵令) – 국민개병의 토대 – 황국 수호 이와쿠라 도모미(岩倉具視) 등이 돌아왔다 – 정한론(征 韓論) – 부국강병(富國強兵). 사이고 다카모리(西鄉隆盛)가 가고시마(鹿兒島)로 돌아 갔다.	2533
			(8년) 러시아에 사할린을 주고 지시마를 되찾았다 – 북쪽 의 수호. 지방관회의(地方官會議)의 시작.	
			(9년) 조선과 수호조약.	
			(10년) 세이난전쟁(西南の役) – 박애사(博愛社, 일본적 십자사의 시초) – 사이고 다카모리의 전사. 기도 다카요시(木戶孝允)가 사망하였다. ○영국 국왕의 인도 황제.	
			(11년) 오쿠보 도시미치(大久保利通)가 사망하였다.	
			(12년) 부현회(府縣會)의 시작. 류큐번(琉球藩)을 오키나와현(沖繩縣)으로 개칭하였다. 야스쿠니신사가 건립되었다.	

122	메이지(明治) 천황	2527		(14년) 국회를 만들게 된 조칙. (15년) 육해군 군인칙유(軍人勅諭) – 황군의 유래 – 군인정신의 근본. (16년) 이와쿠라 도모미(岩倉具視)가 사망하였다. ○독일, 이탈리아, 오스트리아의 삼국동맹 (18년) 내각의 규칙 – 내각총리대신 이토 히로부미(伊藤博文). ○독일의 마샬 점령. (19년) 홋카이도청의 시작. 조약개정의 상담 시작. ○영국의 버마(緬甸) 영유.	2543
				(21년) 시정촌(市町村) 제도의 제정. 근위사단(近衛師團)과 6개 사단의 준비. (22년) 황실전범 – 황위의 계승.	2549
				제국헌법의 발포 – 정치의 근본 – 국회의 규칙제정 – 새로운 정치의 모습. 스가누마 데이후(管沼貞風)가 필리핀으로 건너갔다. (23년) 금치훈장(金鵄勳章) 제정.	2550
				교육칙어(敎育に關する勅語) – 황국의 도(道)를 제시 – 교육의 토대. 제1회 제국의회. (24년) ○러시아와 프랑스의 동맹	
				(27년) 영국과의 개정조약 – 외무대신 무쓰 무네미쓰(陸奧宗光). 청나라와의 전쟁 – 청일전쟁 – 히로시마(廣島)의 대본영 – 황해해전(黃海海戰). (28년) 시모노세키조약 – 삼국간섭 – 와신상담(臥薪嘗膽)의 맹세. (30년) 타이완총독부가 설치되었다. 조선이 대한제국으로 개칭하였다. (31년) ○독일의 자오저우만(膠州灣), 러시아의 뤼순(旅順)과 다롄(大連) 조차. ○영국의 웨이하이웨이(威海衛)와 주룽반도(九龍半島) 조차. ○미국의 하와이 합병.	2554

122	메이지(明治) 천황	2527	○미국의 필리핀과 괌 영유.	
			(32년) 의화단사건(북청사변)이 일어남.	
			○프랑스의 광저우만(廣州灣) 조차.	
			(34년) 천황폐하의 탄생.	2561
			(35년) 영국과의 동맹	
			○러시아의 시베리아철도 완성.	
			(37년) 러시아와 전쟁 – 러일전쟁 – 뤼순공격.	2564
			(38년) 평톈회전(奉天會戰) – 일본해해전(日本海海戰). 포츠머스조약.	
			고다이(皇大)신궁 행차 – 평화극복(平和克復)을 고함.	
			(39년) 남만주철도주식회사(南滿州鐵道株式會社)가 설립되었다.	
			(40년) 사할린청(華太廳)이 설치되었다.	
			황태자(大正天皇)의 조선 행차.	
			(41년) 무신조서(戊申詔書).	
			(43년) 한국병합(韓國倂合) – 동아시아의 수호 – 일시동인(一視同仁)의 은혜.	2570
			조선총독부 – 내선일체(內鮮一體)의 성심.	
			(44년) 영국과의 개정조약 – 외무대신 고무라 주타로(小村壽太郎).	
			(45년) ○청나라가 망하고 중화민국(中華民國)이 건국되었다.	
			승하(崩御).	
123	다이쇼(大正) 천황	2572	(大正 2년) 중화민국의 승인	
			(3년) 제1차 세계대전 – 독일의 개전(開戰) – 자우저우만(膠州灣) 점령.	2574
			○파나마운하의 개통.	
			(4년) 중화민국과의 조약.	
			(5년) 태자 책립의 예식.	
			○미국 해군 대확장.	
			(6년) 함대의 지중해 출동.	
			○러시아의 내란	
			○미국의 전쟁참가.	
			(7년) ○독일의 내란 – 휴전	

123	다이쇼(大正) 천황	2572	(8년) 파리평화회의 – 세계 영원의 평화. 베르사이유 평화조약 – 국제연맹. 88함대의 계획. (10년) 황태자(今上天皇)의 해외 순방. 워싱턴회의의 시작. 황태자(금상천황)의 섭정. 영국, 미국, 프랑스와의 4개국 조약(태평양). (11년) 해군군비제한의 조약(주력함). 9개국조약(동아시아) – 중국의 모욕. 남양청(南洋廳)의 시작. (12년) 국민정신작흥에 관한 조서(國民精神作興に關する詔書). (13년) 미국의 이민 배척. (14년) 조선신궁이 건립되었다. (15년) 승하.	2580
124	금상(今上)천황	2576	(昭和원년) 천조(踐祚) – 연호의 제정 – 농민소명(百姓昭明), 만방협화(萬邦協和). 조현(朝見)의 의식 – 일시동인(一視同仁), 사해동포(四海同胞)의 의지. (3년) 즉위의 예식과 대상제(大嘗祭) – 고다이산궁 행차. (4년) 중화민국 국민정부의 승인 (5년) 런던회의 – 해군군비 제한(보조함). (6년) 만주사변 (7년) 만주국(滿洲國)이 건국되었다. 만주국과의 동맹(共同防衛) – 일만의정서(日滿議定書). (8년) 국제연맹 탈퇴 – 황국의 사명의 자각 – 세계의 움직임. 황태자전하의 탄생 (9년) 만주국이 제국이 되었다 – 지치부노미야 야스히토(秩父宮雍仁)친왕의 방문. 해군군비제한조약의 폐기. (10년) 만주국 황제폐하의 내방. 런던회의 – 국방에 대한 공정한 의견 주장 – 탈퇴. (11년) 독일과의 방공협정(防共協約).	2586

124	금상(今上)천황	2576	(12년) 중일전쟁 발발 - 궁중의 대본영(大本營). 이탈리아의 방공협정 참가. 난징(南京) 점령. (13년) 국가총동원법 - 총력발휘의 토대. 중일전쟁 1주년의 칙어 - 동아시아 안정의 어심. 한커우(韓口)점령 - 충칭(重慶)의 정권 동아신질서 건설 방침의 성명 - 흥아원(興亞院). (14년) 미국 통상조약 폐기. ○독일과 영국, 프랑스의 개전(開戰). (15년) 기원 2600년 기원절의 조서 - 진무천황의 이상. 중화민국의 산국민정부 성립 - 왕자오밍(汪兆銘, 精衛). 만주국 황제폐하의 내방 - 건국신묘(建國神廟). ○이탈리아의 전쟁참가 - 프랑스 항복. 신체제 - 대정익찬(大政翼贊)의 조직 - 내각총리대신 고노에 후미마로(近衛文麿). 독일, 이탈리아와의 삼국동맹 - 세계신질서건설(世界新秩序建設) - 공존공영(共存共榮). 기원 2600년 봉축의식 - 유신의 큰 도(道) 깨달음. 중일기본조약(日華基本條約) - 만주제국, 중화민국과의 공동선언 - 대동아공영권(大東亞共榮圈). (16년) 러시아(소비에트 연방)과의 중립조약. 미국과의 외교섭 - 최후의 인내(隱忍). ○독일과 러시아의 개전(開戰). 프랑스령 동부 인도차이나(佛印)와의 공동방위. 미국, 영국과의 개전(開戰) - 선전의 조서(宣戰の大詔) - 일본건국이상(天業恢弘)의 대업 - 대동아전쟁(大東亞戰爭) - 대조봉대일(大詔奉戴日). 해군의 태평양 출동(연합함대사령관 야마모토 이소로쿠 대장) - 육군의 남진(南進) (남방방면 육군 최고 지휘관 데라우치 히사이치대장) - 서전의 개가 - 하와이해전 (진주만의 기습) - 말라이해전 타이(泰)와의 친교 - 공수동맹(攻守同盟) - 공영권건설(共榮圈建設)의 선구. 독일, 이탈리아의 대동아전쟁(大東亞戰爭) 참가. 홍콩 점령.	2600

| 124 | 금상(今上)천황 | 2576 | (17년) 마닐라 점령.
싱가포르 점령 - 쇼난(昭南) - 남진(南進)의 기지.
랑군 점령.
네덜란드령 동인도의 항복.
양이(攘夷)의 대비 - 파푸아, 오스트레일리아(濠州) 진격.
인도양의 해전
조선의 징병제 실시 결정.
산호해해전(珊瑚海海戰).
해군특수 잠항정(潛航艇)의 마다가스카르섬, 시드니 공격.
알류산열도 공격 - 키스카와 애투 두 섬 점령.
중부중국(中支那) 건설의 진행.
남태평양방면 기지에 적의 반격 - 솔로몬제도를 둘러싼 격전.
고다이산궁 행차 - 대동아전쟁의 전과를 고함.
(18년) 중화민국 국민정부 미국, 영국에 선전포고 - 중일 공동선언.
중화민국과 치외법권 철폐, 조계반환(租界返還)의 약속.
연합함대사령장관 야마모토 이소로쿠(山本五十六)대장의 전사.
애투섬 수비부대의 옥쇄(玉碎)(야마자키 야스오육군중장).
○버마국이 수립되었다.
육군신예항공기(폭격기 呑龍 등) 발표.
필리핀이 수립되었다.
인도 임시정부가 수립되었다.
중화민국과의 동맹조약 - 동생공사(同生共死)의 관계.
대동아회의(大東亞會議) - 대동아공동선언(大東亞共同宣言).
키리바시제도의 공중전
마킨, 타와라 두 섬 수비부대의 옥쇄.
(19년) 적 기동부대의 마샬제도 습격 - 육해군 수비부대의 옥쇄 - 황국토지(皇土)의 부정.
적국항복의 맹세 - 필승의 태세.
인도 진격 - 양이(攘夷)의 준비 - 공영(共榮)의 기쁨 - 아시아는 하나이다(오카쿠라 가쿠조). | 2603 |

昭和十九年三月二十五日翻刻印刷
昭和十九年三月三十一日翻刻發行

國史六年 上

定價金四十五錢

著作權所有

發行兼著作者 朝鮮總督府

翻刻發行印刷者
京城府龍山區大島町三十八番地
朝鮮書籍印刷株式會社
代表者 諏訪 務

發行所
京城府龍山區大島町三十八番地
朝鮮書籍印刷株式會社

▶ 찾아보기

역자소개(원문서)

김순전 金順槇
소속 : 전남대 일문과 교수, 한일비교문학·일본근현대문학 전공
대표업적 : ① 논문 : 「근대 한일 초등교과서와 문학 연구」, 『日本語文學』 제77집, 한국
  일본어문학회, 2018년 6월
  ② 저서 : 『일본의 사회와 문화』, 제이앤씨, 2006년 9월
  ③ 저서 : 『한국인을 위한 일본소설개설』, 제이앤씨, 2015년 8월
  ④ 저서 : 『한국인을 위한 일본문학개설』, 제이앤씨, 2016년 3월
  ⑤ 저서 : 『경향소설의 선형적 비교연구』, 제이앤씨, 2014년 12월
  ⑥ 저서 : 『제국의 역사 지리 연구-조선총독부 歷史 地理를 중심으로』, 제
  이앤씨, 2017년 3월
  ⑦ 저서 : 『한국인을 위한 일본문학 감상』, 제이앤씨, 2018년 2월

박경수 朴京洙
소속 : 전남대 일문과 강사, 일본근현대문학 전공
대표업적 : ① 논문 : 「식민지 神道政策과 祭神의 의미-조선총독부 편찬 <歷史>교과서
  를 중심으로」, 『일본어문학』 제74집, 일본어문학회, 2016년 8월
  ② 논문 : 「일제강점기 역사교육과 和歌의 상관성 고찰-1920~30년대 초등학교
  <歷史>교과서를 중심으로」, 『일본어문학』 제73집, 한국일본어문학
  회, 2017년 6월
  ③ 저서 : 『정인택, 그 생존의 방정식』, 제이앤씨, 2011년 6월

사희영 史希英
소속 : 전남대 일문과 강사, 한일 비교문학 일본근현대문학 전공
대표업적 : ① 논문 : 「일제강점기 초등학교 『地理』교과서의 변화 考察」, 『일본어문학』
  제67집, 한국일본어문학회, 2015년 12월
  ② 저서 : 『『國民文學』과 한일작가들』, 도서출판 문, 2011년 9월
  ③ 편역서 : 『잡지 『國民文學』의 시 세계』, 제이앤씨, 2014년 1월

조선총독부 편찬 초등학교 <歷史>교과서 번역(下)

초판인쇄 2018년 8월 15일
초판발행 2018년 8월 30일

편 역 자 김순전 · 박경수 · 사희영 공역
발 행 인 윤석현
발 행 처 제이앤씨
등록번호 제7-220호
책임편집 박인려

우편주소 01370 서울시 도봉구 우이천로 353, 3층
대표전화 (02) 992-3253(대)
전   송 (02) 991-1285
전자우편 jncbook@daum.net
홈페이지 www.jncbms.co.kr

ⓒ 김순전 외 2018 Printed in KOREA.

ISBN 979-11-5917-116-1 (94910)   정가 39,000원
      979-11-5917-114-7 (세트)

* 저자 및 출판사의 허락 없이 이 책의 일부 또는 전부를 무단복제·전재·발췌할 수 없습니다.

* 잘못된 책은 교환해 드립니다.